Michael Krimmer
Simone Ochsenkühn

Mein iPhone und ich

D1858894

amac buch
Ochsenkühn

Mein iPhone und ich

Copyright © 2009 by amac-buch-Verlag

ISBN 978-3-940285-15-7

Konzeption/Koordination:	amac-buch-Verlag
Layout und Cover:	Simone Ochsenkühn, Obergriesbach
Satz:	Johann Szierbeck, Aichach
Druck und Bindung:	Eitzenberger – Media Druck & Logistik, Augsburg

Trotz sorgfältigen Lektorats schleichen sich manchmal Fehler ein. Autoren und Verlag sind Ihnen dankbar für Anregungen und Hinweise!

amac-buch-Verlag
Erlenweg 6
D-86573 Obergriesbach
E-Mail: info@amac-buch.de
http://www.amac-buch.de
Telefon 08251/827137
Telefax 08251/827138

Alle Rechte vorbehalten. Die Verwendung der Texte und Bilder, auch auszugsweise, ist ohne die schriftliche Zustimmung des Verlags urheberrechtswidrig und strafbar. Das gilt insbesondere für die Vervielfältigung, Übersetzung, die Verwendung in Kursunterlagen oder elektronischen Systemen. Der Verlag übernimmt keine Haftung für Folgen, die auf unvollständige oder fehlerhafte Angaben in diesem Buch zurückzuführen sind. Nahezu alle in diesem Buch behandelten Hard- und Softwarebezeichnungen sind zugleich eingetragene Warenzeichen.

Inhaltsverzeichnis

Vorwort

iPhone – das vielleicht beste Smartphone der Welt

Herzlichen Glückwunsch. Sie haben sich ein iPhone gekauft oder denken zumindest darüber nach, sich eines zu leisten. Damit besitzen Sie bereits das beste mobile Device, das es zurzeit gibt, oder Sie stehen kurz vor dem Kauf. Das Buch, das Sie in Händen halten, wird Ihnen dabei helfen, besser mit dem Apple iPhone umzugehen.

Denn das iPhone ist nicht zuletzt aufgrund des integrierten Internetzugangs ein unentbehrlicher Helfer in allen Lebenslagen. Egal, ob Sie eine Autowerkstatt in der Nähe suchen, sich gemütlich in ein Restaurant begeben wollen oder für Ihre Liebste oder Ihren Liebsten noch schnell ein Geschenk besorgen möchten – alle diese Informationen liefert Ihnen Ihr iPhone in Sekundenschnelle. Rasch noch ein Foto schießen, das Wetter für das Wochenende prüfen, den Flug buchen, den Topfilm in YouTube ansehen, die Route zum Zielpunkt finden – oder einfach nur telefonieren, E-Mails oder SMS verfassen und erhalten. Ihr iPhone steht jederzeit und zuverlässig zur Verfügung.

Das Objekt der Begierde. Das neue iPhone 3G S ist seit Juni 2009 im Handel.

Auf den folgenden Seiten des Buches bringen wir Ihnen unter anderem die Bedienung des Geräts näher, wir erklären Ihnen alle Standard-Programme, wir zeigen Ihnen, wie Sie verschiedene Desktops anlegen und Programme aus dem App Store downloaden, die Ihnen allerhand Funktionen bieten, die das iPhone ab Werk nicht oder nur eingeschränkt kann. Selbstverständlich werfen wir auch einen Blick auf die Konfigurationsmöglichkeiten, die das Gerät bietet. Aber keine Angst: Apple ist bekannt dafür, dass die Geräte aus Cupertino einfach zu bedienen sind und dass sich der Anwender leicht einarbeitet. Das ist beim iPhone nicht anders und mit diesem Buch als erweiterte Dokumentation kann nichts schiefgehen. Wir haben uns deshalb auf Dinge konzentriert, die Ihnen als Anwender den Spaß mit Ihrem iPhone noch steigern werden. Sie werden staunen, welch vielfältige Einsatzmöglichkeiten sich anbieten.

Nicht zuletzt kümmern wir uns um den Abgleich der iPhone-Daten mit Ihrem Computer. Egal, ob Sie einen Windows- oder einen Mac-Rechner besitzen, mit beiden wird Ihr iPhone tadellos zusammenarbeiten. In Windeseile sind Kontakt- oder Kalenderinformationen übertragen, die Bilder vom iPhone auf den Computer hochgeladen, die Musik auf das iPhone übernommen. Zahlreiche Tipps und Tricks werden Ihnen helfen, die Zusammenarbeit Computer und iPhone noch einmal deutlich zu optimieren.

Also gut, wir starten. Viel Spaß mit dem vermutlich besten Smartphone der Welt!

Michael Krimmer

Simone Ochsenkühn

Obergriesbach, im Oktober 2009

„Herzlichen Glückwunsch, was ist es denn?“

Wir schreiben das Jahr Null des iPhone-Zeitalters. Als wir eines Abends gemütlich beim Italiener im Restaurant sitzen, strahlen wir beide über das ganze Gesicht, denn Freudiges hat sich ereignet: Es ist da!

Wir spielen damit und probieren Vieles aus. Wir testen, wie es sich anfühlt, wie es der Hand schmeichelt und wie es reagiert, wenn man es berührt.

Als der Ober kommt und es sieht, freut er sich ebenfalls sehr. „Herzlichen Glückwunsch“, schreit er durchs Lokal und schüttelt mir die Hand. „Was ist es denn?“

Wir sind peinlich berührt, denn eigentlich meint er unser nagelneues iPhone und kein Baby. Als er es anfassen darf, entgleisen ihm die Gesichtszüge und er hüpft wie ein Kobold von einem Bein auf das andere. Er bedient es andächtig, ja fast zärtlich.

Danach bedankt er sich noch tausendmal, dass er es anfassen durfte, und sagt zum Schluss: „Ich wünsche euch viel Spaß damit und ich gönne es euch von ganzem Herzen!“

Es kann losgehen – die Aktivierung des iPhones

Zur Aktivierung Ihres iPhones benötigen Sie das Programm iTunes. Da dem iPhone kein Datenträger beiliegt, ist iTunes auch nicht im Lieferumfang enthalten. Das Programm ist aber kostenlos und Sie können es aus dem Internet herunterladen.

iTunes herunterladen und installieren

Wir erklären Ihnen die Installation exemplarisch unter Windows, unter Mac OS X funktioniert sie analog. Rufen Sie die Internetseite *www.itunes.de* oder gleich *www.apple.com/de/itunes/* auf. Sie landen auf einer Webseite, die identisch oder so ähnlich aussieht wie der folgende Screenshot.

Auf der Webseite von Apple können Sie iTunes runterladen. Rechts gibt es den Link „iTunes laden".

Klicken Sie auf *iTunes laden*, um zur Downloadseite zu gelangen. Jetzt können Sie sich für einen Newsletter und die Benachrichtigung über News und Aktualisierungen anmelden. Der Download funktioniert aber auch, wenn Sie beide Kästchen deaktivieren. Dann ist auch die Eingabe einer Mailadresse nicht nötig. Klicken Sie auf *Jetzt laden*, um den Download zu starten.

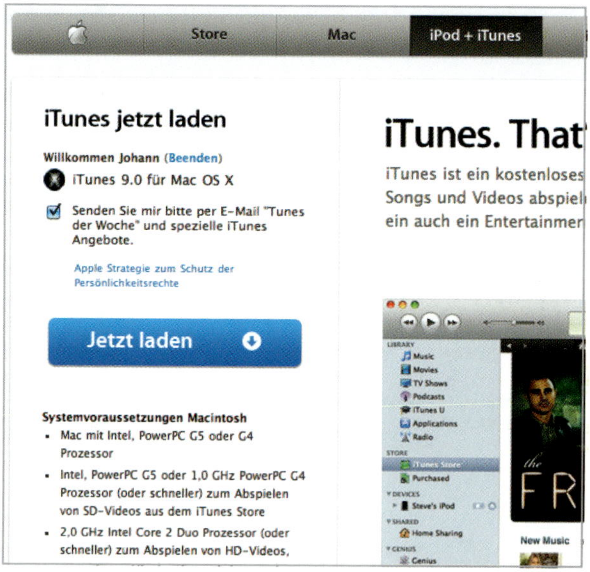

Die beiden Optionen zur E-Mail-Benachrichtigung können Sie annehmen, der Download lässt sich aber auch ohne starten.

Windows meldet sich jetzt mit der gewohnten Frage, ob die Datei erst gespeichert oder nach dem Download gleich ausgeführt werden soll. Klicken Sie auf *Ausführen*, um den Download zu starten und im Anschluss daran mit der Installation zu beginnen. Möchten Sie die Datei auf der Festplatte ablegen, wählen Sie *Speichern*, geben Sie einen Pfad an und starten Sie die Installationsdatei anschließend von diesem Ort aus.

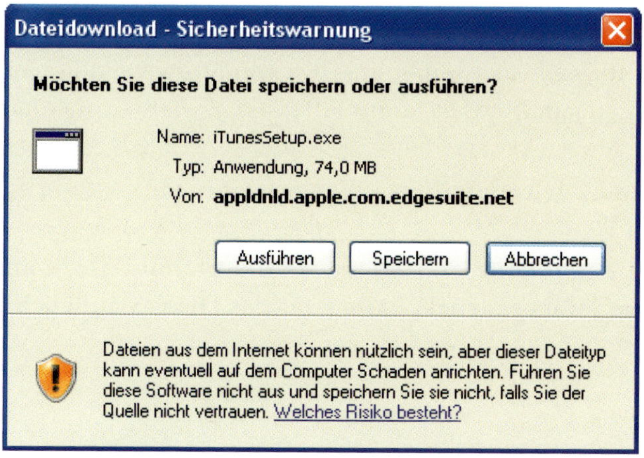

Sie können die Datei erst abspeichern oder gleich ausführen.

iTunes in der Version 9 ist ca. 87 MByte groß (Stand: September 2009). Abhängig von der Internetanbindung Ihres Rechners kann der Download in wenigen Minuten fertig sein. Bei einer langsamen Verbindung ins Internet kann es auch deutlich länger dauern.

Sobald der Download beendet ist, erscheint die nächste Meldung. Wählen Sie *Ausführen*.

Da der Name des Programms laut Meldung „iTunes“ lautet, können Sie getrost auf „Ausführen“ klicken.

Folgen Sie nun den Anweisungen des Installationsprogramms, bis iTunes vollständig installiert ist.

Sollten Sie einen Mac besitzen, ist iTunes bereits im Programme-Ordner vorinstalliert. Sie sollten jedoch über den Menüpunkt *iTunes* den Eintrag *Nach Updates suchen* verwenden, um die aktuellste Version von iTunes aus dem Internet zu laden.

Jetzt kann die Aktivierung Ihres iPhones beginnen.

Schalten Sie das iPhone an, indem Sie die Standby-Taste an der linken Oberseite des Geräts gedrückt halten, bis das Display aufleuchtet.

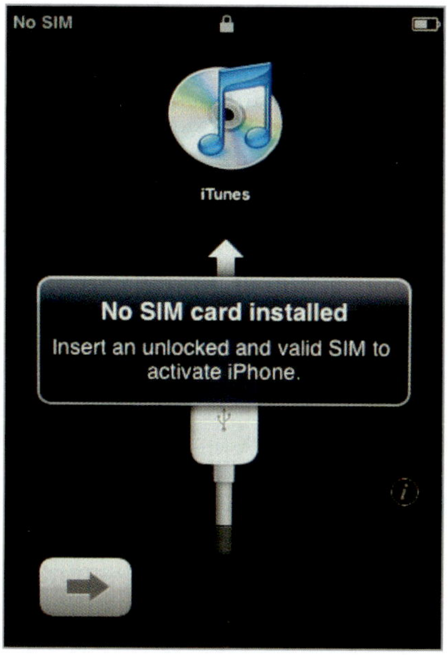

Diese Meldung erhalten Sie, wenn Sie ein iPhone einschalten, das keine SIM-Karte installiert hat.

SIM-Karte installieren

Öffnen Sie den Karton aus der iPhone-Verpackung, in dem sich Handbücher, Apple-Aufkleber und das Reinigungstuch befinden. Dort finden Sie auch einen Stecker aus Metall, mit dem sich der Adapter für die SIM-Karte aus dem iPhone entfernen lässt.

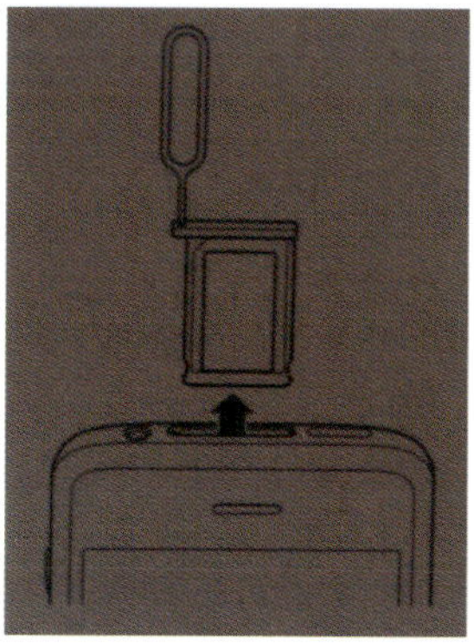

So lässt sich der SIM-Adapter aus dem iPhone entfernen.

Nehmen Sie den Adapter heraus und entfernen Sie das transparente Plastikstück in der Form einer SIM-Karte. Legen Sie nun genau so Ihre T-Mobile-Karte ein.

Von vorne gesehen sollte die Karte so in das Gerät eingeschoben werden.

Ist das erledigt, meldet sich das iPhone mit dem Wunsch nach einer Verbindung zu iTunes.

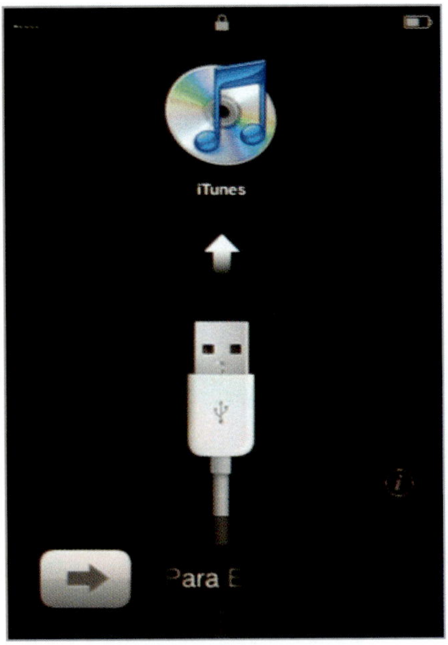

Die SIM-Karte ist installiert, jetzt übernimmt iTunes die Aktivierung.

Starten Sie iTunes und verbinden Sie das iPhone mit dem Rechner über das im Lieferumfang befindliche Datenkabel. Daraufhin startet die Aktivierung über iTunes.

iPhone aktivieren

iTunes informiert darüber, dass in zwei Schritten das iPhone aktiviert werden kann. Ganz so schnell geht's nicht, aber Probleme gibt es keine.

Klicken Sie auf *Fortfahren*, um auf die nächste Seite zu kommen. Wie so oft steht am Anfang ein Lizenzvertrag, den Sie annehmen müssen, wenn Sie fortfahren möchten.

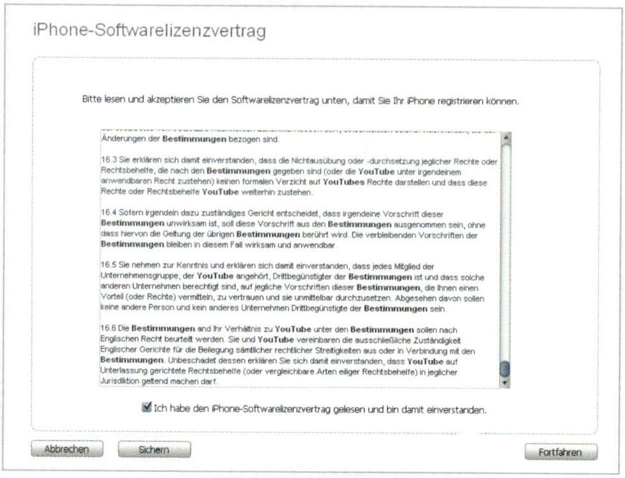

Aktivieren Sie den Punkt, dass Sie den Lizenzvertrag gelesen haben und damit einverstanden sind. Klicken Sie dann auf *Fortfahren*.

Wenn Sie noch keine haben, ist es jetzt an der Zeit, eine Apple ID (auch iTunes Account genannt) anzulegen. Die ist zur Aktivierung des iPhones erforderlich und Sie können damit in Zukunft auch im iTunes Store Musik und Videos beziehungsweise im App Store Programme für das iPhone kaufen.

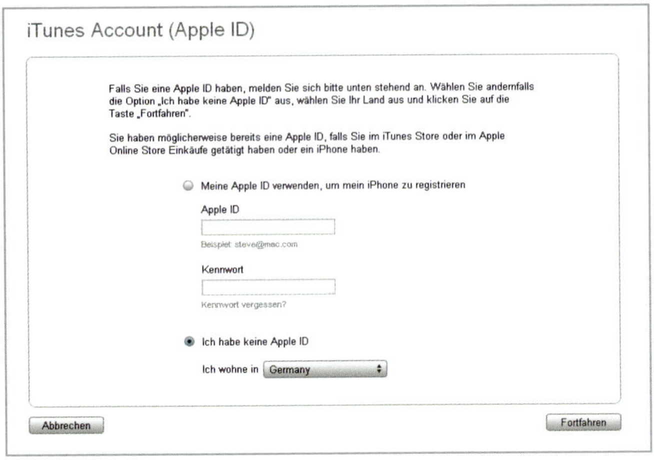

Wenn Sie bereits eine Apple ID haben, tragen Sie sie ein. Benötigen Sie eine ID, wählen Sie *Ich habe keine Apple ID*, wählen Ihr Land und klicken auf *Fortfahren*.

Geben Sie dann Ihre persönlichen Daten an. Die *iPhone Nummer* finden Sie in den T-Mobile-Unterlagen.

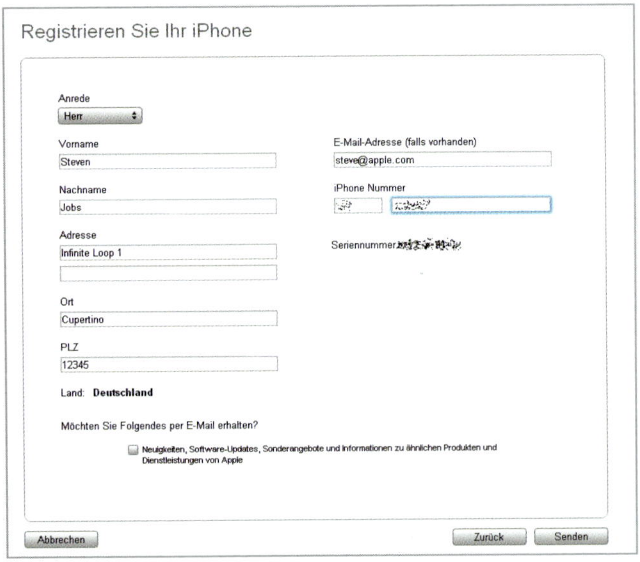

Haben Sie alle Daten eingegeben, klicken Sie auf *Senden*. Danach ist wieder einmal Zeit für AGBs – dieses Mal die des Stores.

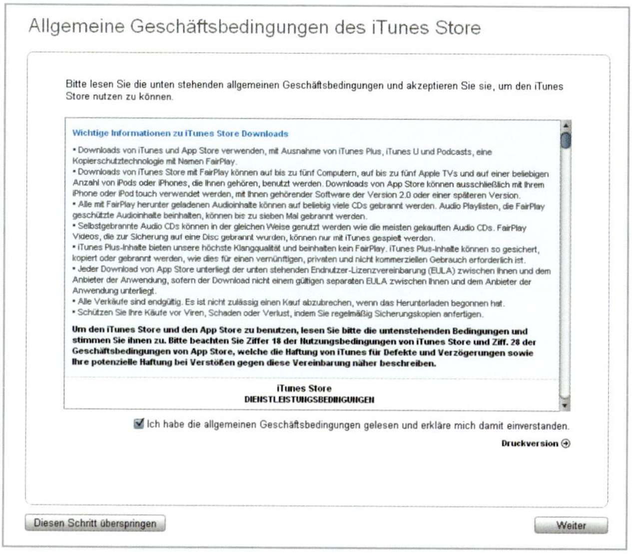

Sie können diesen Schritt auch überspringen und die AGBs später annehmen. Möchten Sie sie gleich annehmen, setzen Sie das Häkchen unter dem Text und klicken auf *Weiter*. Geben Sie jetzt die Daten an, mit denen Sie die Apple ID beantragen möchten.

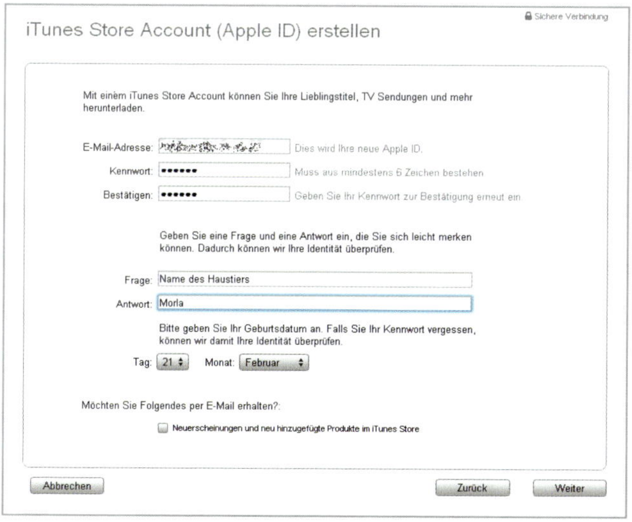

Die Frage und das Geburtsdatum helfen Ihnen, wenn Sie das Passwort einmal vergessen haben. Haben Sie alles eingetragen, klicken Sie auf *Weiter*. Danach geht es zu den Zahlungsmethoden.

Sie können entweder eine Kreditkartennummer oder einen Click&Buy-Account angeben. Wenn Sie fertig sind, *Senden* Sie die Daten.

Danach haben Sie die Möglichkeit, MobileMe kostenlos zu testen. Auf diesen Service gehen wir im späteren Verlauf des Buchs noch detailliert ein.

Die Aktivierung des iPhones war erfolgreich.

Fertig! Ihr iPhone ist aktiviert und kann benutzt werden. Sollten Sie keine ausreichend gute Netzverbindung zu T-Mobile haben, kann es einen Moment dauern, bis alle Funktionen aktiv sind. Gegebenenfalls kann es auch erforderlich sein, dass Sie das iPhone an einen Ort bringen, an dem besserer Empfang herrscht. Danach läuft aber alles.

Herzlichen Glückwunsch und viel Spaß mit dem neuen iPhone.

Auf neue Software überprüfen

Jetzt sollten Sie gleich noch überprüfen, ob es eine neue iPhone-Software gibt, die auf Ihrem Gerät noch nicht installiert ist. iTunes informiert Sie im Reiter *Übersicht* darüber.

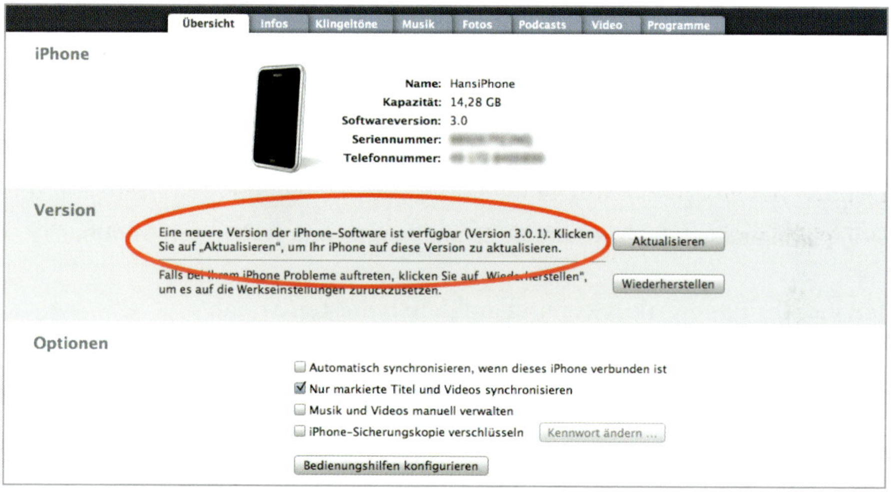

Wenn Sie diese Meldung erhalten, sollten Sie gleich die Software aktualisieren.

Neue Version der iPhone-Software installieren

Erscheint die Meldung, dass eine neuere Version der iPhone-Software verfügbar ist, sollten Sie sie gleich herunterladen und installieren. Klicken Sie in diesem Fall auf *Aktualisieren* und folgen Sie den Anweisungen auf dem Bildschirm.

Haben Sie ein neues iPhone-Gerät erworben, so können Sie problemfrei die Daten Ihres bisherigen iPhones übernehmen, indem Sie die Backup-Daten einspielen. Damit werden viele Grundeinstellungen übernommen. Das spart Ihnen jede Menge Zeit.

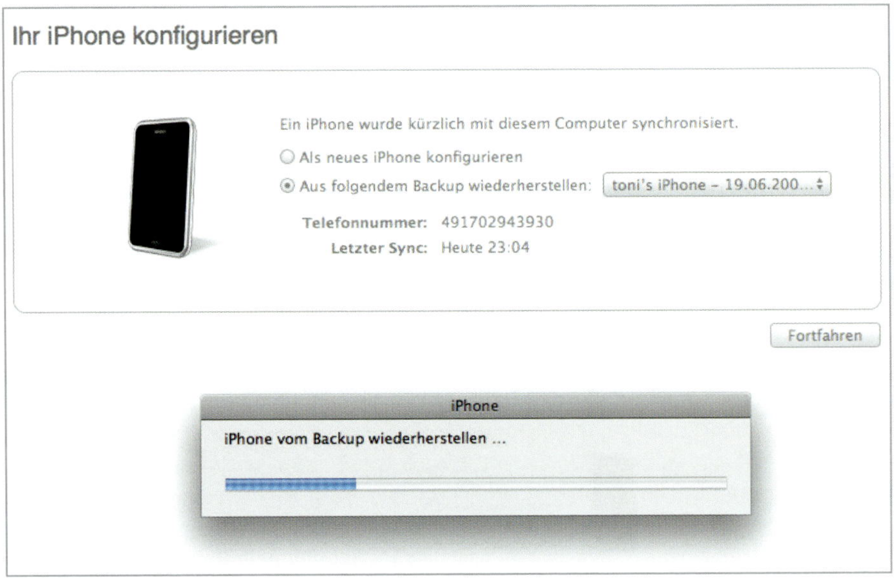

Ein neues iPhone erhält die Einstellungen des vorherigen Geräts.

Jetzt ist Ihr iPhone aktiviert und auf dem neuesten Stand.

Konkurrenzkampf

Augsburg, im Oktober.

Ich sitze mit meiner Mutter im Café und wir unterhalten uns über Gott und die Welt. Sie fragt mich über meinen letzten Urlaub aus. Da zücke ich mein neues weißes iPhone, um meine Erzählungen mit den Urlaubsbildern zu untermalen, die ich ihr mit der Fotofunktion vorführe.

Da betritt ein alter Bekannter das Café. Ich habe ihn schon etliche Monate nicht mehr gesehen. Gemeinsam mit diesem Bekannten kaufte ich im vergangenen Jahr ein iPhone der ersten Generation.

Wir plaudern eine Weile angeregt, bis er mein neues iPhone zur Kenntnis nimmt. Ich bin ganz stolz, denn ich möchte ja mit meinem „Neuen“ angeben, weil ich fest in dem Glauben bin, er hätte noch das alte Modell.

Da kramt er sein Telefon aus der Tasche. Es ist ein nagelneues schwarzes iPhone 3G! Kurzzeitig verliere ich die Fassung. Pech gehabt, war nix mit Angeben!

Die iPhone-Familie – Modelle und deren Unterschiede

Sehr gut gelungen ist das Display des iPhones. Es hat eine Auflösung von 320 x 480 Pixeln und verfügt über eine sehr robuste und extrem kratzfeste Glasplatte, die Multitouch unterstützt. Bei Multitouch *merkt* das Display nicht nur, dass es gedrückt wurde. Es kann auch das Tippen mit zwei Fingern sowie Fingerbewegungen erkennen und umsetzen.

In der Leiste ganz oben finden Sie allerhand Statuszeichen, die Ihnen eine Vielzahl an Informationen zum Zustand des iPhones liefern. Im Verlauf dieses Buches werden wir Ihnen alle diese Icons noch ausführlich erklären. Damit Sie aber schon mal wissen, was sie bedeuten, hier eine kurze Beschreibung:

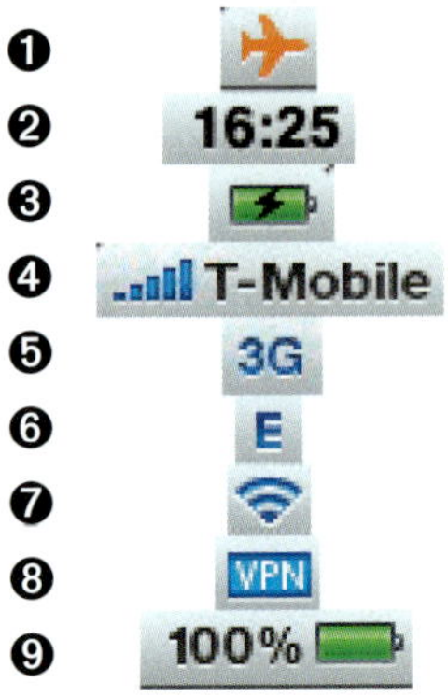

Die Icons in der iPhone-Leiste: ❶ Flugmodus, ❷ Uhrzeit, ❸ Akkuladestand, ❹ Netzstärke und -anbieter, ❺ UMTS, ❻ EDGE, ❼ Wi-Fi, ❽ VPN, ❾ Batterieladezustand in Prozent.

Das UMTS-*3G* ist das einzige Zeichen, das Sie nicht bekommen werden, wenn Sie ein iPhone der ersten Generation nutzen. Dann gibt es zwar nicht viele andere Einschränkungen, den einen oder anderen Unterschied haben die Geräte aber doch.

Die Unterschiede zum ersten iPhone

UMTS

Das iPhone 3G von 2008 kann nur wenige Dinge mehr als das Ur-iPhone, das 2007 vorgestellt wurde. Die wesentliche Neuerung ist die Unterstützung von UMTS, dem Mobilfunkstandard der dritten Generation. Daher auch der Name iPhone 3G. UMTS ist das Zauberwort. Wer auf lange Bezeichnungen steht, kann auch vom Universal Mobile Telecommunications System sprechen. Welche Bezeichnung auch immer verwendet wird, das neue iPhone kann theoretisch mit einer Geschwindigkeit von bis zu 7,2 MBit pro Sekunde ins Internet gehen. Wem diese Daten nichts sagen: Apple selbst hat die Ladezeiten einer Webseite mit altem und neuem iPhone verglichen. Das erste iPhone nutzt EDGE, einen verbesserten Mobilfunkstandard der zweiten Generation, und wird daher inoffiziell auch gerne als iPhone 2,5G bezeichnet. Das Ergebnis: Die Webseite lonelyplanet.com wurde mit dem ersten iPhone in 48 Sekunden vollständig geladen. Das iPhone 3G hat im Test nur 20 Sekunden gebraucht.

Auch wenn Apples Versuch sicherlich sehr nahe am Optimum ist: Das iPhone 3G ist bei der Beschaffung von Daten aus dem Internet schneller als der Vorgänger.

Allerdings war UMTS auch zum Start des ersten iPhones schon verfügbar und bereits in einer Vielzahl von Geräten der Mitbewerber implementiert. Steve Jobs, Apples CEO, hat aber klargestellt, dass zu dieser Zeit das Surfen mit 3G noch zu viel Strom verbrauchte. Er wollte sich zu UMTS bekennen, wenn das iPhone auch damit eine akzeptable Akkulaufzeit aufweisen kann. Das ist jetzt der Fall, man darf aber trotzdem nicht aus den Augen verlieren, dass ein aktives 3G trotzdem noch viel mehr Strom verbraucht als EDGE. Daher lässt Apple dem Anwender die Wahl, mit welchem der beiden Standards das iPhone online gehen soll. Unter *Einstellungen –> Allgemein* gibt es die Option *3G aktivieren*. Möchten Sie in der nächsten Zeit nur ab und zu im Internet surfen, erhöht das Abschalten von 3G die Akkulaufzeit.

Ist 3G, also UMTS, aktiviert, kommen die Daten aus dem Internet schneller am iPhone an. Erkauft wird dieses Plus an Geschwindigkeit durch eine deutlich kürzere Akkulaufzeit. Darauf weist Apple auch hin.

GPS

Das iPhone 3G und 3G S haben einen integrierten GPS-Chip. Das iPhone 2,5G aus 2007 konnte zwar auch die Position bestimmen. Das war aber insbesondere in Deutschland keine besonders genaue Angelegenheit. In großen Städten konnte man sich mit viel Glück die Straße anzeigen lassen, in der man sich befindet. Weiter draußen wurde meistens noch nicht einmal der richtige Ort angezeigt. Das lag daran, dass das erste iPhone die Location anhand von Sendemasten des Mobilfunkproviders ermittelt hatte. Stand der aber im Nachbarort, war für das iPhone nicht zu erkennen, wo man sich befindet. Es wurde meist nur ein Fadenkreuz angezeigt, das einen Bereich von mehreren Kilometern abdeckte. Genauer geht's mit GPS. Ist der blaue Punkt in der Karte eingezeichnet, liefert er eine Position, die sich nur wenige Meter vom tatsächlichen Aufenthaltsort unterscheidet.

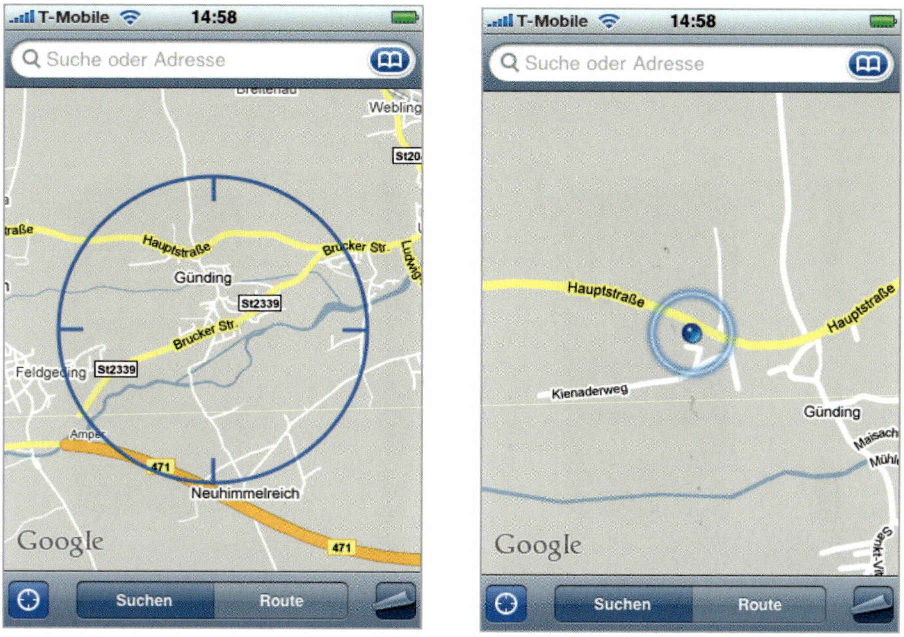

Die Unterschiede der Ortung ohne (links) und mit GPS (rechts).

Kapazität

Das iPhone 2,5G verfügte lediglich über 8 GByte Speicher. Im Februar 2008 wurde die Kapazität dann auf 16 GByte verdoppelt.

Farben, Design

Das iPhone 2,5G hatte eine kombinierte Rückseite aus Aluminium und Kunststoff, das iPhone 3G ist komplett aus Kunststoff. Auch die Dimensionen und das Gewicht haben sich kaum geändert:

iPhone 2,5G:

- Höhe: 115 mm
- Breite: 61 mm
- Tiefe: 11,6 mm
- Gewicht: 135 g

iPhone 3G:

- Höhe: 115 mm
- Breite: 62 mm
- Tiefe: 12,3 mm
- Gewicht: 133 g

Auch das Design weicht nur minimal ab. Von vorne ist der Unterschied nicht zu sehen. Nur hinten und seitlich werden die Abweichungen sichtbar.

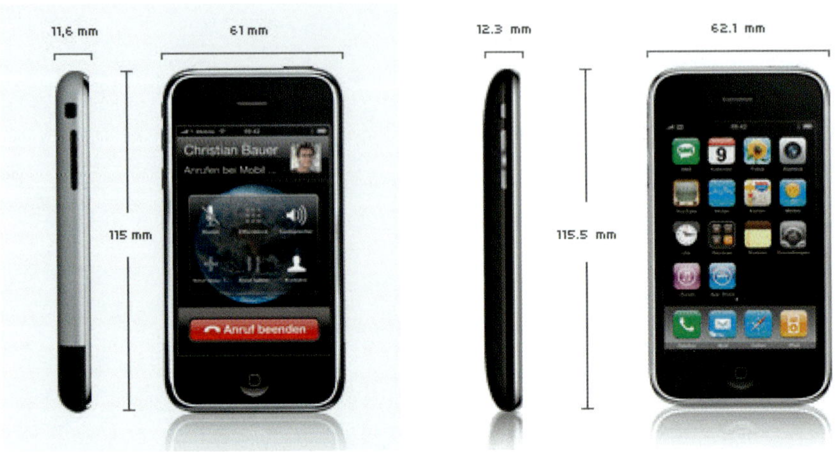

Links das iPhone 2,5G von 2007. Rechts das Modell 3G.

Das iPhone gibt es in den Farben schwarz und weiß. Das iPhone 3G mit 8 GB wird nur noch in schwarz im Handel angeboten. Während das iPhone 3G mit 16 GB in den Farben schwarz und weiß verfügbar ist.

Schwarz und weiß – so präsentiert sich das iPhone von hinten.

Das neue iPhone 3G S und die neue Softwareversion 3

Die Vorstellung der Softwareversion 3.0 war nicht nur für diejenigen ein Highlight, die bei dieser Gelegenheit auch gleich das neue iPhone 3G S gekauft haben. Auch Nutzer der Vorgänger-iPhones (iPhone und iPhone 3G) bekamen eine Fülle an neuen Funktionen mit dazu. Das Update der Software ist für iPhone-Besitzer kostenlos. Wer einen iPod touch auf den aktuellen Stand bringen will, muss für das Update knapp acht Euro berappen.

Trotzdem gibt es ein paar Funktionen, die nur dem neuesten Modell der iPhone-Familie vorbehalten bleiben.

Funktionen von iPhone OS 3 und welche iPhone-Generation was nutzen kann

Funktion	iPhone	iPhone 3G	iPhone 3G S
Ausschneiden, Kopieren, Einsetzen	ja	ja	ja
Tastatur im Querformat	ja	ja	ja
Spotlight-Suche	ja	ja	ja
Einschränkungen	ja	ja	ja
Zufallsmodus durch Schütteln (iPod)	ja	ja	ja
Sprachmemos	ja	ja	ja
Peer-to-Peer-Verbindungen	ja	ja	ja
MMS-Unterstützung	nein	ja	ja
Stereo-Bluetooth	nein	ja	ja
Internet-Tethering	nein	ja	ja
Videoaufnahmen	nein	nein	ja
Kompass	nein	nein	ja
Sprachwahl	nein	nein	ja
Bedienungshilfen	nein	nein	ja
Nike+	nein	nein	ja

Was das Gerät betrifft, hat sich auf den ersten Blick nichts verändert. Die Ausmaße sind gleich geblieben und auch das neue Modell gibt es in den Farben Weiß und Schwarz. Aber unter der Haube hat sich dennoch einiges getan:

Apple spricht zwar nicht über die inneren Werte des iPhones, aber es wurde schnell klar, dass zum einen die Taktfrequenz der CPU erhöht wurde und der Arbeitsspeicher auch großzügiger dimensioniert ist. Gerüchten zufolge schlägt das Herz des iPhone 3G S mit 600 MHz, es geistert sogar ein Wert von 833 MHz durch die einschlägigen iPhone-Webseiten. Es sind aber in jedem Fall mehr als die angeblichen 400 MHz, die das iPhone 3G haben soll. Der Arbeitsspeicher soll mit 256 MByte doppelt so groß sein wie bisher und auch der 3D-Grafikchip ist neu.

In der Praxis bedeutet das, dass anspruchsvolle Anwendungen zum Teil doppelt so schnell starten wie auf dem Vorgänger. Und auch das Surfen geht bedingt durch eine neue Safari-Engine deutlich schneller.

3-Megapixel-Kamera mit Videofunktion

Die Kamera des iPhones der ersten beiden Generationen war immer etwas, wofür Apple Kritik einstecken musste. Sie hatte lediglich zwei Megapixel Auflösung, keinen Autofokus und auch keine Lichtquelle, was Nachtaufnahmen nahezu unmöglich machte.

Blitz gibt es leider immer noch keinen, aber ansonsten ist die Kamera deutlich aufgewertet worden. Die Auflösung liegt nun bei drei Megapixeln und es gibt mit Tap-to-Focus eine sehr interessante Art, den Fokus für ein Foto festzulegen. Man tippt einfach auf den Bereich im Bild, der wichtig ist, und die Kamera stellt dort Werte wie Schärfe und Belichtung möglichst gut ein.

Außerdem gibt es jetzt auch die Möglichkeit, Videos aufzunehmen und sie sogar sehr eingeschränkt zu schneiden. Liegen vor oder nach dem eigentlichen Video noch Passagen, die unwichtig sind, kann man sie direkt am iPhone entfernen.

Die Videofunktion bringt uns zu einer weiteren Neuerung: Das iPhone 3G S gibt es neben der 16-GByte-Version auch mit einer Kapazität von 32 GByte. Wer des Öfteren Videos aufnehmen möchte, sollte über das Gerät mit der höheren Kapazität nachdenken. Ein Clip mit fünf Minuten Länge ist rund 128 MByte groß. Da sammeln sich sehr schnell mehrere GByte an Material an.

Das iPhone 3G S nimmt Videos auf und erlaubt sogar das Trimmen des Materials.

Neu am iPhone 3G S ist auch ein Kompass. Damit lässt sich in der dazugehörigen Applikation ein Kompass anzeigen. Das mag für den Großteil der Anwender nicht so sinnvoll sein. Aber wirklich gut ist die Integration in Google Maps. Tippt man auf die entsprechende Taste, zeigt Google Maps nicht nur die Position auf der Karte an, sondern auch die Richtung, in die man blickt. Bei der Suche nach einer Straße in einer fremden Stadt spart das viel Zeit, die man bisher mit Ausprobieren verbracht hat.

Der Kompass sieht gut aus. Die Anwendung selbst wird aber dem Großteil der Anwender nicht so viel bringen ...

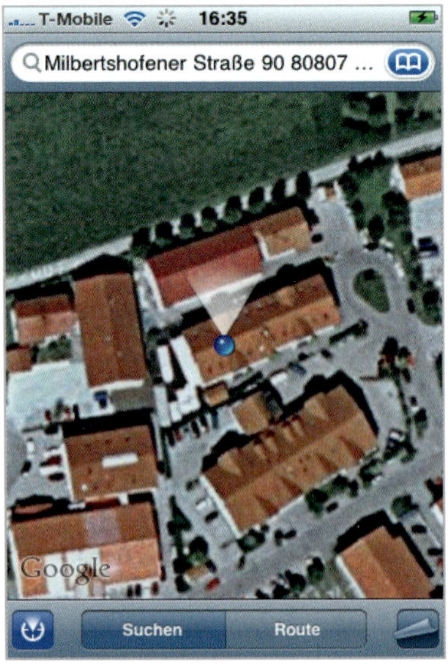

... wie die Integration innerhalb Google Maps. Hier zu sehen ist die Blickrichtung.

Das iPhone hört (fast) aufs Wort

Neu ist auch die Sprachsteuerung, mit der sich Telefon und iPod bedienen lassen. Während das mit dem Telefon erstaunlich gut funktioniert, wenn man sich an die Vorgaben hält, ist die Steuerung des iPods oft eher Glückssache. Da kann Apple sicherlich noch was an der Software verbessern.

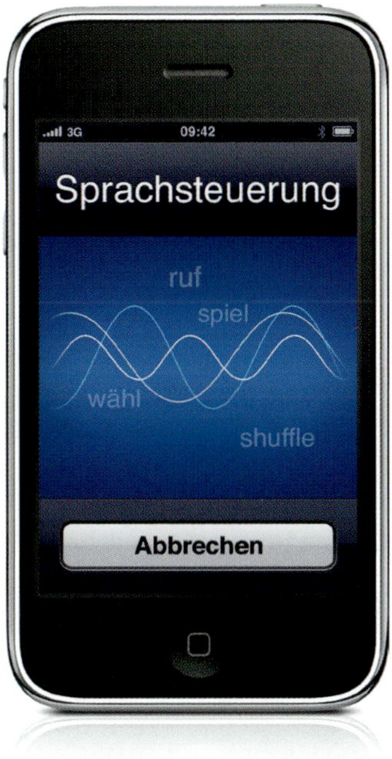

Hält man sich an die Regeln, klappt das Telefonieren mit Sprachsteuerung sehr gut. Der iPod macht aber meistens, was er will.

Und abschließend sei noch erwähnt, dass die Nike+-Integration nun auch den Weg in die iPhone-Software gefunden hat. Wer also einen passenden Chip am Schuh hat, kann sein Training direkt am iPhone überwachen.

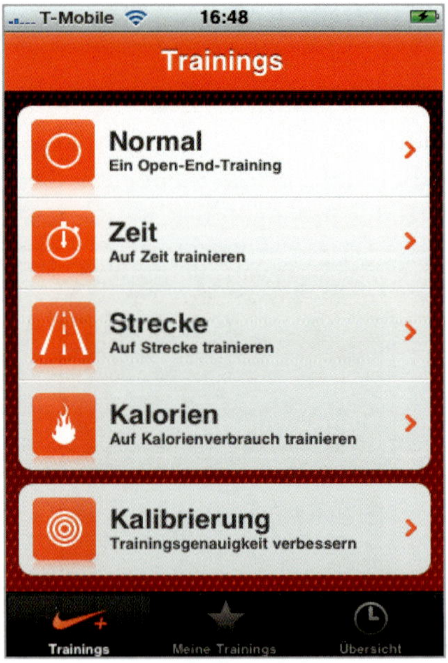

Auch Läufer werden Freude am neuen iPhone haben. Nämlich dann, wenn sie mit Nike+ trainieren und das jetzt auch mit dem iPhone 3G S tun können.

Technische Daten

Kapazität

Das iPhone 3G S gibt es mit 16 oder 32 GByte Kapazität. Das Vorgängermodell, iPhone 3G, ist nur noch in der 8-GByte-Version bei T-Mobile erhältlich. Vor der Vorstellung des iPhone 3G S gab es dieses Modell auch mit 16 GByte Speicherplatz.

Das Ur-iPhone hatte anfangs 8 GByte Speicher, später kam eine Version mit 16 GByte dazu. Mit Vertrag ist das erste iPhone allerdings nicht mehr zu haben.

Farben, Design

Das iPhone 3G S hat sich im Vergleich zum iPhone 3G in Ausmaßen und Gewicht kaum verändert. Hier sehen Sie alle Größen, Kapazitäten, Farben und Details zur Kamera im Vergleich:

	iPhone	iPhone 3G	iPhone 3G S
Höhe	115 mm	115,5 mm	115,5 mm
Breite	61 mm	62,1 mm	62,1 mm
Tiefe	11,6 mm	12 ,3mm	12,3 mm
Gewicht	135 g	135 g	135 g
Kamera	2 Megapixel, nur Fotos	2 Megapixel, nur Fotos	3 Megapixel, mit Autofokus und Videofunktion
Kapazität	8, 16 GByte	8, 16 GByte	16, 32 GByte
Farben	silber	schwarz, weiß (nur 16-GB-Modell)	schwarz, weiß

Geschwindigkeit

Neben dem Zuwachs an Performance durch den schnelleren Prozessor und den größeren Arbeitsspeicher ist das iPhone 3G S auch beim Surfen schneller. Beim Download mit UMTS sind nun maximal 7,2 MBit drin. Jedoch sind derzeit kaum UMTS-Bereiche verfügbar, die diese Geschwindigkeit leisten können. Dennoch fühlt sich das 3G S bei der Arbeit mit Safari aufgrund der besseren Hardware etwa doppelt so schnell wie sein Vorgänger an.

iPod touch – das iPhone ohne Phone

Es gibt einen iPod, der fast als iPhone durchgehen würde. Der iPod touch hat dasselbe Display wie das iPhone. Er eignet sich daher hervorragend zur Wiedergabe von Videos. Er lässt sich ins WLAN einbinden und bietet auch die meisten Anwendungen, die man vom iPhone her kennt: iPod, Safari, Kalender, Mail, Kontakte, YouTube, Aktien, Karten, Wetter, Uhr, Rechner, Notizen, App Store. Die einzigen Unterschiede: Er kann nicht telefonieren und keine Position per GPS oder Mobilfunknetz bestimmen.

Der iPod touch ist mit einer edlen Metallrückseite ausgestattet.

Nike+ mit an Bord

Nike+ ist ein System, das Apple zusammen mit dem Sportartikelhersteller Nike ins Leben gerufen hat. Es wurde zuerst in den iPod touch integriert. Die Idee dahinter: Wenn man sowieso beim Laufen seinen iPod dabei hat, kann man darüber auch gleich die Daten zum Lauf wie Distanz, Geschwindigkeit und verbrannte Kalorien aufzeichnen. Das geht auch mit dem iPod nano, hier ist es aber erforderlich, dass man sich einen Chip für Schuh und iPod kauft, damit die Daten drahtlos beim iPod nano ankommen. Den Chip für den Schuh braucht man auch beim neuen iPod touch, den für den iPod kann man sich aber sparen.

Die aktuellen iPod touch und iPod nano haben den Chip für Nike+ bereits integriert.

Nike+-ähnliche Funktionen am iPhone mit RunKeeper

Auch wenn Nike+ auf dem iPhone 3G (nicht 3G S) zur Verfügung steht, kann man seine Lauftrainings oder Radtouren doch damit überwachen. Dank des integrierten GPS-Chips ist noch nicht einmal der Kauf eines Sensors nötig.

RunKeeper ist eine kostenpflichtige Anwendung aus dem App Store, die jeden Lauf mitprotokolliert.

Die Anwendung wird gestartet und nach einem Klick auf Start beginnt die Aufzeichnung. Am Display werden Daten über die absolvierte Zeit und Strecke sowie die Geschwindigkeit der Bewegung ausgegeben. Speichern Sie einen Lauf, werden die Daten an die RunKeeper-Webseite gesendet. Dort werden alle Einträge gespeichert, damit man später auf die Daten zugreifen kann. Außerdem werden die Routen in Google Map angezeigt. So kann man genau sehen, in welchem Gebiet man unterwegs war. Die Daten zum Lauf werden zusätzlich im Gerät gespeichert.

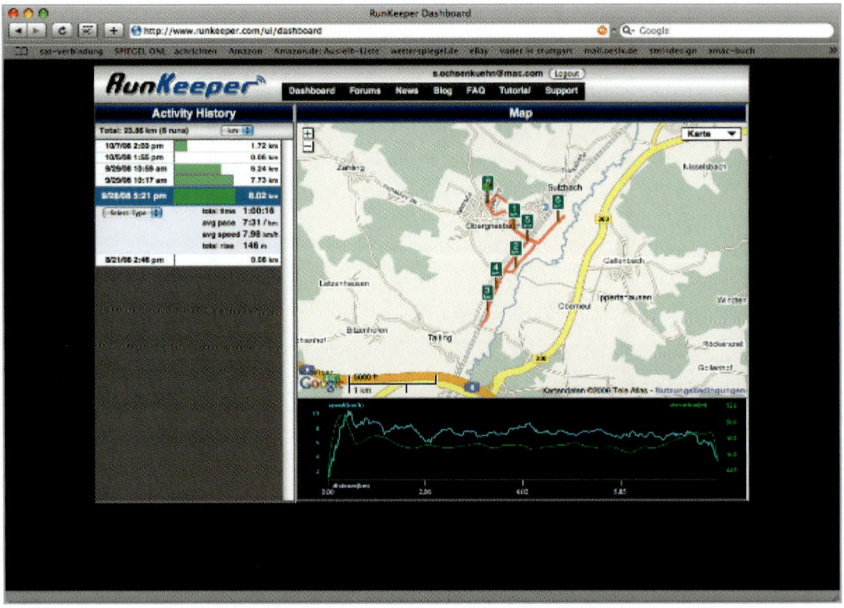

RunKeeper behält den Überblick über absolvierte Läufe und Radtouren. Die Webseite zeigt die Route sogar auf einer Karte an.

Kapazität des iPod touch

Den iPod touch gibt es aktuell mit 8, 16 oder 32 GByte Kapazität.

Der iPod touch gehört genaugenommen zu den iPods. Er ist aber nah dran am iPhone und von vorne auch kaum davon zu unterscheiden.

Beeindruckend

Jedes Mal bin ich doch wieder beeindruckt, wie sich Menschen von anderen negativ beeinflussen lassen, gerade wenn sie etwas noch nie ausprobiert haben.

Ich unterhielt mich neulich mit einem Geschäftskollegen über das iPhone. Er fragte mich: „Sagen Sie mal, ist das iPhone denn wirklich so unausgereift, wie es alle sagen?"

Ich entgegnete: „Wie kommen Sie denn darauf? Ja hatten Sie es denn noch nie in der Hand?" „Nein", meinte er. „Aber ein anderer behauptete mir gegenüber, es sei total unausgereift." Die Frage, ob der andere eines besäße, beantwortete er mit „Nein".

Daraufhin zog ich meinen kleinen Schatz aus der Tasche und zeigte ihm, wie cool es ist, wenn er zum Beispiel mit jemandem zum Essen gehen möchte, sich aber in der Umgebung überhaupt nicht auskennt. Ich öffnete das Programm „AroundMe" und sofort wurden alle Restaurants im Umkreis angezeigt. Selbst der Weg vom Standort aus wurde berechnet, und man könnte sich sogar zum Zielort navigieren lassen.

Dann zeigte ich ihm noch das Programm „Fahrplan", mit dem man Zugverbindungen auf nahe gelegenen Bahnhöfen binnen Sekunden ermitteln kann. Mein Gegenüber kam aus dem Staunen kaum heraus. Er zeigte sich sichtlich beeindruckt.

Das Betriebssystem des iPhones: Version 3

Es ist meistens eine gute Sache, neue Softwareversionen dann herunterzuladen, wenn sie der Hersteller zur Verfügung stellt. Ganz besonders gilt das auch für das iPhone. Wer noch die Softwareversion 1 oder 2 installiert hat, verzichtet auf viele Technologien (wie z. B. den App Store, Spotlight etc.), die das iPhone noch wertvoller machen. Die Neuerungen und Verbesserungen der Version 3:

So sieht die Betriebssystemversion 1 für das iPhone aus.

Unterstützung des iPhone-SDK

Das iPhone Software Development Kit (SDK) erlaubt es Entwicklern, Programme für das iPhone zu entwickeln. Die Entwickler der Software können über den Apple App Store, auf den wir im weiteren Verlauf noch detaillierter eingehen, diese Software verkaufen oder kostenlos zum Download bereitstellen. Wen es interessiert: Die APIs beinhalten Schnittstellen wie Core OS, Core Services, Media und Cocoa-Touch-Technologien.

In der Version 3 hat Apple in dieser Programmierumgebung jede Menge neuer Funktionen integriert. Einige Beispiele sind:

- ★ *In-App-Käufe:* So können z. B. Spieleprogrammierer innerhalb Ihres Games weitere Levels als kostenpflichtige Downloads anbieten. Kostenfreie Programme im App Store bleiben weiterhin komplett kostenfrei.

- ★ *Unterstützung von Zubehör:* Werden Gerätschaften an das iPhone über den Connector am unteren Rand des Telefons angestöpselt, so ist dafür Software verfügbar, um direkt auf das Gerät zuzugreifen und in Kontakt zu treten. Denkbar sind hier z. B. Soundboxen, deren Lautstärke oder Equalizer-Funktionen direkt am iPhone und nicht mehr am Gerät selbst gesteuert werden können.

- ★ *Push-Benachrichtigungsdienst von Apple:* Damit können Programmierer Funktionen basteln, die das iPhone stets mit aktuellen Infos beschicken. So ist z. B. denkbar, dass ein Newsanbieter in Intervallen die neuesten Nachrichten oder Aktienwerte auf das iPhone schickt. Der Anwender muss lediglich einmalig dieses „Abo“ bestätigen und bleibt somit stets up to date.

Sind Programme mit Push-Dienst installiert, so finden Sie in den Einstellungen den Eintrag „Benachrichtigungen". Sie können diesen Dienst komplett deaktivieren bzw. gezielt den Push-Applikationen mitteilen, ob diese Meldungen auf Ihr iPhone bringen dürfen.

- *Peer-to-Peer-Verbindungen:* Ein iPhone kann sich nun ohne großen Aufwand direkt und unmittelbar mit einem anderen iPhone verbinden. Die ersten Anwendungen stammen aus dem Spielebereich, wo nun User gegeneinanderüber ihre iPhones spielen können.

Das ist nur eine kurze Übersicht der Funktionen für Programmierer, die damit noch tollere Programme für das iPhone verwirklichen können.

Microsoft Exchange ActiveSync

Ein Argument gegen das iPhone als Firmenhandy war die fehlende Unterstützung für Exchange-Server. Auch das hat sich mit Softwareversion 2 geändert und wurde mit der Version 3 noch einmal deutlich aufgewertet. Das iPhone lässt sich bequem mit Microsoft Exchange Server 2003 oder 2007 verbinden und aktualisiert so drahtlos E-Mails, Kontakte und Kalendereinträge. Auch Sicherheitsfeatures wie Remote Wipe, Passwörterverwaltung oder Auto-Discovery sind möglich.

Neu in der Version 3 sind die Spotlight-Suchfunktionen in den Exchange-Kontakten oder auch E-Mails auf dem Exchange-Server, die noch gar nicht auf das iPhone heruntergeladen wurden. Weiterhin können nun Besprechungseinladungen erstellt und versendet werden.

Neben Microsoft Exchange kann auch der Kerio MailServer als Groupware-Software zur Verwendung kommen (http://www.kerio-mailserver.de). Die nahtlose Integration mit dem iPhone ist ebenfalls perfekt gelöst.

IPsec VPN von Cisco

Seit der Version 2.0 unterstützt das iPhone auch IPsec VPN von Cisco für ein höchstmögliches Maß IP-basierter Verschlüsselung für die Übertragung sensibler Unternehmensdaten. Neben dieser Verschlüsselung besteht auch die Option der Authentifizierung per Passwort, Mehr-Faktor-Token oder digitalem Zertifikat. Durch den Einsatz von WPA2 Enterprise mit 802.1x-Authentifizierung werden Unternehmen in die Lage versetzt, aktuellste WLAN-Sicherheitsstandards beim iPhone zu nutzen. Zudem kann nun in Version 3 VPN On Demand und VPN Proxy zum Einsatz kommen.

Viele iPhones im Firmeneinsatz

Administratoren bekommen ein Tool an die Hand, mit dem sich viele iPhones konfigurieren lassen, inklusive Passwortverwaltung, VPN-Einstellungen, digitaler Zertifikate, den E-Mail-Server-Einstellungen und mehr.

Hierzu bietet Apple ein Tool namens *iPhone Configuration Utility* an. Weitere Informationen hierzu sowie den Download des Programms finden Sie unter *http://www.apple.com/support/iphone/enterprise/.*

Aktuelle Software auf dem iPhone ermitteln

Es gibt zwei Möglichkeiten, um zu überprüfen, welche Software auf Ihrem iPhone installiert ist. Diese Info erteilt das iPhone selbst, Sie finden sie aber auch in iTunes.

iPhone: Tippen Sie auf *Einstellungen* –> *Allgemein* –> *Info.* Neben einer Vielzahl an Informationen finden Sie unter *Version* den Eintrag der Softwareversion.

Das iPhone zeigt an, welche Softwareversion aktuell installiert ist. In diesem Fall ist es 3.1.

iTunes: Öffnen Sie iTunes und wechseln Sie in der linken Leiste auf das *iPhone.* Rechts im Reiter *Übersicht* sehen Sie ebenfalls den gesuchten Eintrag.

Auch iTunes informiert über die installierte Softwareversion.

Aktualisieren der iPhone-Software

Die Aktualisierung läuft über iTunes. Wenn Sie das iPhone mit dem Computer verbinden, meldet sich iTunes in der Regel von selbst, wenn eine neue Version zum Download bereitsteht.

Eine aktualisierte Version liegt vor und kann heruntergeladen und installiert werden.

Es lässt sich aber auch manuell nach einer Aktualisierung suchen. Wenn dieser Vorgang erfolglos bleibt, zeigt iTunes an, wann das nächste Mal automatisch gesucht wird. Wird vor diesem Datum eine neue Version bereitgestellt, müssen Sie erneut auf *Nach Update suchen* klicken, um die neue Version zu erhalten.

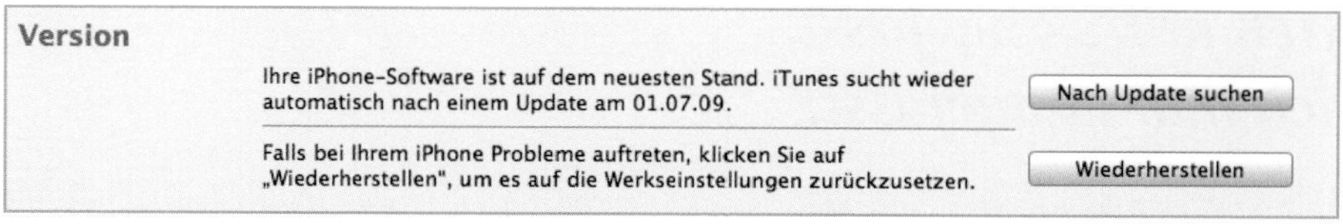

iTunes sucht in bestimmten Intervallen automatisch nach neuer Software. Das kann der Anwender aber auch manuell erledigen.

Ist eine neue Software vorhanden, laden Sie sie herunter und folgen Sie den Anweisungen in iTunes, um sie zu installieren.

Dieses Buch behandelt also auf den folgenden Seiten die iPhone-Softwareversion 3.1 (Stand September 2009).

„Ich hab's angefasst, ich hab's angefasst!"

Stuttgart, im November.

Als ich im Weltkonzern für Ordner- und Registersysteme ein Training in der Werbeabteilung abhalte, trägt sich Folgendes zu:

Ich sitze mit einer netten jungen Dame im Seminar. Sie bemerkt, dass ich ein iPhone dabei habe und findet es „ganz nett". Sie will sofort einiges über die Funktionen des Telefons wissen.

Ich antworte: „Das ist das beste Telefon, das ich je hatte! Man liebt es förmlich, ähnlich wie ein Haustier." Sie starrt mich nur fassungslos an, der Vergleich hinkt offensichtlich.

Als wir in der Pause ihre Kollegin im Nebenbüro besuchen, sagt sie zu ihr: „Du, die Frau Ochsenkühn hat ein iPhone dabei". Woraufhin diese Kollegin buchstäblich große Kulleraugen bekommt: „Echt?" Ich entgegne ganz cool: „Na klar, möchten Sie es mal in der Hand halten?" „Ja", haucht sie nur. Sie vergräbt ihr Gesicht und das iPhone unter ihren Haaren und schaut eine Weile in die Menüs. Dann gibt sie es mir zurück – widerwillig, so scheint es mir. Ein kurzes „Danke" ist die Folge und sie widmet sich wieder ihrer Arbeit.

Ich gehe mit meiner Teilnehmerin zurück in den Trainingsraum. Als wir zur Türe hinaus und außer Sichtweite sind, quietscht die Kollegin aus dem Büro: „O Gott, ich hab's angefasst, ich hab's angefasst!" Dabei ist sie doch ganz allein im Raum ...

Die Bedienung des iPhones

Bevor wir uns mit der Bedienung des iPhones befassen, klären wir kurz die Tasten. Die gute Nachricht gleich vorweg: Es gibt nicht viele Knöpfe, die man erlernen muss. Genau genommen sind es nur vier.

Die Tastaturbelegung des iPhones

Die vier Tasten heißen *Standby, Stumm, Laut/Leiser* und *Home*-Taste. Die Funktionen im Schnelldurchlauf:

❶ **Standby:** Halten Sie diese Taste gedrückt, um das iPhone einzuschalten. Sobald das Apfel-Symbol auf dem Display zu sehen ist, können Sie die Taste wieder loslassen. Um das iPhone auszuschalten, halten Sie die Standby-Taste gedrückt, bis der *Ausschalten*-Slider erscheint. Der Slider ist eine Art Schieberegler, der auf dem Display eingeblendet wird und der mit dem Finger von links nach rechts *geschoben* werden muss. Möchten Sie das iPhone doch nicht ausschalten, drücken Sie den *Abbrechen*-Button oder warten Sie ein paar Sekunden, bis das Display wieder zurück zum Home-Bildschirm springt. Drücken Sie den Standby-Knopf einmal kurz, wechselt das iPhone in den Ruhemodus. Der spart Strom und verhindert ein versehentliches Drücken der Tasten. Zurück aus dem Ruhezustand holen Sie das Gerät entweder durch einen erneuten Druck auf den Standby-Knopf oder über den Home-Button. Damit man die Tastensperre nicht irrtümlich aufhebt, ist es in beiden Fällen erforderlich, dass Sie den *Entriegeln*-Slider betätigen.

Wenn Sie einen eingehenden Anruf erhalten, beendet das einmalige Drücken das Klingeln (der Anrufer bleibt aber in der Leitung), zwei Mal schickt den Anrufer direkt zur Mailbox.

❷ **Stumm:** Mit diesem Kippschalter schalten Sie das Gerät lautlos. Ist ein kleiner roter Punkt neben dem Schalter zu sehen, ist das iPhone lautlos gestellt. Beim Wechsel in diesen Modus vibriert das Gerät kurz und auf dem Display erscheint ein durchgestrichenes Glockensymbol. Stellen Sie das iPhone wieder auf laut, ist kein roter Punkt mehr zu sehen und es erscheint kurz eine Glocke ohne Strich.

❸ **Laut/Leiser:** Der Name sagt's schon: Darüber lässt sich die Lautstärke regeln. Das klappt entweder für die Gesprächslautstärke beim Telefonieren oder für die Wiedergabe von Musik, Videos oder Ähnlichem.

❹ **Home:** Die wahrscheinlich wichtigste Taste. Sie bringt sie aus jedem erdenklichen Menü oder Programm wieder zurück zum Hauptbildschirm. Wenn Sie gerade telefonieren, können Sie damit über den Umweg des Hauptbildschirms auch auf Ihre Mails, den Kalender oder die Kontakte zugreifen. Wenn Sie im Ruhemodus die Home-Taste zwei Mal drücken, starten Sie die Bedientasten des iPods. Diese Taste können Sie auch mit einer Funktion belegen, aber dazu später mehr im Kapitel 4.

Wenn Sie mehrere Bildschirme mit Programmen haben, genügt ein einmaliges Drücken, um stets zum ersten und damit zum Hauptbildschirm zu gelangen. Drücken Sie nochmals, wechseln Sie zur Spotlight-Suche. Drücken Sie erneut, kehren Sie zum Hauptbildschirm zurück.

Es gibt nur vier Tasten, mit denen wir uns befassen: 1 Standby, 2 Stumm, 3 Laut/Leiser und 4 Home.

Das war's schon, was Sie vorab über die Steuerung des iPhones wissen müssen. Alle anderen Dinge steuern Sie direkt über das Display und die integrierte Softwaretastatur. Jetzt kann es losgehen.

Das Erste, was beim iPhone auffällt, ist die Tastatur – oder besser gesagt: das Fehlen selbiger. Das ist es auch, was das iPhone von allen sogenannten und gleich wieder in der Versenkung verschwundenen iPhone-Killern unterscheidet. Es gibt keine richtige Tastatur an der Unterseite des Displays und es werden auch keine Tasten ausgeklappt oder unter dem Display herausgeschoben. Das iPhone geht in puncto Tastatur neue Wege.

Die Softwaretastatur

Das iPhone verfügt über eine Softwaretastatur, die immer dann an der Unterseite des Diplays eingeblendet wird, wenn es etwas zu tippen gibt. Das können Mails, SMS oder Webadressen sein oder das Suchfenster bei Google. Immer dann, wenn das iPhone eine Eingabe erwartet, erscheint die Tastatur. Betrachten wir die Funktionsweise der Softwaretastatur anhand einer Standard-Applikation, dem Webbrowser Safari.

Links sehen Sie die Google-Seite ohne, rechts mit Tastatur. Ein Klick auf „Öffnen" startet die Suche, „Fertig" blendet die Tastatur wieder aus.

Die Tastatur des iPhones verfügt auch über eine mehr oder weniger intelligente Autokorrektur. Dazu mehr im Kapitel 5.

Das Tippen, Scrollen und Wischen

Das iPhone hat ein sehr großes Display, trotzdem findet oft nicht alles darauf Platz. Nehmen wir als Beispiel eine umfangreiche Internetseite. Da es am iPhone keinen Scrollbalken wie im Internet Explorer oder Safari und auch keine Maus mit Scrollrad gibt, kommen wir zu den beiden nächsten Säulen des iPhone-Bedienkonzepts: Der Touchscreen des iPhones lässt sich durch einfaches Tippen und Scrollen bedienen. Das ist auch neu am iPhone: Sie benötigen keinen Eingabestift, das Gerät ist für die Bedienung mit den Fingern optimiert. Möchten Sie einem Link folgen oder eine Suchanfrage in Google starten, tippen Sie mit der Fingerspitze einmal auf den Link oder in das Eingabefenster von Google. Safari öffnet daraufhin den gewählten Link, lädt also die verknüpfte Seite oder aktiviert die Eingabemaske und blendet automatisch die Tastatur ein. Die Tastatur verschwindet im Falle von Google entweder durch den Start der Suche oder wenn man sie manuell über den *Fertig*-Knopf ausblendet. Dann ist allerdings noch ein weiterer Klick auf *Google-Suche* nötig, damit die Suchanfrage gestartet wird. Schneller geht's, wenn man gleich auf den Tastaturknopf *Öffnen* drückt.

Möchten Sie auf einer umfangreichen Webseite den Teil sehen, der sich aktuell nicht im Anzeigebereich des Displays befindet, tippen Sie mit dem Finger auf das Display und schieben Sie die Webseite nach oben oder nach unten. Mit mehr oder weniger Schwung steuern Sie dabei die Geschwindigkeit. Im Adressbuch des iPhones können Sie beispielsweise mit einem langsamen Verschieben der Liste innerhalb eines Buchstabens einen bestimmten Eintrag suchen. Wenn Sie aber von „A“ nach „N“ wechseln möchten und dazwischen mehrere Hundert Einträge liegen, sollten Sie mit mehr Schwung scrollen.

Achten Sie darauf, dass das iPhone mit dem Finger bedient werden möchte, nicht mit dem Fingernagel. Im Gegensatz zu anderen Touchscreens wird kein Stylus-Stift benötigt.

Umfangreiche Webseiten wie die von SPIEGEL ONLINE lassen sich durch einfaches Scrollen auch bequem nach oben oder unten verschieben.

Im Falle von Google haben wir von einem einmaligen Tippen mit der Fingerspitze auf die Eingabemaske gesprochen. Es gibt noch eine weitere Möglichkeit des Tippens, mit der sich die Anzeige von Webseiten zum Lesen optimieren lässt. Nehmen wir als Beispiel den Screenshot von SPIEGEL ONLINE. Wir haben uns für diese Seite als Anschauungsmodell entschieden, weil Sie aufgrund des Seitenlayouts auch dann noch alles nachvollziehen können, wenn die Inhalte auf dem Screenshot längst überarbeitet sind.

Wir sehen die Seite in der gesamten Breite und es sieht im Grunde aus wie am Mac oder PC. Das ist gut, weil es zeigt, dass man am iPhone auch unterwegs alle Seiten so betrachten kann, wie zu Hause oder im Büro. Da wir aber nicht den 20-Zöller mit dabei haben, wird die Anzeige sehr klein und schwer zu lesen, Bilder sind teilweise kaum zu erkennen. Aber auch hier gibt es eine Funktion, die das Problem löst: den Doppelklick. Angenommen, Sie möchten die oberste Schlagzeile beziehungsweise den Text dazu lesen. Tippen Sie mit dem Finger zwei Mal auf den Textblock und das iPhone zieht den Text in der vollen Breite des Bildschirms auf. Die Randspalte mit den Bildern und die Werbung werden dabei ausgeblendet und der dadurch gewonnene Platz für das Wesentliche genutzt. Das sieht dann so aus:

Jetzt lässt sich der Vorspann des Artikels bedeutend besser lesen. Ein erneuter Doppelklick wechselt wieder in die Übersicht.

Ein weiterer Doppelklick auf den Text bringt Sie wieder in die ursprüngliche Ansicht. Sie möchten jetzt eines der drei Bilder sehen, die rechts neben dem Artikel angezeigt werden? Auch hier bringt Sie der Doppelklick weiter. Tippen Sie zwei Mal auf das gewünschte Foto und es wird vergrößert.

So lassen sich Bilder anzeigen. Selbst der Text ist noch zu entziffern.

Ihnen reicht die Größe der Anzeige noch nicht? Okay, wie wäre es mit einem Härtetest?

Das iPhone kann auch Querformat. Automatisch

Sie werden sehen, es kommt noch besser. Tippen Sie erneut auf das Foto, um wieder in die ursprüngliche Anzeige zu wechseln. Wir bleiben beim Beispiel des ersten Artikels und tippen auf den Link *mehr...*, um den ganzen Artikel zu sehen. Danach tippen wir zwei Mal auf den gewünschten Text und bekommen eine stark verbesserte Ansicht. Reicht das noch immer nicht aus, kippen wir das iPhone in das Breitformat und der Text wird erneut angepasst.

Der Knaller: Durch einen integrierten Sensor erkennt das iPhone automatisch, ob Sie es aufrecht oder quer halten. Jetzt ist alles extrem gut zu sehen. All die Dinge wie Doppelklick und das Drehen des Displays können wieder rückgängig gemacht werden, indem Sie sie einfach wiederholen. Ein Tipp am Rande: Der Quer- oder Landscapemodus eignet sich ganz besonders gut zur Anzeige von Bildern im Querformat und ist zudem auch in anderen Programmen wie Mail, Notizen, Aktien etc. einstellbar.

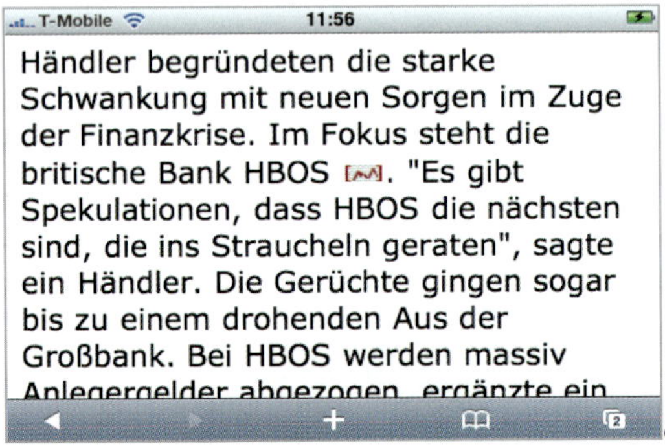

d

Nach der Vergrößerung des Textes und dem Drehen des Displays ist der Text sehr gut zu sehen.

Auch andere Programme verstehen sich auf das Querformat.

Die Änderung der Ansicht durch das doppelte Antippen ist eine gute Möglichkeit, um beispielsweise Nachrichten oder Blogs zu lesen. Der Vorteil ist, dass es recht schnell geht, der Nachteil, dass es keine stufenlose Verkleinerung oder Vergrößerung gibt. Die Anzeige ist entweder kleinteilig, dafür übersichtlich oder so vergrößert, dass Textblöcke oder Bilder an die Breite des Bildschirms angepasst werden. Sie ahnen es vielleicht schon: Auch für dieses Problem haben die Apple-Techniker eine Lösung gefunden. Und auch dieses Mal brauchen wir dafür keinerlei Tasten.

Skalieren durch Aufziehen mit zwei Fingern

Nehmen wir als Beispiel ein Bild im Querformat. Wenn wir das Display in den Landscapemodus drehen und doppelt auf das Bild klicken, bekommen wir dieses Ergebnis:

In der Übersicht sind alle iPods zu sehen. Gut, wenn man vergleichen will.

Das sieht gut aus und es ist auch alles zu sehen. Aber was, wenn wir ein Detail betrachten möchten? Möglicherweise interessieren uns von den Farben nicht alle, wir möchten nur drei davon sehen. Dann berühren wir das Display mit Daumen und Zeigefinger einer Hand gleichzeitig so, dass die Fingerspitzen sich berühren. Wenn wir jetzt die beiden Finger voneinander weg bewegen (und damit auf dem Display verschieben), vergrößert sich die Anzeige stufenlos. Führen wir die Finger wieder zusammen, verkleinert sich das Bild.

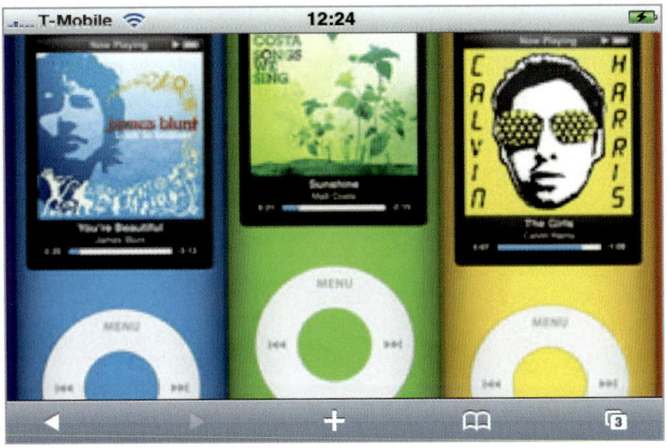

Möchte man einen Ausschnitt gezielt vergrößern oder verkleinern, geschieht das über das Aufziehen mit zwei Fingern.

Die Programmierung der Home-Taste

Die Home-Taste haben Sie eingangs schon kennengelernt. Drückt man sie einmal, springen wir immer wieder zurück zum Home-Bildschirm. Diese Taste verfügt aber auch über eine Art Doppelklick, der sich programmieren lässt. Sie finden die entsprechenden Einstellungsmöglichkeiten unter *Einstellungen –> Allgemein –> Home-Taste*. Dort lässt sich einstellen, was nach dem doppelten Drücken der Home-Taste passieren soll. Die Möglichkeiten sind: *Home*, *Suchen*, *Telefon-Favoriten*, *Kamera* und *iPod*. *Home* führt analog zum einmaligen Drücken der Taste zum Hauptbildschirm, *Suchen* bringt Sie zur Spotlight-Suche, *Telefon-Favoriten* öffnet die Liste mit den Kurzwahlen, *Kamera* startet das dazugehörige Programm und *iPod* startet den Musik- und Videoplayer. Wie Sie Ihre persönlichen Favoriten einstellen, erfahren Sie etwas später im Kapitel 6.

In diesem Fall öffnet das doppelte Drücken der Home-Taste direkt die Telefon-Favoriten.

Mehr als nur zum Telefonieren: das neue iPhone-3G-S-Headset

Das Headset des iPhones erledigt eine Vielzahl an Aufgaben beim Telefonieren und Musikhören. Es eignet sich zur Steuerung des Telefons und des integrierten iPods.

Das Headset des iPhones kann mehr, als nur Anrufe über die Kopfhörer auszugeben.

In der nachfolgenden Tabelle sehen Sie, welche Möglichkeiten Sie haben, wenn das Headset mit dem iPhone verbunden ist.

Headset-Steuerung Telefon

Sie möchten ...	Dann drücken Sie die ...	So oft:
... einen eingehenden Anruf annehmen.	... Mitteltaste	1x
... den aktuellen Anruf beenden.	... Mitteltaste	1x
... einen eingehenden Anruf ablehnen.	... Mitteltaste	1x für etwa zwei Sekunden gedrückt halten. Als Quittung erhalten Sie nach dem Loslassen der Taste zwei leise Töne.
... zu einem eingehenden oder gehaltenen Anrufer wechseln und das aktuelle Gespräch in der Leitung halten.	... Mitteltaste	1x. Ein weiteres Drücken wechselt wieder zurück.
... zu einem eingehenden oder gehaltenen Anrufer wechseln und das aktuelle Gespräch beenden.	... Mitteltaste	1x, für etwa zwei Sekunden gedrückt halten. Als Quittung erhalten Sie zwei leise Töne.
... die Sprachsteuerung starten.	... Mitteltaste	1x, gedrückt halten, bis die Sprachsteuerung startet.

Headset-Steuerung iPod

Sie möchten ...	Dann drücken Sie die ...	So oft:
... die iPod-Wiedergabe starten.	... Mitteltaste	1x
... einen Musiktitel oder ein Musikvideo stoppen, das gerade läuft.	... Mitteltaste	1x
... die Wiedergabe fortsetzen.	... Mitteltaste	1x
... den nächsten Musiktitel starten.	... Mitteltaste	2x kurz hintereinander
... die Lautstärke regeln.	... „+"- oder „–"-Taste	nach Bedarf
... die Sprachsteuerung starten.	... Mitteltaste	1x, gedrückt halten, bis die Sprachsteuerung startet.

Ist das Headset mit dem iPhone verbunden und geht ein Anruf ein, hören Sie den Klingelton über die Kopfhörer.

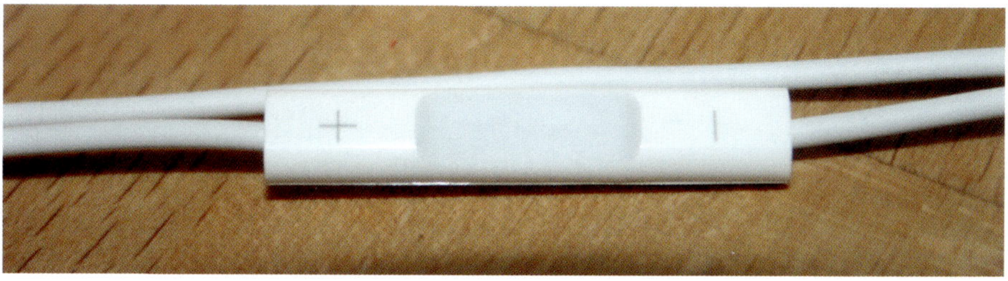

Das Bedienfeld des iPhone-Headsets hat jetzt auch eine Lautstärkeregelung.

Der Freund

Am Abend des iPhone-Kaufs besuchten wir zur Feier des Tages das Restaurant unseres Freundes.
Er, normalerweise eher zurückhaltend, überschlug sich schier, als er das iPhone sah.

Dann aber begann er seltsamerweise, das iPhone schlechtzureden. „Ach, so was braucht man doch nicht, so was ist doch echter Quatsch, das iPhone ist doch wirklich viel zu teuer!" Seiner Meinung schloss sich auch seine Freundin an, die ebenfalls nichts Gutes an dem kleinen Kerl finden konnte. Sie tippte widerwillig darauf herum und fand es einfach nur „doof".

Das nächste Mal, als wir die beiden erneut trafen, hatten sie ein iPhone. Das war nur zwei Tage später :-).

Die Tastatur des iPhones

Fast wöchentlich kommen Mobiltelefone auf den Markt, die von den jeweiligen Herstellern oder den Medien als „iPhone-Killer“ bezeichnet werden. Zugegeben: Auf den ersten Blick sehen viele Geräte so aus, als könnte man es auf einen Vergleich ankommen lassen. Aber ein Detail disqualifiziert die Herausforderer meistens schon in den ersten Minuten des Ausprobierens: die Tastatur oder das Vorhandensein selbiger. Apple hat sich dazu entschlossen, auf eine richtige Tastatur zu verzichten und setzt stattdessen softwarebasierende Tasten ein. Das bedeutet nichts anderes, als dass im unteren Bereich des Displays Tasten nur dann eingeblendet werden, wenn sie auch nötig sind. In allen anderen Fällen wird das Display zur Anzeige von Inhalten genutzt. So soll es sein!

Der Verzicht auf eine „richtige“ Tastatur macht eine Gehäusetiefe von nur 12,3 Millimetern möglich. Nachteile sehen nur diejenigen, die noch nie auf dem iPhone eine Mail geschrieben oder eine Webadresse eingetippt haben. Bereits nach dem ersten Versuch wird nämlich klar, dass es beim iPhone keinerlei Einschränkungen in der Handhabung gibt.

Die Softwaretastatur des iPhones.

Ein- und Ausblenden der Tastatur

Lesen Sie eine E-Mail oder surfen Sie auf Ihrer bevorzugten Internetseite, wird keine Tastatur eingeblendet. Wozu auch? Sie möchten ja nichts eintippen. Sobald Sie aber eine Mail beantworten oder weiterleiten, beziehungsweise eine neue Webadresse eingeben oder ein Kontaktformular ausfüllen möchten, ist die Tastatur da. Nachdem die benötigten Eingaben gemacht wurden, schicken Sie sie mit *Öffnen* oder einem Klick auf den entsprechenden Button der Webseite ab.

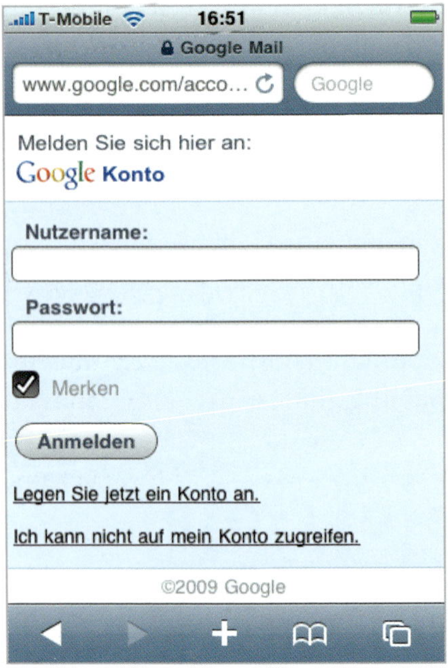

Während des Surfens (links) bleibt die Tastatur ausgeblendet. Erfordert die Seite eine Eingabe (rechts), erscheint die iPhone-Softwaretastatur. Die Taste „Fertig“ blendet sie wieder aus.

Satzzeichen und Ziffern

Wird die Tastatur gestartet, können Sie Buchstaben eintippen. Benötigen Sie ein Satzzeichen, Sonderzeichen oder eine Ziffer, tippen Sie auf die Taste *.?123*.

Tippen Sie auf „.?123“, erhalten Sie Zugriff auf Satzzeichen, Sonderzeichen und Ziffern.

Mit der #+=-Taste gelangen Sie zu Klammern, Währungen und anderen Zeichen, die man vielleicht nicht ganz so oft benötigt.

Abkürzungen zu den Satzzeichen

Ein wenig umständlich wird es, wenn Sie Abkürzungen schreiben möchten und dazu beispielsweise viele Punkte benötigen. Für jeden Punkt müssen Sie *.?123* tippen, den Punkt auswählen, mit *ABC* wieder zurück zu den Buchstaben und gegebenenfalls wieder mit *.?123* zum Punkt, mit *ABC* zurück und so weiter.

Ein paar Eingaben lassen sich sparen, wenn Sie für die Punkte *.?123* tippen, dann aber nicht den Finger vom Display nehmen, sondern auf dem Display zum Punkt *fahren*. Dann springt die Tastatur automatisch wieder zu den Buchstaben zurück und Sie sparen sich den manuellen Wechsel.

Mehrfach belegte Tasten

Es gibt Tasten wie das „D“, die einfach nur den darauf abgebildeten Buchstaben oder ein Zeichen darstellen. Dann gibt es Tasten wie das „S“, das zusätzlich Sonderzeichen darstellen kann. So kann es neben dem „S“ auch noch „ß“, „Ś“ oder „Š“ abbilden. Um zu den Sonderzeichen zu gelangen, halten Sie den Buchstaben gedrückt, bis die alternativen Zeichen erscheinen. Fahren Sie dann mit dem Finger auf das gewünschte Zeichen, um es auszuwählen.

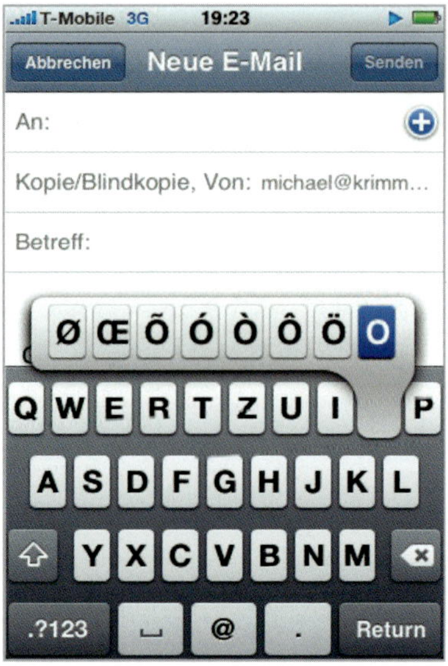

Auch hinter dem „O" verbirgt sich eine Vielzahl an Zeichen, die man erst dann sieht, wenn man die Taste länger gedrückt hält.

Bei Webseiten ist es nicht erforderlich, die Domainart wie „.com“ einzutippen. Auch dazu gibt es eine entsprechende Taste. Und auch diese Taste ist mehrfach belegt. Halten Sie sie gedrückt, um außerdem zu „.net“, „.edu“, „.org“ und „.de“ zu gelangen.

Zugriff auf die Domain-Endungen.

Großschreibung am Satzanfang

Ebenfalls in den *Einstellungen* unter *Allgemein* und *Tastatur* gibt es den Punkt *Auto-Großschreibung*. Ist der aktiviert, schreibt das iPhone Wörter am Satzanfang automatisch groß.

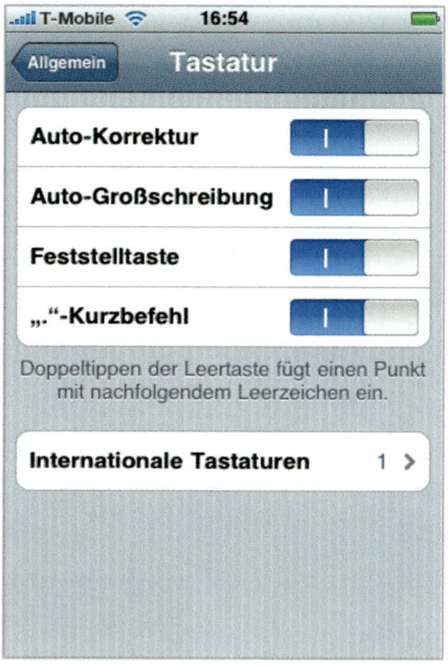

Mögliche Einstellungen für die Tastatur.

Feststelltaste aktivieren

Die dritte Option in den *Einstellungen* unter *Allgemein* und *Tastatur* ist *Feststelltaste*. Ist dieser Schalter an, können Sie mit der doppelt angetippten Hochstelltaste Wörter komplett in GROSSBUCHSTABEN schreiben. Sie erkennen das daran, dass die Hochstelltaste blau eingefärbt ist. Tippen Sie sie danach erneut an, um wieder normal zu schreiben.

„."-Kurzbefehl

Wie schon der kurze Hilfetext sagt, können Sie durch Verwenden eines zweimaligen Leerschritts einen Punkt inklusive Leerschritt generieren. Probieren Sie das mal aus und Sie werden feststellen, dass dies eine sehr nützliche Funktion ist.

Die Autokorrektur

Eine Autokorrektur für das Erstellen von Mails, SMS oder Notizen ist nicht neu. Auch Apple hat dem iPhone eine solche Korrektur spendiert. Sie funktioniert ganz einfach: Jedes in ein beliebiges Eingabefeld eingetippte Wort wird von der iPhone-Software überprüft. Wenn es okay ist und das iPhone keine anderen Vorschläge hat, dann ist das nächste Wort an der Reihe. Hat man sich vertippt und das iPhone bemerkt den Fehler und bietet eine Alternative an, dann hat der Benutzer zwei Möglichkeiten: Bemerkt er seinen Fehler und möchte den Alternativvorschlag annehmen, muss er nur weiter tippen. Die Korrektur wird akzeptiert und das falsche Wort durch das neue ersetzt. Soll die eingetippte Variante erhalten bleiben, können Sie die Alternative dadurch ablehnen, indem Sie auf den Vorschlag tippen. Dann wird das neue Wort in das Wörterbuch aufgenommen. Das hat zur Folge, dass das iPhone dieses neue Wort in Zukunft kennt und es sogar vorschlägt, wenn Sie ein ähnliches Wort eingeben. Das erfordert anfangs ein Umdenken, weil man den Vorschlag nicht durch Antippen annimmt, sondern ablehnt.

Die Autokorrektur erleichtert das Schreiben von Mails, SMS (links) oder Notizen. Manchmal kommen aber sehr merkwürdige Vorschläge ans Tageslicht (rechts).

Im Falle der SMS auf dem linken Screenshot habe ich mich bei dem Wort „Pizza“ vertippt und nehme den Vorschlag gerne an. Dazu muss ich ihn lediglich mit der Leertaste bestätigen. Da ich in der Notiz rechts sicherlich nicht „Dortkalkrätem“ schreiben wollte, lehne ich die Korrektur ab, indem ich auf den Vorschlag tippe.

Bis zur iPhone-Software 2.1 gab es keine Möglichkeit, die Autokorrektur auszuschalten. Da sich aber immer mehr Stimmen zu Wort meldeten, die gerne die Wahl hätten, ob Sie die Korrektur ein- oder ausschalten möchten, ist seit der Version 2.2 das Ein- und Ausschalten möglich.

Darüber hinaus können Sie in den Einstellungen bei *Internationale Tastaturen* weitere Sprachen aktivieren.

Weitere Sprachversionen einschalten.

Sogleich werden Sie stets bei jedem Erscheinen der Tastatur links neben der Leertaste ein Globus-Icon erkennen. Sobald Sie darauf klicken, wechselt das iPhone sofort in das andere Tastaturlayout.

Schneller Tastaturwechsel durch Anklicken des Globus-Icons.

Ausschneiden, Kopieren und Einsetzen

Endlich. Ich sag's ganz ehrlich: Kopieren und Einsetzen oder Copy & Paste hat mir von Anfang an gefehlt beim iPhone. Es ist sicherlich nicht lebensnotwendig. Aber wer mal versucht hat, aus einer Mail eine UPS-Trackingnummer in das entsprechende Formular der UPS-Webseite einzutragen, wird spätestens nach dem fünften Wechsel zwischen Mail und Safari in den Wahnsinn getrieben. Das ist jetzt vorbei.

Das iPhone hat damit genauso wie ein Computer eine Zwischenablage, die mit Kopieren bzw. Ausschneiden befüllt wird. Via Einsetzen kommt der Inhalt an die aktuelle Cursorposition. Das funktioniert, wie auch beim Computer, programmübergreifend. Wird ein neues Element kopiert, wird das vorherige in der Zwischenablage einfach überschrieben.

Und da das simple Kopieren einer Zahlen- oder Ziffernkolonne Kinderkram ist, tun wir gleich mal so, als hätte das iPhone eine Textverarbeitung. Hat es zwar nicht, aber wir bearbeiten trotzdem Text.

Wir beginnen mit einer Notiz, die einen beliebigen Text enthält. Wichtig ist nur, dass uns natürlich erst hinterher einfällt, dass ein Text, der am Ende steht, mittendrin viel besser aufgehoben wäre.

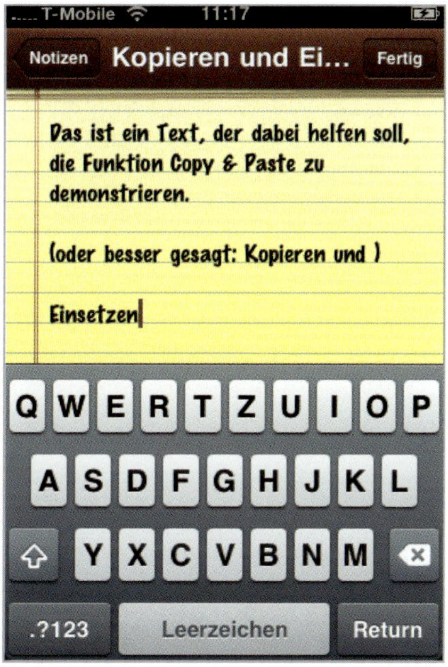

Ausgangslage: Dieser Text ist nicht ganz so, wie wir ihn haben wollen.

Als Erstes fällt auf, dass das Wort *Einsetzen* nicht da steht, wo es hingehört. Das könnte man jetzt löschen und neu eingeben, aber wir haben ja iPhone OS 3 – und da geht das viel einfacher. Wir tippen also doppelt auf das Wort *Einsetzen* und sehen ein neues Menü. Alternativ kann man auch doppelt neben das gewünschte Wort tippen. Dann markiert *Auswählen* das nächste Wort. *Alles* markiert den gesamten Text; bei einer längeren Mail durchaus hilfreich. Da wir das Wort verschieben möchten, wählen wir *Ausschneiden*.

Soll das Wort verschoben werden, ist Ausschneiden die richtige Wahl. Soll es stehen bleiben und zusätzlich woandershin verfrachtet werden, wählen Sie Kopieren.

Jetzt positionieren wir den Cursor an der Stelle, an die das Wort hingehört. In unserem Fall an das Ende vor die Klammer. Sofort erscheint wieder das Menü. Wir wählen *Einsetzen*.

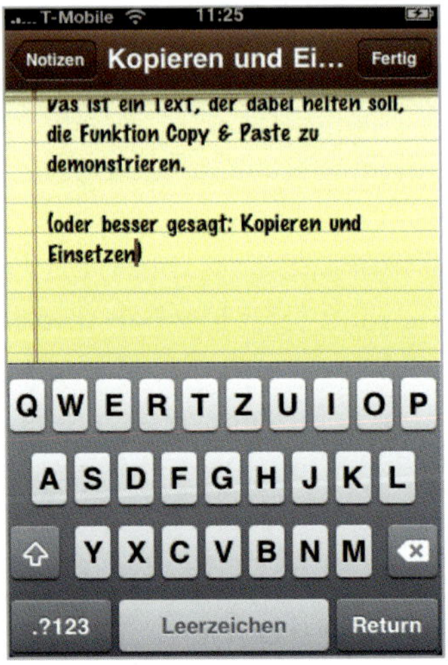

Positionieren Sie die Eingabemarke dort, wo das Wort hin soll und tippen Sie doppelt auf das Display. Wählen Sie dann Einsetzen. Jetzt ist das Wort da gelandet, wo es hingehört.

Jetzt ist der Text zwar stimmig. Aber trotzdem hätte ich die Klammer mit der Erklärung direkt dort, wo sie eigentlich hingehört. Dazu will ich nicht ein Wort markieren und auch nicht den gesamten Text. Es geht mir nur um eine bestimmte Passage. Tippen Sie dazu auf ein beliebiges Wort des zu kopierenden Textes. Es wird markiert und am Anfang und am Ende erscheint je ein Marker. Über diesen Marker lässt sich einstellen, wo die Markierung beginnt (Punkt oben) und wo sie endet (Punkt unten). Verschieben Sie die beiden Marker jetzt entsprechend und wählen Sie wieder *Ausschneiden* oder *Kopieren*. Bewegen Sie den Cursor nun an die Stelle, an der der Text eingefügt werden soll und tippen Sie auf *Einsetzen*. Schon ist der Text so, wie er sein soll.

Jetzt sieht der Text so aus, wie wir ihn haben wollten. Die neue Funktion Kopieren und Einsetzen kann für einzelne Wörter (links) oder ganze Absätze (rechts) verwendet werden, und spart bei längeren Passagen deutlich Zeit.

Auch wenn in unserem Beispiel eine Notiz bearbeitet wurde, lässt sich Text in anderen Anwendungen markieren, kopieren, ausschneiden und an anderen Stellen wieder einsetzen. Mit dem iPhone OS 3.1 lassen sich auch Telefonnummern aus den Kontakten oder aus einer E-Mail kopieren und Einsetzen. So können Sie z. B. die Telefonnummer in einer E-Mail auswählen, kopieren und in der Telefonfunktion wieder einsetzen.

Fehler korrigieren

Haben Sie den Text einmal an einer falschen Stelle platziert, ist es nicht erforderlich, dass Sie das manuell korrigieren. Schütteln Sie Ihr iPhone kurz, erscheint ein Dialog, der den Fehler sofort wieder behebt. Das erste Schütteln macht das Einfügen rückgängig, ein weiteres Schütteln das Ausschneiden.

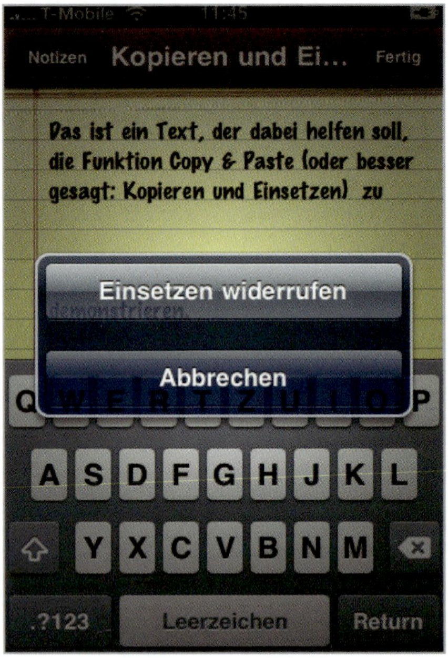

Indem Sie das iPhone schütteln, lassen sich irrtümlich verschobene Texte wieder in den Urzustand bringen.

Das Schütteln des iPhones hat die gleiche Funktion wie das Rückgängigmachen am Computer. Haben Sie beispielsweise ein Wort eingetippt und schütteln Sie hernach sogleich Ihr Telefon, wird diese Eingabe verworfen. Schütteln Sie nochmals, wird das Widerrufen rückgängig gemacht und das Wort erscheint erneut.

Text aus Webseiten oder Mails kopieren

Webseiten: Rufen Sie die Webseite auf und tippen Sie mit dem Finger auf das Wort, das kopiert werden soll. Wichtig ist jetzt, dass Sie den Finger so lange auf dem Display belassen, bis die Lupe erscheint. Haben Sie neben das gewünschte Wort getippt, bewegen Sie die Lupe an die richtige Stelle. Nehmen Sie jetzt den Finger wieder weg, ist das Wort markiert. Die Textpassage kann dann noch über die beiden Marker erweitert oder verkleinert werden und es erscheint die Option *Kopieren*. Tippen Sie darauf, um den Text in die Zwischenablage zu kopieren. Jetzt lässt sich der Text beispielsweise in eine Mail oder Notiz einfügen.

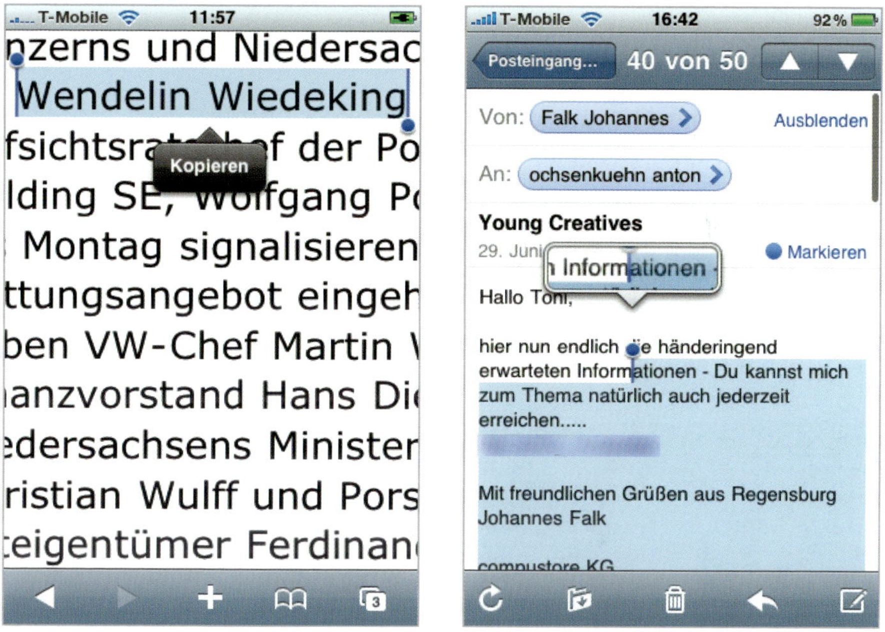

Die Textmarkierung kann sehr fein justiert werden.

Mail: Bei Mails gibt es den Unterschied, dass auf Text getippt werden kann, ohne auf die Lupe zu warten. Dann folgt die Option *Kopieren*. Wartet man aber auf die Lupe, erscheinen die Optionen *Auswählen* und *Alles*. *Auswählen* markiert wieder das Wort mit der Möglichkeit, über die Regler mehr oder weniger Text auszuwählen. *Alles* markiert die gesamte Mail.

Bei Mails kann der gesamte Text markiert werden. Trotzdem lässt sich auch ein Wort oder eine etwas größere oder kleinere Textpassage auswählen.

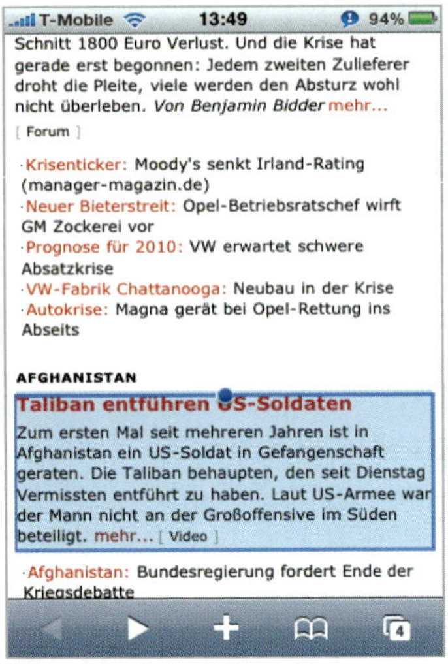

Dabei reagiert das iPhone ganz clever: Wenn es merkt, dass Ihre Markierung beinahe einen gesamten Textabsatz umfasst, wird dieser sogleich komplett markiert und mit einem blauen Rahmen versehen.

Das Kopieren und Einsetzen von Textpassagen kann nicht nur dafür genutzt werden, eine Textpassage von einem Programm ins andere zu bringen. Auch komplette Webseiten inklusive der Bilder lassen sich so beispielsweise per Mail versenden.

Möchte man diesen Artikel von SPIEGEL ONLINE direkt in eine Mail packen, markiert man die Textpassage inklusive der Bilder und kopiert alles.

Dann wechselt man in die Mail-Anwendung und fügt alles ein.

Oder aber Sie wollen mehrere Fotos gleichzeitig per E-Mail versenden. Wechseln Sie dazu in das Fotos-Programm und markieren Sie im gewünschten Album die dafür vorgesehenen Bilder.

Mehrere Fotos gemeinsam markieren und über Kopieren z. B. in eine neue E-Mail übernehmen.

Während Sie die Bilder markieren, werden Sie bemerken, dass der *Senden-Button* bis zum fünften Bild aktiv bleibt. Wenn Sie weitere Bilder markieren, wird der Button deaktiviert. Jetzt nur nicht nervös werden: Via *Kopieren* befördern Sie die Bilder in die Zwischenablage und erstellen dann eine neue E-Mail. Über *Einsetzen* holen Sie alle Bilder heran und können diese versenden.

Ungelogen

Ich habe die interessante Beobachtung gemacht, dass es allen Menschen gleich ergeht, die mit dem iPhone in Berührung kommen. Denn nachdem sie es einmal in der Hand gehalten und bedient haben, wollen sie es besitzen.

Man verliebt sich regelrecht in dieses technische Wunderwerk. Die Art, wie die Fenster auf- und zuklappen, wie die Fotos mit einem Fingerschnipp größer oder kleiner gezoomt werden, wie durch das Kippen des iPhones die Albencover der Lieder angezeigt werden, versetzt alle Betrachter in Staunen und Entzücken.

Ganz zu schweigen von den vielen sinnvollen Zusatzprogrammen, die mit den Sensoren des iPhones arbeiten können und so jede Menge Spaß bringen.

Wenn Sie das nicht glauben wollen, kaufen Sie sich eines und halten es jemandem unter die Nase, der es noch nicht bedient hat.

Die Standard-Anwendungen

Mittlerweile gibt es die Möglichkeit, über den App Store Tausende Anwendungen für das iPhone herunterzuladen. Über das Angebot und die Möglichkeiten des App Stores erfahren Sie im Laufe dieses Kapitels noch mehr. Es gibt aber bereits viele Anwendungen, die von Apple selbst kommen und auf jedem neu ausgelieferten iPhone standardmäßig vorinstalliert sind. Die Standard-Apps decken bereits alle Funktionen ab, die man von einem modernen Kommunikations- und Multimediagerät erwarten darf. Das Gute daran: Viele der Anwendungen sind miteinander verzahnt, es lassen sich Informationen mehrfach nutzen. So lässt sich beispielsweise eine im Adressbuch eingegebene Adresse mit nur einem Klick in einer Google-Maps-Karte anzeigen. Diese Verknüpfungen der einzelnen Anwendungen stellen wir am Anfang der jeweiligen Erklärung mit den entsprechenden Icons dar.

Die Standard-Anwendungen des iPhones (von links oben nach rechts unten): Nachrichten, Kalender, Fotos, Kamera, YouTube, Aktien, Karten, Wetter, Sprachmemos, Notizen, Uhr, Rechner, Einstellungen, iTunes, App Store, Kontakte, Telefon, Mail, Safari, iPod.

Telefon

Das Telefon regelt nicht nur den Ein- und Ausgang von Gesprächen. Dort lassen sich auch Favoriten verwalten, Anruflisten einsehen, Kontakte aufrufen und bearbeiten, Nummern per Ziffernblock wählen und die Voicemail verwalten und einrichten.

Ob es Anrufe in Abwesenheit gibt, zeigt auch eine kleine Ziffer am rechten oberen Rand des Telefonsymbols. In diesem Fall sind es drei Anrufe, die Sie verpasst haben.

Favoriten

Favoriten sind die Telefonnummern, die man öfter benutzt und daher schnell im Zugriff haben möchte. Die Liste kann entweder über die Anwendung *Telefon* oder per Shortcut, beschrieben im Abschnitt „Die Programmierung der Home-Taste", aufgerufen werden. Anfangs ist die Liste leer. Möchten Sie einen Eintrag hinzufügen, klicken Sie einfach auf das + rechts oben. Daraufhin öffnet sich das Telefonbuch des iPhones und zeigt alle Namen an. Mit einem Klick auf *Gruppen* können Sie die Anzeige einschränken, wenn Sie Ihre Kontakte Benutzergruppen zugeordnet haben. Möchten Sie eine Nummer zur Liste hinzufügen, klicken Sie auf den Namen. Sind unter diesem Eintrag mehrere Telefonnummern hinterlegt, können Sie im nächsten Schritt den entsprechenden Eintrag auswählen. Wenn sich eine Nummer bereits in der Favoriten-Liste befindet, sehen Sie rechts neben der Nummer einen Stern.

Möchten Sie die Reihenfolge der Favoriten ändern oder einen Eintrag löschen, wählen Sie *Bearbeiten* und verschieben oder löschen Sie die Einträge. Verschieben lassen sie sich, wenn Sie auf die drei Linien rechts neben dem Nummern-Typ tippen und den Eintrag so nach oben oder unten schieben. Lassen Sie den Eintrag los, sobald Sie die gewünschte Position in der Liste erreicht haben.

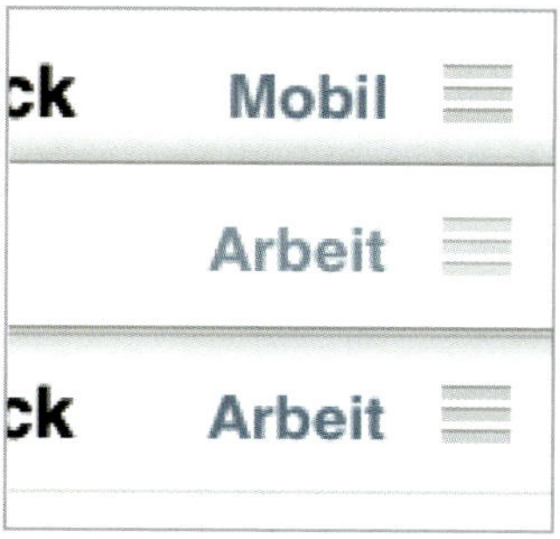

Die Einträge in den Listen lassen sich in eine beliebige Reihenfolge bringen.

Zum Löschen tippen Sie auf das Minus-Symbol und bestätigen den Vorgang mit *Entfernen*. Haben Sie alle Änderungen vorgenommen, tippen Sie auf *Fertig*.

Um eine Nummer aus der Favoriten-Liste anzuwählen, tippen Sie auf den Eintrag. Das Telefon wählt dann die Nummer. Möchten Sie den Eintrag im Adressbuch ansehen, tippen Sie auf das blaue Dreieck.

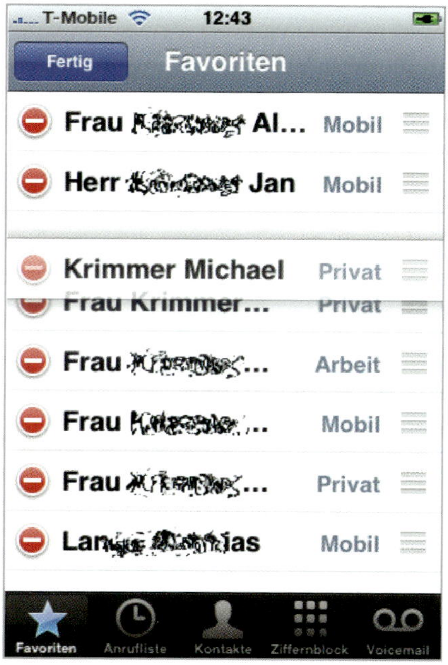

Die Liste der Favoriten lässt sich anpassen, indem Sie Einträge löschen (rotes Minus) oder verschieben (drei Linien an der rechten Seite).

Favoriten sind übrigens immer Nummern und nicht Personen. Sie nehmen immer nur jeweils eine Nummer des Kontakts in die Favoritenliste auf. Um welche Nummer es sich handelt, sehen Sie rechts neben dem Namen, beispielsweise „Mobil“ oder „Arbeit“.

Anrufliste

Öffnen Sie die Anrufliste, sehen Sie zuallererst eine Gesamtübersicht. Dort sehen Sie alle Anrufe, die Sie getätigt oder empfangen haben oder die unbeantwortet blieben. Gibt es die Nummer in Ihren Kontakten, zeigt das iPhone den Namen an, sonst erscheint die Telefonnummer. Möchten Sie nur die Einträge sehen, die in Abwesenheit eingegangen sind, tippen Sie auf *Verpasst*. In der Gesamtansicht *Alle* sind diese Anrufe rot markiert. *Löschen* löscht die Liste.

Die Anrufliste gibt Aufschluss darüber, welche Anrufe am iPhone eingegangen sind. Links steht der Name, wie er in den Kontakten hinterlegt ist. Rote Einträge bezeichnen Anrufe in Abwesenheit. In Klammer steht die Anzahl der Anrufe der betreffenden Person. Personen, die nicht in Ihren Kontakten aufgeführt sind, werden mit deren Rufnummer angezeigt. Sobald Sie die Person angerufen haben, erscheint unter dem Namen ein kleines Telefon-Icon. Wurden Sie angerufen, fehlt dieses Symbol.

Ein Klick auf den Namen wählt die Nummer. Tippen Sie das blaue Dreieck an, öffnen sich die Informationen zu dieser Nummer/Person.

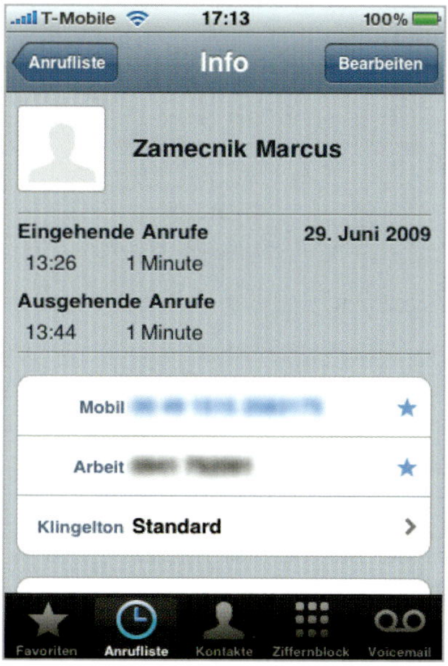

Sie sehen hier die Verbindungsdauer, die Nummer der Person, von der angerufen wurde, und unter Klingelton könnten Sie nun dieser Telefonnummer einen individuellen Klingelton verpassen.

Kontakte

Hinter *Kontakte* verbirgt sich das Telefonbuch des iPhones oder einfach die Adressdatenbank. Hier finden alle Daten Platz, die mit einer Person verknüpft werden können. Neben dem Namen und den Hauptinformationen wie Telefonnummern, Adressen, Mailadressen und so weiter kann auch ein Geburtstag, ein Jahrestag oder einfach ein Spitzname hinterlegt werden (*Feld hinzufügen*).

Kontakt hinzufügen

Einen neuen Kontakt fügen Sie mit + hinzu. Danach geben Sie alle bekannten Daten ein und bestätigen mit *Sichern*. Möchten Sie dem Kontakt ein Gesicht geben, klicken Sie auf *Foto hinzufügen*. Sie haben dann die Möglichkeit, ein Bild über die in das iPhone integrierte Kamera aufzunehmen (*Foto aufnehmen*) oder ein bereits vorhandenes zu verwenden (*Foto auswählen*). Benötigen Sie innerhalb einer Telefonnummer eine Pause, finden Sie die gleichnamige Taste unter + * # links unten im Ziffernblock.

Kontakte durchsuchen

Alle Kontakte können auch durchsucht werden. Die dafür erforderliche Eingabemaske befindet sich an oberster Stelle der Kontaktliste.

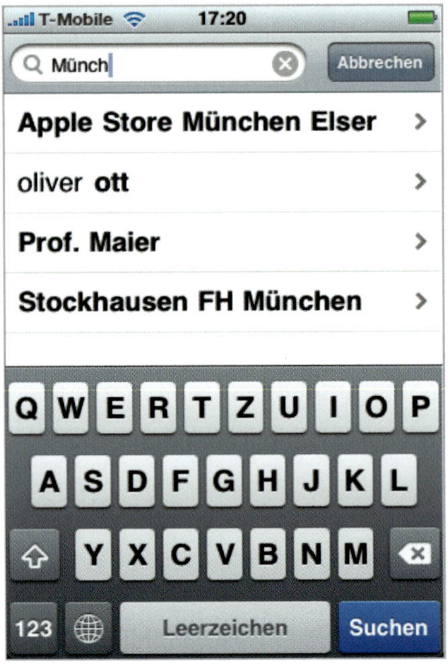

Gerade bei sehr umfangreichen Kontakten ist die Suchfunktion eine willkommene Hilfe zum Auffinden bestimmter Informationen. Klicken Sie auf den Kontakt, um dessen Details in Erfahrung zu bringen.

Kontaktdaten weiterverwenden

Die Kontakte sind wahrscheinlich die Anwendung mit den meisten Verlinkungen zu anderen iPhone-Apps. Tippen Sie eine Telefonnummer an, startet das *Telefon*. Ein Klick auf eine hinterlegte Mailadresse startet *Mail*, jede Postadresse bringt Sie direkt zu den *Karten*, Webadressen starten die Seite in *Safari*. *Kontakte* ist ein Paradebeispiel für das nahtlose Zusammenspiel der einzelnen iPhone-Apps.

Kontakte in Gruppen organisieren

Kontakte lassen sich in Gruppen einteilen. So können beispielsweise alle Familienmitglieder oder alle Arbeitskollegen in einer eigenen Gruppe abgelegt werden. Die Gruppen legen Sie im Programm fest, in dem Sie am Mac oder Windows-Rechner die Kontakte organisieren. Im Beispiel von Outlook 2007 wechseln Sie zu den Kontakten und klicken mit der rechten Maustaste in den Bereich unter *Meine Kontakte*. Mit *Neuer Ordner* legen Sie eine neue Gruppe an, der Sie gleich einen aussagekräftigen Namen geben. Nach der Namensgebung und dem Abgleich mit dem iPhone über iTunes oder MobileMe (dazu später mehr) ist die Gruppe verfügbar.

„Neuer Ordner“ legt eine weitere Benutzergruppe an, in die Sie mit der Maus auch gleich bestehende Kontakte verschieben können.

Am Mac mit dem Adressbuch funktioniert der Vorgang ähnlich. Klicken Sie im Adressbuch auf das + unter der Spalte *Gruppen*. Vergeben Sie einen Namen und die Gruppe ist ab sofort verfügbar. Auch hier können Sie mit der Maus einfach Kontakte in die neue Gruppe ziehen.

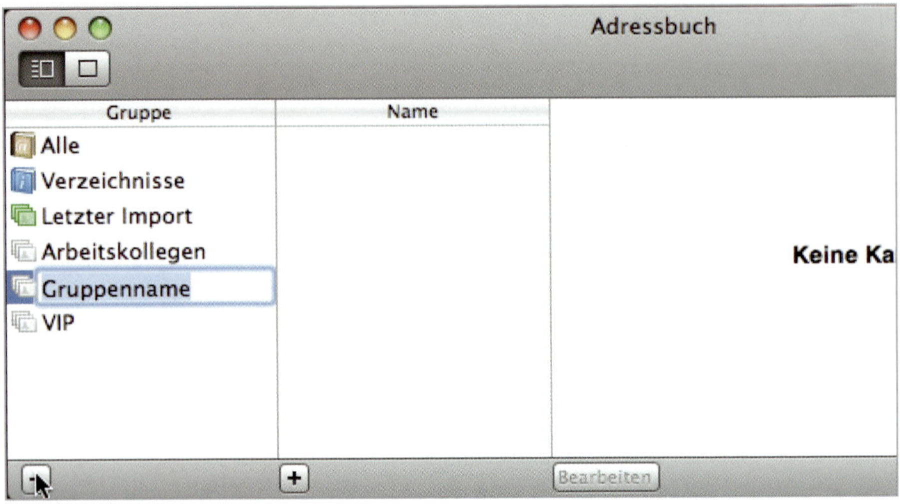

Auch am Mac lassen sich neue Kontaktgruppen einfach hinzufügen.

Möchten Sie am iPhone einen neuen Kontakt gleich in der passenden Gruppe abspeichern, tippen Sie in den Kontakten auf den *Gruppen*-Pfeil links oben, wählen Sie die gewünschte Gruppe aus und öffnen Sie mit + einen neuen Kontakt. Wenn Sie alle Daten eingegeben und mit *Sichern* gespeichert haben, befindet sich der Kontakt in dieser Gruppe. Allerdings werden durch die Wahl der Gruppe auch nur alle Kontakte darin angezeigt. Um wieder alle Kontakte zu sehen, wählen Sie in *Gruppen –> Alle Kontakte* aus.

Kontakte löschen

Sie können einen Kontakt löschen, indem Sie ihn aufrufen, auf *Bearbeiten* tippen und danach auf *Kontakt löschen*. Danach erscheint eine Sicherheitsabfrage, damit Sie nicht versehentlich einen Eintrag löschen. Wenn Sie die Abfrage bestätigen, wird der Kontakt entfernt.

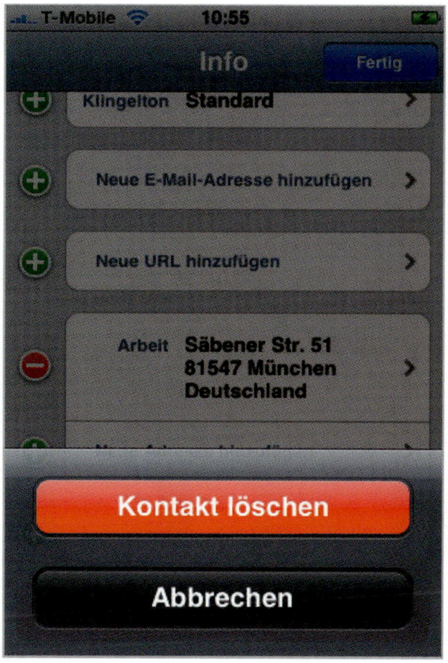

Bestätigen Sie diese Sicherheitsabfrage, um einen Kontakt aus dem Adressbuch zu entfernen.

Kontakte synchronisieren

Sie können Kontakte synchronisieren, indem Sie in iTunes unter *GERÄTE* das iPhone auswählen und dann im Reiter *Infos* unter *Kontakte* das Adressbuch angeben, mit dem der Abgleich stattfinden soll. Am Mac lassen sich Kontakte mit dem Adressbuch, Microsoft Entourage und dem Yahoo!-Adressbuch abgleichen. Beim Yahoo!-Adressbuch gibt es nur eine Einschränkung: Kontakte mit einer Messenger-ID, die am iPhone gelöscht wurden, werden beim Abgleich mit dem Rechner nicht auch im Yahoo!-Adressbuch gelöscht. Zum Löschen des Eintrags müssen Sie sich online bei Yahoo! anmelden und den Eintrag dort löschen. Unter Windows klappt das mit dem Windows-Adressbuch (Outlook Express) und Outlook 2003 und 2007. Am Mac lassen sich Daten aus mehr als einer Anwendung synchronisieren. Windows akzeptiert nur eine Auswahl.

Soll nur ein Kontakt synchronisiert werden, dann kann dies via MMS oder auch per E-Mail geschehen. Dazu klickt man im unteren Bereich des Kontakts auf „Kontakt senden“. Der Kontakt wird dabei als .vcf-Datei – dem gängigen Standard – versendet.

Ziffernblock

Der „Ziffernblock“ ist die Tastatur des Telefons. Hier können Telefonnummern direkt eingegeben werden, wenn beispielsweise kein passender Kontakt im Telefonbuch steht. Haben Sie die Nummer eingetippt, können Sie sie entweder anrufen (grün hinterlegtes Hörersymbol) oder einen neuen Kontakt mit dieser Nummer erstellen beziehungsweise die Nummer einem bereits vorhandenen Kontakt hinzufügen. Beides funktioniert über das Kontaktesymbol mit dem kleinen + an der linken Seite. Wenn das iPhone die eingetippte Nummer bereits kennt, blendet es unter den Ziffern den Namen des Kontakts ein.

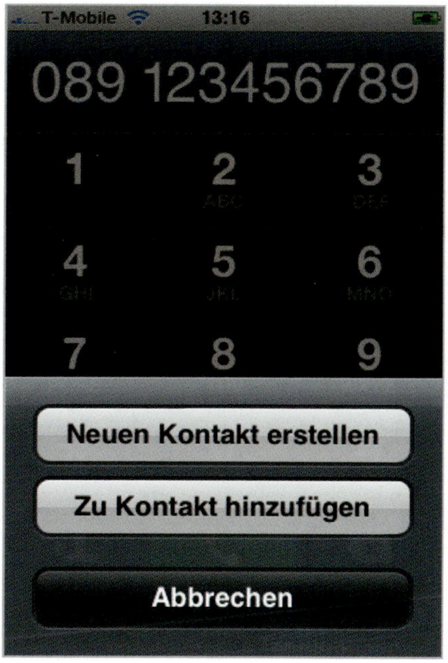

Eingetippte Nummern können auch direkt zu einem Kontakt hinzugefügt werden.

Wahlwiederholung

Wenn Sie eine einmal eingetippte Nummer später erneut wählen wollen, dann finden Sie diese natürlich in der Anrufliste. Schneller hingegen ist es, einfach erneut das grüne Hörersymbol anzutippen. Dadurch wird sogleich die zuletzt manuell gewählte Nummer erneut angerufen (Wahlwiederholung!).

Voicemail

Ein richtiges Novum auf dem deutschen Mobilfunkmarkt ist die Mailbox des iPhones. Normalerweise meldet sich ein Mobiltelefon, wenn es Nachrichten auf der Mailbox gespeichert hat. Dann kann der Besitzer des Geräts die Mailbox anrufen und von der ersten bis zur letzten Nachricht alles anhören, was hinterlegt ist. Zwar lassen sich Nachrichten löschen, speichern und erneut anhören. Die Mailboxen der „herkömmlichen" Telefone sind aber sehr unkomfortabel. Die Gründe: Es ist auf Anhieb nicht ersichtlich, wer angerufen hat und wie oft. Nachrichten können nicht anhand des Anrufers auf Dringlichkeit eingestuft werden. Die Autopanne der Liebsten wird möglicherweise erst nach Informationen über den erfolglosen Zustellversuch einer Pizza und diversen Werbebotschaften ausgegeben. Möchten Sie sich eine „aufs Band“ gesprochene Telefonnummer notieren, sollten Sie entweder zu jeder Zeit Stift und Papier griffbereit haben oder Sie müssen die Nachricht ein zweites und vielleicht drittes Mal anhören, bis Sie die Nummer zu Papier gebracht haben.

All diese Probleme gehören mit dem iPhone der Vergangenheit an. Die Visual Mailbox zeigt auf dem Display alle gespeicherten Nachrichten an. Entweder mit der entsprechenden Nummer oder dem Namen, wenn es einen passenden Eintrag in den Kontakten gibt.

Wenn Sie die Voicemail zum ersten Mal starten, werden Sie aufgefordert, ein Kennwort zu vergeben und einen Ansagetext aufzunehmen. Danach ist die Mailbox fertig konfiguriert und einsatzbereit.

Sobald Nachrichten vorhanden sind, können diese mit einem Klick auf den Namen in beliebiger Reihenfolge abgehört werden. Markieren Sie dazu den gewünschten Eintrag. Mit einem weiteren Klick wird die Aufzeichnung abgespielt. Die Wiedergabe kann auf Wunsch auch über den Lautsprecher ausgegeben werden. Ein erneuter Klick pausiert die Nachricht und so weiter. Das grüne *Anrufen*-Symbol wählt die Nummer, *Löschen* löscht die Nachricht. Über diesen beiden Buttons befindet sich die Zeitleiste der Nachricht. Damit können Sie innerhalb der Nachricht vor- und zurückspringen. Das ist besonders hilfreich, wenn Sie sich etwas notieren und zu diesem Zweck nur eine bestimmte Passage noch einmal abhören möchten. Das Dreieck rechts neben dem Eintrag führt zu den Kontakten, die mit dieser Nummer verknüpft sind.

Unter *Begrüßung* kann festgelegt werden, ob sich die Mailbox mit einer *Standard*-Nachricht meldet oder ob eine *Eigene* hinterlegt werden soll.

iPhones Visual Voicemail löst alle Probleme, die bisherige Mailboxsysteme haben. Nachrichten können in beliebiger Reihenfolge abgespielt, pausiert, vor- und zurückgespult werden und das iPhone erlaubt den direkten Anruf der Nummer oder den Zugriff auf das Adressbuch.

Wenn Sie die Visual Voicemail nicht über das *Voicemail*-Menü nutzen möchten, können Sie sie auch ganz normal anrufen. Wechseln Sie dazu zum Ziffernblock und halten Sie die *1* gedrückt, bis Sie mit der Mailbox verbunden werden. Dann können Sie Ihre Nachrichten wie von einem herkömmlichen Mobiltelefon gewohnt abrufen.

Eigene Ansage ändern

Um die eigene Ansage zu ändern, tippen Sie im *Voicemail*-Menü auf *Begrüßung* und danach auf *Eigene*. Mit *Aufnehmen* starten Sie die Aufzeichnung. Wenn Sie fertig sind, tippen Sie auf *Stopp*. Möchten Sie hören, was Sie aufgezeichnet haben, tippen Sie auf *Abspielen*. Wenn Sie zufrieden sind, speichern Sie mit *Sichern* ab.

Die Mailbox meldet sich übrigens nach vier Mal klingeln.

Anruf annehmen oder ablehnen

Erreicht Sie ein eingehender Anruf, werden Sie per Klingelton oder Vibration darauf aufmerksam gemacht. Im Display erscheint entweder der Kontaktname oder die Nummer, wenn es dazu noch keinen Kontakte-Eintrag gibt. Sie können das Klingeln unterdrücken, indem Sie einmal entweder den Standby-Button oder den Lautstärkeregler drücken. Der Anrufer bekommt weiterhin das Freizeichen zu hören, aber Sie haben ein paar Sekunden gewonnen, um aus einer Besprechung vor die Tür zu gehen oder das Headset ins Ohr zu stecken.

Sie nehmen den Anruf an, indem Sie den Schieberegler nach rechts schieben. Möchten Sie den Anruf ablehnen, drücken sie zwei Mal hintereinander auf die Standby-Taste. Der Anrufer wird daraufhin direkt an die Mailbox weitergeleitet. Wer sich aber mit dem Verhalten des iPhones auskennt, wird sofort merken, dass sein Anruf abgelehnt wurde. Der Grund: Der Anrufer wird vermutlich wissen, dass die Mailbox erst nach vier Mal klingeln automatisch rangeht. Tut sie es früher, ist der iPhone-Besitzer dafür verantwortlich.

Der Zeitraum, nach dem die Mailbox ran geht und den Anruf annimmt, kann zwar nicht in den iPhone-Einstellungen geändert werden, mit einem Trick klappt es aber doch. Tippen Sie im *Telefon* auf den *Ziffernblock* und geben Sie einen der folgenden Codes ein, um den Zeitraum zu ändern. Jede der Eingaben wird dadurch bestätigt, indem Sie das grüne Hörersymbol drücken.

- 5 Sekunden: **61*Rufnummer*11*5#
- 10 Sekunden: **61*Rufnummer*11*10#
- 20 Sekunden: **61*Rufnummer*11*20#
- 25 Sekunden: **61*Rufnummer*11*25#
- 30 Sekunden: **61*Rufnummer*11*30#

Geben Sie als *Rufnummer* Ihre Mobilfunknummer mit vorgestellter *13* nach der Vorwahl für die Mailbox an. Angenommen, Ihre T-Mobile-Nummer ist 0151 555666777, dann geben Sie als Rufnummer 0151 13555666777 an.

Der Code für ein 20-sekündiges Klingeln, bevor die Mailbox ran geht, wäre demnach: **61*015113555666777*11*20# gefolgt vom Drücken des grünen Hörersymbols.

Wenn Sie einen Anruf erhalten, während Sie bereits einen Gesprächspartner in der Leitung haben, gibt es verschiedene Möglichkeiten: Sie können den neuen Anruf ignorieren. Dann wird er an die Mailbox weitergeleitet. Sie können aber auch den aktiven Anruf in die Warteschleife legen und den neuen beantworten. Die dritte Möglichkeit ist es, den aktiven Anruf zu beenden und den neuen anzunehmen.

Sollten Sie sich dazu entschließen, den ersten Anruf in die Warteschleife zu legen und den neuen anzunehmen, können Sie daraus auch eine Konferenz machen.

Anruf tätigen

Es gibt verschiedene Wege, um einen Anruf zu tätigen: Tippen Sie auf einen Eintrag in Ihrer *Favoriten*-Liste, wählen Sie einen Eintrag aus der *Anrufliste*, tippen Sie auf eine Telefonnummer in einem *Kontakte*-Eintrag, tippen Sie eine Nummer in den *Ziffernblock* ein und wählen Sie mit der grünen Telefontaste oder markieren Sie einen Eintrag innerhalb der *Voicemail* und tippen Sie auf *Anrufen*. In jedem dieser Fälle startet das Telefon den Anruf.

Optionen während des Anrufs

Auch während ein Anruf aktiv ist, haben Sie mehrere Möglichkeiten. Bevor Sie den Hörer ans Ohr halten oder nachdem Sie ihn wieder vom Ohr weg genommen haben, blendet das iPhone ein Menü ein. Sie können dort den Anruf *Stumm* schalten, den *Ziffernblock* einblenden, auf *Lautsprecher* umschalten, einen *Anruf hinzufügen*, den *Anruf halten* oder die *Kontakte* aufrufen. Außerdem können Sie die Home-Taste drücken und so auf den Desktop springen.

Während Sie telefonieren, gibt es eine Vielzahl an Möglichkeiten.

Anruf „Stumm" schalten

Nachdem Sie diese Taste getippt haben, wird das Mikrofon Ihres iPhones vorübergehend deaktiviert. Das erlaubt es Ihnen, beispielsweise mit einer Person im Raum zu sprechen, wenn es Ihr Gesprächspartner nicht mitbekommen soll.

„Ziffernblock" einblenden

Sie möchten etwa beim Online-Banking Ihre Kontonummer oder eine Option des Sprachcomputers eintippen? Die Option *Ziffernblock* stellt Ihnen die dafür nötigen Tasten zur Verfügung.

„Lautsprecher“ einschalten

Wie der Titel der Option schon vermuten lässt, können Sie hierüber den Lautsprecher Ihres iPhones aktivieren. Sinnvoll ist das dann, wenn Sie mehrere Personen im Raum am Gespräch teilhaben lassen möchten oder wenn Sie ohne Kopfhörer eine Freisprecheinrichtung benötigen.

„Anruf hinzufügen“

Diese Option ermöglicht zwei Dinge: Zum einen können Sie so einen Anruf parallel zum gerade laufenden tätigen, um beispielsweise während der Tischreservierung im Restaurant die Gattin zu fragen, ob 19.30 Uhr statt 20.00 Uhr auch okay wäre. Oder aber Sie fügen den ersten und den zweiten Anruf zu einer Konferenz zusammen und telefonieren zu dritt weiter. Sinnvoll dann, wenn es darum geht, auszuhandeln, welcher Film im Kino angesehen werden soll. Sie können danach auch gezielt einen der beiden Gesprächspartner wieder aus der Konferenz entfernen.

Wenn Sie zwei Gesprächspartner auf zwei Leitungen haben, können Sie mit „Tauschen“ zwischen den Leitungen wechseln. Links ist das Gespräch mit der Pizzeria aktiv, rechts der zweite Anruf.

Tippen Sie auf „Konferenz", sind Sie mit den beiden Gesprächspartnern in einem Gespräch. Sie können dann zu dritt telefonieren. Oben wird per Laufschrift – getrennt von einem „&" – angezeigt, wer in der Leitung ist.

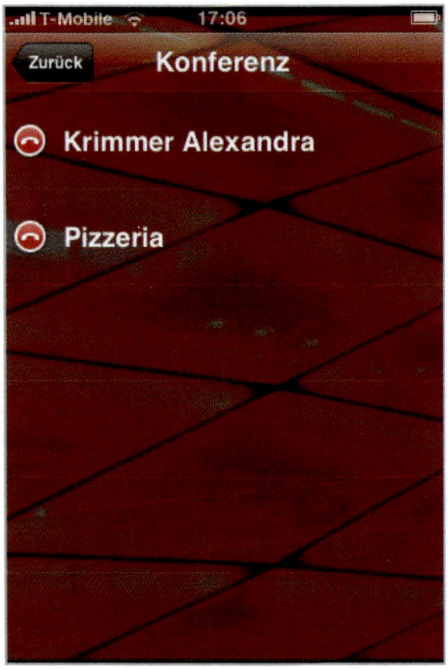

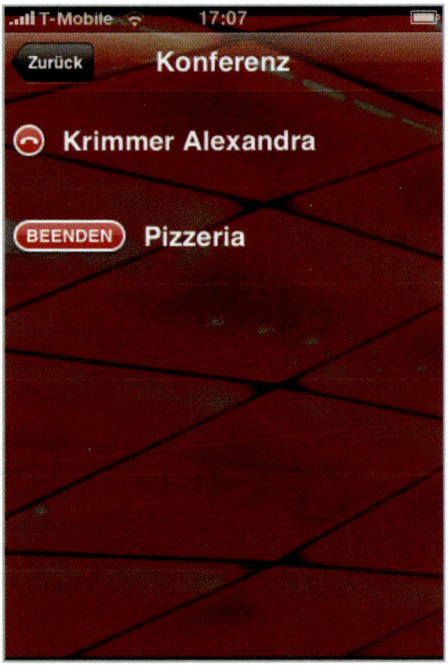

Drücken Sie auf das Dreieck, sehen Sie alle Teilnehmer in einer Liste (links). Hier können Sie Teilnehmer aus der Konferenz nehmen, indem Sie auf das rote Hörersymbol tippen. Mit „Beenden" bestätigen Sie die Wahl (rechts).

„Anruf halten“

In diesem Fall wird der Gesprächsteilnehmer in eine Warteschleife gelegt. Tippen Sie erneut auf diese Taste, ist er wieder in der Leitung.

„Kontakte“ aufrufen

Dieser Button bringt Sie zu den Kontakten. Das ist dann hilfreich, wenn Sie eine Telefonnummer nachschlagen möchten, die der Gesprächspartner benötigt.

Home-Taste drücken

Durch Drücken der Home-Taste während eines Telefongesprächs gelangen Sie auf den Desktop. Sie können jetzt im Internet surfen und alle anderen Funktionen des iPhones nutzen. Das Gespräch bleibt in der Leitung, Sie telefonieren also weiterhin. Über die grüne Leiste am oberen Bildschirmrand kehren Sie zum Gespräch zurück. Da Sie während des Telefonats das Mobilfunknetzwerk für den Anruf nutzen, können Sie darüber nicht gleichzeitig telefonieren und im Internet surfen oder andere Onlinedienste nutzen. Stellen Sie sicher, dass Sie WLAN-Empfang haben, wenn Sie gleichzeitig telefonieren und Daten aus dem Internet abrufen möchten.

Sind Sie per Home-Taste auf den Desktop gesprungen, können Sie alle Funktionen des iPhones benutzen und der Gesprächspartner bleibt in der Warteschleife. Tippen Sie auf den grünen Balken, um das Gespräch wieder anzunehmen.

Mail

Neben dem Telefon ist das Mailen eine der wichtigsten Funktionen des iPhones. Voraussetzung für die folgenden Schritte ist das Einrichten von mindestens einem Mailaccount.

Mailaccount-Einstellungen synchronisieren

Der schnellste und einfachste Weg, wie man die Einstellungen für Mailserver auf das iPhone bringt, ist die Synchronisation über iTunes. Wenn Sie das iPhone an den Rechner angesteckt und iTunes gestartet haben, finden Sie im Reiter *Info* die dafür nötige Option. Setzen Sie unter *Mail-Accounts* das Häkchen vor *Ausgewählte Mail-Accounts synchronisieren von:* und wählen Sie das entsprechende Mailprogramm aus, mit dem Sie am Rechner

Mails abrufen. Unterstützt werden alle Mailaccounts, die in Outlook 2003 & 2007 und Windows Mail unter Windows oder Entourage und Mail in Mac OS X eingetragen sind. Haben Sie mehr als einen Mailaccount konfiguriert, können Sie im Kasten darunter entscheiden, ob Sie alle Einstellungen übertragen möchten oder nur ausgewählte. Synchronisieren Sie das iPhone, werden die Mailaccounts übertragen. Achtung: Damit niemand in einem unbeobachteten Moment Ihre Mailaccounts auf sein eigenes iPhone kopieren kann, hat Apple eine kleine, aber wirkungsvolle Sicherheitsfunktion eingebaut: Es werden zwar alle Einstellungen, aber keine Passwörter übertragen. Die Passwörter müssen einmalig am iPhone selbst eingegeben werden. Sie finden die entsprechende Option am iPhone unter *Einstellungen – > Mail, Kontakte, Kalender.* Klicken Sie dort unter *Accounts* auf den entsprechenden Eintrag und geben Sie bei *Server für eintreffende E-Mails* und *Server für ausgehende Mails* die Passwörter ein.

Die Einstellungen der Mailaccounts werden übrigens nur vom Rechner zum iPhone übertragen. Ändern Sie am iPhone Einstellungen, bleibt die Konfiguration am Rechner davon unberührt.

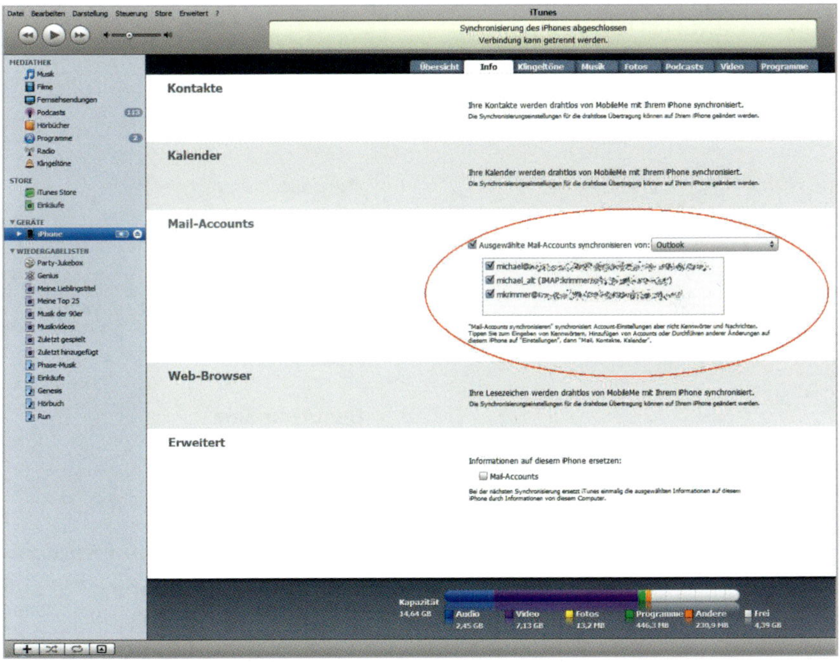

Am einfachsten kommen die Einstellungen für die Mailkonten per iTunes-Synchronisation aufs iPhone. Es geht aber auch manuell.

Mailaccounts manuell einrichten

Sie haben auch die Möglichkeit, Mailaccounts manuell einzurichten. Etwa dann, wenn Sie am iPhone Mails abrufen möchten, die nicht am Mac oder PC eingetragen sind. Auch hier führt der Weg über *Einstellungen –> Mail, Kontakte, Kalender*. Wählen Sie *Account hinzufügen* und dann entweder eine der Optionen *Microsoft Exchange*, *MobileMe*, *Google Mail*, *Yahoo! Mail*, *AOL* oder *Weitere*, wenn Sie einen anderen beliebigen POP3- oder IMAP-Mailserver eintragen möchten. Der Vorteil an einer Yahoo!-Adresse ist, dass dieser Service Push-E-Mails unterstützt. Diese Mails werden sofort an das iPhone weitergeleitet, sobald sie eingegangen sind. Es ist nicht erforderlich, dass Sie diese Nachrichten manuell oder in festen Intervallen abrufen.

Geben Sie danach die nötigen Daten ein und speichern Sie die Einträge mit *Sichern* ab.

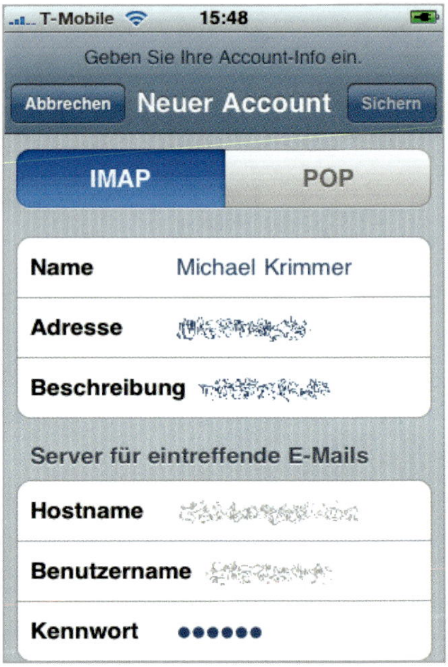

Mailkonten können auch manuell direkt am iPhone eingegeben werden. Unterstützt wird eine Vielzahl an großen Webmailern (links) oder POP3- sowie IMAP-Server (rechts).

So kommen Sie an die nötigen Daten zur Einrichtung

Viele der Anbieter von Mailaccounts, wie beispielsweise GMX, erlauben neben dem Senden und Empfangen der Mails über die Webseite auch das direkte Abfragen über Mailprogramme wie Outlook. Ist das der Fall, können Sie die zur Verfügung gestellten Daten auch dazu nutzen, den Account am iPhone einzurichten.

Bleiben wir bei GMX. Der Anbieter gibt unter http://faq.gmx.de/messages/mailprogramme/index.html eine Vielzahl an Informationen an, mit denen das klappt. Klicken Sie beispielsweise auf „Einrichtung zum IMAP-Zugang" und dann auf „Wie kann ich Outlook 2003 für IMAP mit GMX einrichten?", finden Sie dort alle benötigten Daten. *Ihr Name* entspricht am iPhone *Name*, *E-Mail-Adresse* ist *Adresse, Posteingangsserver (IMAP)* ist der *Hostname* unter *Server für eintreffende E-Mails* und *Postausgangsserver (SMTP)* ist der *Hostname* unter *Server für ausgehende E-Mails*.

Geben Sie bitte folgende Daten ein:

Ihr Name:	Ihr Name
E-Mail-Adresse:	Ihre GMX-E-Mail-Adresse
Posteingangserver (IMAP):	imap.gmx.net
Postausgangserver (SMTP):	mail.gmx.net
Benutzername:	Ihre GMX-Kundennummer:
Kennwort:	Ihr GMX Passwort (ggf. "Kennwort speichern" aktivieren)

Die meisten Freemailer bieten auch Zugangsdaten für POP3- und IMAP-Server an. Hier die Daten, um einen GMX-Account am iPhone einzurichten.

Die meisten der großen Mailadressen-Anbieter verfügen über solche Hilfeseiten mit den nötigen Daten. Fragen Sie zur Not nach, wenn Sie auf der Webseite des Anbieters wider Erwarten nicht fündig werden.

Wenn die gewünschten Mailkonten eingetragen und mit Eingabe aller erforderlichen Passwörter aktiviert sind, bringt Sie ein Klick auf das *Mail*-Symbol beim ersten Mal zur Kontenübersicht. Ansonsten landen Sie genau in dem Ordner, in dem Sie das letzte Mal den Mail-Client des iPhones verlassen haben. Der nach links gerichtete Pfeil links oben lässt sie innerhalb der Ordner immer eine Ebene zurückspringen, bis Sie in der Übersicht der *Accounts* angelangt sind. Von dort aus können Sie wieder einzelne Accounts und deren Ordner auswählen.

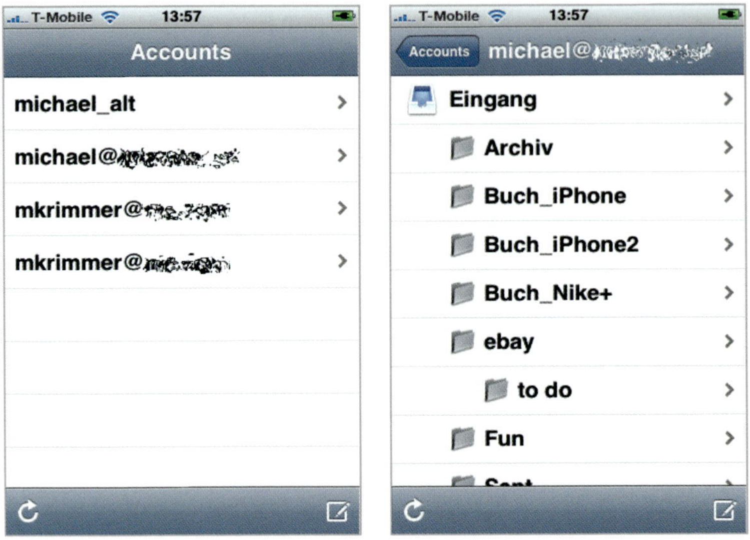

iPhones Mail erlaubt das bequeme Verwalten von mehreren Mailkonten und Ordnern.

Exchange-Server konfigurieren

Um einen Exchange-Server einzurichten, benötigen Sie die Zugangsdaten, die Sie entweder bereits vorliegen haben oder vom Administrator Ihres Firmennetzwerks erhalten. Wichtig ist, dass Exchange-Accounts für IMAP konfiguriert sind, damit sie vom iPhone unterstützt werden.

Wechseln Sie in die *Einstellungen* für *Mail, Kontakte, Kalender* und tippen Sie im Bereich *Accounts* auf *Account hinzufügen*. Geben Sie dann die Daten für die Exchange-Anbindung ein.

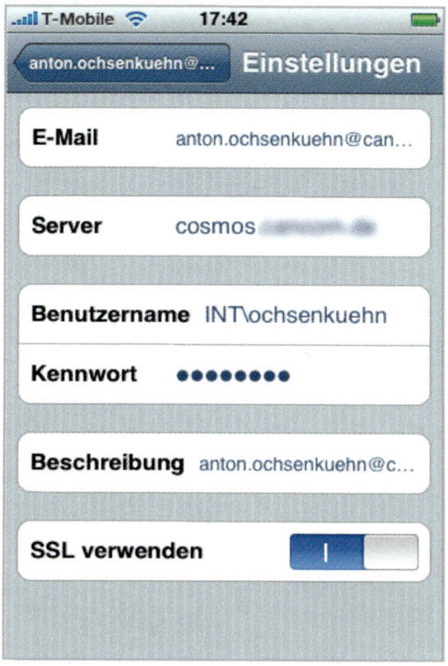

Wenn Sie die nötigen Daten für den Exchange-Server nicht vorliegen haben, bringen Sie sie vom Administrator in Erfahrung.

In den weiteren Einstellungen lässt sich festlegen, welche Daten vom Server auf das iPhone geladen werden sollen. Aktivieren Sie auf Wunsch die Schalter für *E-Mails*, *Kontakte* und *Kalender*.

Welche Daten dürfen es sein? Wenn Sie Mails, Kontakte oder Termine abgleichen möchten, aktivieren Sie die entsprechenden Punkte.

Geben Sie ebenfalls an, welcher Zeitraum der Mails berücksichtigt werden soll. Wünschen Sie beispielsweise alle Mails der vergangenen beiden Wochen, ist die Einstellung auf dem folgenden Screenshot genau das Richtige für Sie.

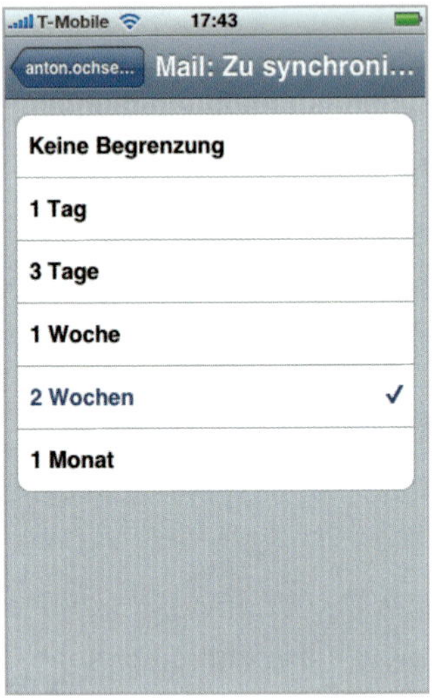

Hier lässt sich festlegen, wie alt die Mails sein dürfen, die auf dem iPhone landen.

Die Mailordner lassen sich ebenso einfach auswählen, wie bei allen anderen POP3- oder IMAP-Mailservern auch. Tippen Sie auf einen Ordner, um auf den Inhalt zuzugreifen.

Die Anzeige der Exchange-Ordner erfolgt wie bei allen anderen Accounts auch.

Lassen Sie Kalender und/oder Kontakte synchronisieren, dann startet sogleich der Abgleich.

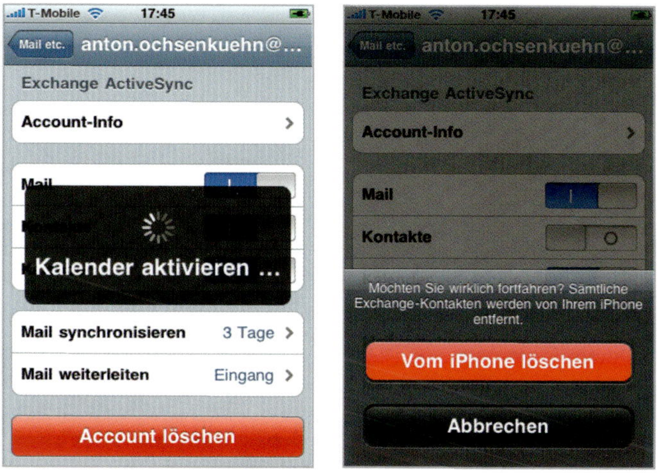

Bringen Sie den Schieberegler in die gewünschte Position. Beim Deaktivieren der Verbindung erscheint sicherheitshalber eine Abfrage.

Die Verbindung zu einem Exchange-Server hat dabei mannigfaltige Vorteile. So können Sie nun Ihre Termine einsehen, neue Termine erstellen, andere Personen zu diesem Termin einladen und bei Einladungen an Ihre Adresse auf diese reagieren.

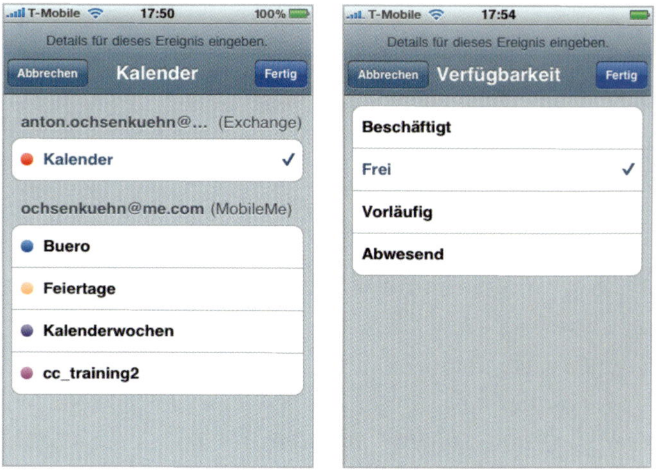

Ein neuer Kalendereintrag in der Exchange-Umgebung kann ganz einfach erstellt werden.

Auch die Verwendung der Kontakte-Funktion ist überaus nützlich. Sie erhalten nun im Kontakte-Programm den Eintrag *Gruppen* und können dort auf Ihre Exchange-Gruppe zugreifen oder via *Globale Adressenliste von xy* eine Suche auf dem Exchange-Server nach Personen, Telefonnummern, Orten etc. ausführen.

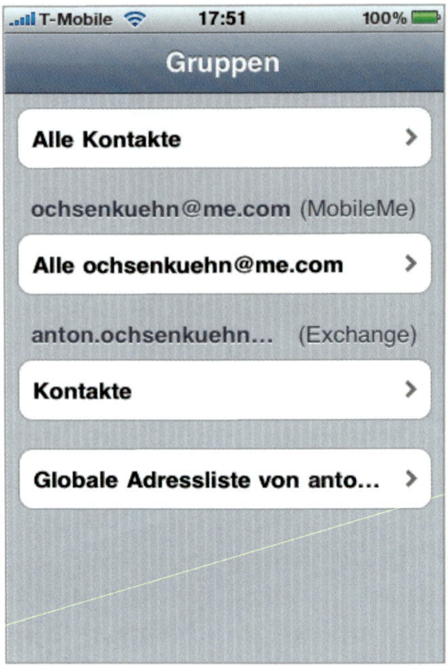

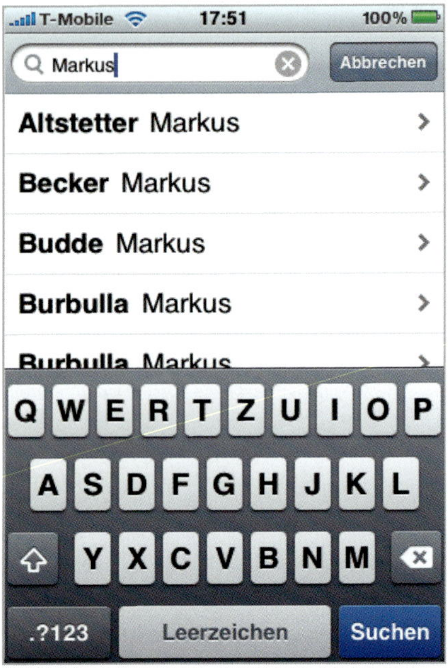

Nach Aktivierung der Kontakte können Sie den kompletten Exchange-Server danach absuchen und Personen etc. ausfindig machen.

Die Suchfunktion ist sogar noch weiterführender: Via Spotlight findet das iPhone nun zudem Informationen in E-Mails, die sich noch auf Ihrem Server befinden.

POP3- und IMAP-Mails manuell oder automatisch abrufen

Sie können ein Postfach dadurch manuell abrufen, indem Sie den Kreis mit dem Pfeil drücken, der sich an der linken Seite des Screens befindet. Daraufhin werden die Konten abgefragt und neue Mails angezeigt. Es geht aber auch automatisch. Drücken Sie vom Home-Bildschirm aus *Einstellungen* und danach *Mail, Kontakte, Kalender –> Datenabgleich*.

Hier können Sie nun angeben, ob aktualisierte Informationen sofort (*Push*) oder in festgelegten Intervallen (*Alle 15 Minuten*, *Alle 30 Minuten*, *Stündlich*) oder *Manuell* geladen werden sollen. *Push* gilt nur für Dienste, die diese Funktion auch anbieten. Ein Beispiel dafür ist Microsoft Exchange oder Apples Service MobileMe, auf den wir im Kapitel 13 noch detailliert eingehen.

Wie viele ungelesene Mails warten, zeigt die Ziffer über dem Mail-Symbol. Die Anzahl bezieht sich auf alle eingetragenen Accounts des iPhones.

Das Menü *Erweitert* gibt zum einen den Überblick darüber, welche Dienste mit welchen Einstellungen abgefragt werden. Dort ist es auch möglich, für verschiedene Server unterschiedliche Einstellungen zu wählen.

Das Problem mit POP-Accounts und die Lösung

Im Gegensatz zu IMAP-Accounts lassen sich Mails von einem POP-Server nur einmal herunterladen, weil keine Synchronisation mit dem Mailserver stattfindet. Zum Problem wird das, wenn beispielsweise zu Hause der Rechner und das Mailprogramm noch laufen, während Sie unterwegs sind und Mails per iPhone abrufen möchten. Lädt nun der Heim-PC eine Nachricht herunter, wird diese Mail auf dem iPhone nicht mehr berücksichtigt. Schließlich wurde die Mail ja ordnungsgemäß geladen. Handelt es sich dabei um eine Nachricht, die ein schnelles Handeln erfordert, ist das schlecht, weil man sie erst zu Hause sieht.

Das Problem lässt sich aber umgehen, indem man iPhone und Desktop-PC vorschreibt, dass Mails zwar geladen werden, eine Kopie aber auf dem Server verbleiben soll. Dann kann der zweite Rechner ebenfalls diese Mail laden.

iPhone: Wechseln Sie zu den *Einstellungen –> Mail, Kontakte, Kalender* und wählen Sie den betreffenden Account aus. Unter *Erweitert* gibt es die Option *Einstellungen für eintreffende E-Mails, Vom Server löschen*. Wählen Sie hier *Niemals*.

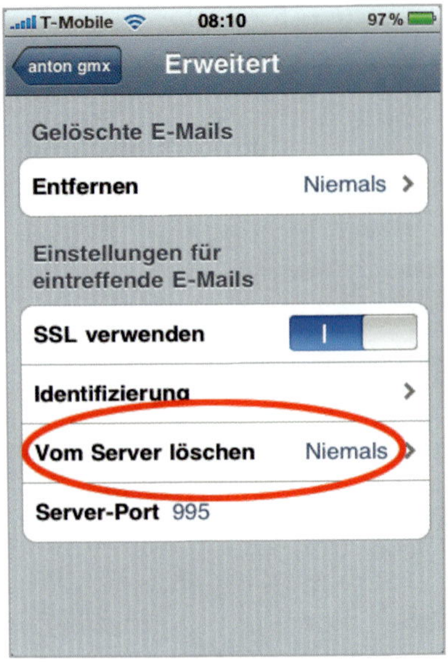

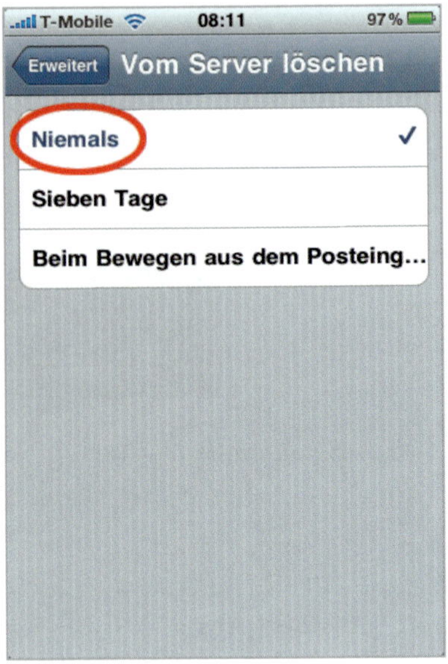

Damit wird das iPhone keine Mails von Ihrem Mailserver entfernen.

Das löst das Problem, dass das iPhone als einziges Endgerät von der Existenz der Nachricht erfährt. Den zweiten Fall lösen Sie, indem Sie dem Mailclient am Desktop-Rechner oder Notebook ebenfalls auftragen, Nachrichten auf dem Server zu behalten. Wo Sie diese Option finden, hängt vom Mailprogramm ab:

Entourage: Wählen Sie *Extras*, *Konten...* Klicken Sie doppelt auf den entsprechenden Account und aktivieren Sie im Reiter *Optionen* den Eintrag *Kopien der Nachrichten auf dem Server belassen*.

Mail: Wählen Sie *Mail –> Einstellungen* und tippen Sie im Reiter *Accounts* auf das entsprechende Mailkonto. Die Einstellung finden Sie unter *Erweitert*. Hier müssen Sie lediglich die Option *Nach Erhalt einer E-Mail Kopie vom Server löschen* deaktivieren.

Outlook: Wechseln Sie zu *Extras –> Kontoeinstellungen* und klicken Sie doppelt auf den POP-Account. Klicken Sie dann auf *Weitere Einstellungen* und dort auf *Erweitert*. Setzen Sie jetzt das Häkchen vor *Kopie aller Nachrichten auf dem Server belassen*.

Damit sind beide Probleme gelöst.

Einzelne Mails löschen und verschieben

Einzelne Mails löschen Sie dadurch, dass Sie in der Übersicht aller Mails eines Ordners mit dem Finger nach rechts über die Mail „wischen".

Indem Sie mit dem Finger nach rechts über die Mail wischen, können Sie sie löschen.

Sie können aber auch eine Mail löschen, die Sie gerade ansehen. Tippen Sie dazu auf den Papierkorb in der Menüleiste.

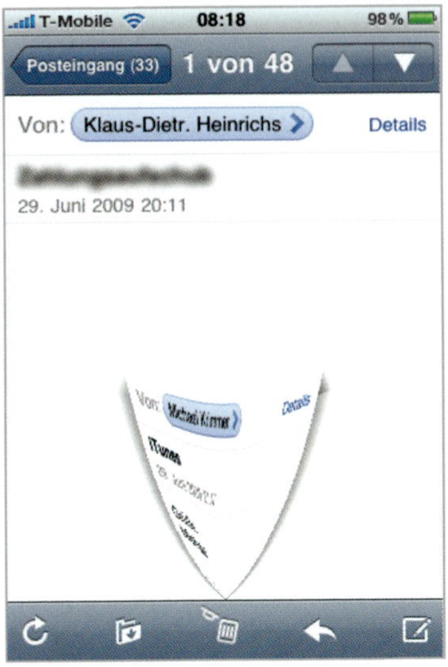

Nach dem Löschen einer Mail in der Ansicht bewegt sich die Mail in den Papierkorb.

Das Ordnersymbol mit dem Pfeil nach unten ermöglicht das Verschieben einer Mail in einen anderen Ordner. Tippen Sie darauf und wählen Sie im folgenden Bild den gewünschten Ordner. Die Mail wird daraufhin in diesen Ordner verschoben.

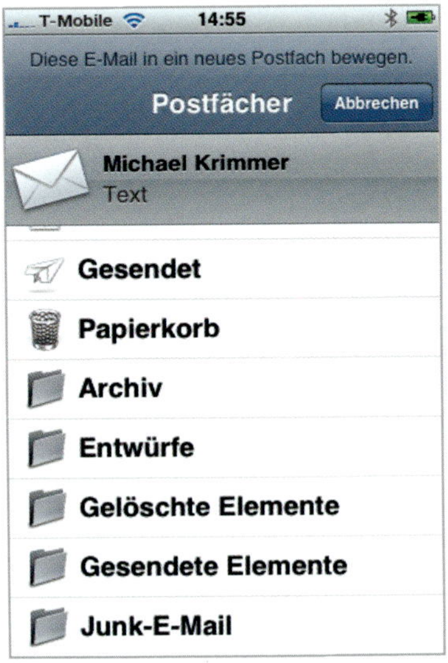

Wählen Sie einen anderen Ordner aus, um die Mail dahin zu verschieben.

Mit einem Klick auf den Pfeil neben dem Papierkorb können Sie die Mail beantworten. Rechts daneben lässt sich eine neue Mail erstellen.

Mehrere Mails löschen und verschieben

Sie können auf einmal auch mehrere Mails löschen oder verschieben. Tippen Sie dazu in der Übersicht aller Mails eines Ordners auf *Bearbeiten*. Daraufhin können Sie beliebig viele Mails dadurch markieren, dass Sie in den Kreis davor tippen. Ein rot hinterlegtes Häkchen bedeutet, dass die Mail markiert ist. Tippen Sie abschließend auf *Löschen* oder *Bewegen*, um die entsprechende Aktion zu starten.

Markieren Sie die gewünschten Mails, indem Sie auf den Kreis davor tippen. Die Mails werden mit einem Häkchen gekennzeichnet. Danach können Sie sie „Löschen“ oder in einen anderen Ordner „Bewegen“.

Weitere Funktionen in der Mailansicht

Wenn Sie eine Mail geöffnet haben, können Sie sich oben über den Punkt *Details* alle Empfänger anzeigen lassen. *Ausblenden* verbirgt die Empfängerliste. Tippen Sie auf *Markieren*, um die Mail in der Übersicht wieder als ungelesen zu markieren.

Neue Mail erstellen

Wenn Sie sich im Mail-Programm des iPhones befinden, können Sie eine neue Nachricht erstellen, indem Sie auf das Quadrat mit dem Bleistift tippen, das sich am rechten unteren Bildschirmrand befindet. Daraufhin öffnet sich eine leere Mail, die Sie wie gewohnt mit Daten wie *An:*, *Kopie:*, *Blindkopie:*, *Betreff:* und Nachrichtentext füllen können. Während Sie Namen oder Mailadressen eingeben, überwacht das Adressbuch des iPhones die Eingabe und macht passende Vorschläge. Ein Klick auf das +-Symbol führt direkt zu den Kontakten und erlaubt die Suche nach Namen. Während für *An:*, *Betreff:* und den Nachrichtentext eigene Felder reserviert sind, sind die Optionen für *Kopie* und *Blindkopie* erst einmal zusammengefasst. Tippen Sie einmal auf die Zeile *Kopie/Blindkopie, Von: xyz*, um an diese Felder zu gelangen. Dort können Sie auch festlegen, mit welcher Mailadresse die Nachricht verschickt werden soll. Anfangs ist immer der Account ausgewählt, von dem aus Sie den Button für die neue Mail gedrückt haben. Wenn Sie das ändern möchten, tippen sie auf *Account:*.

Automatische Blindkopie, Signatur

Sie möchten sichergehen, dass eine verschickte Mail auch wirklich rausging? Sie haben die Möglichkeit, eine automatische Blindkopie an Ihre eigene Mailadresse zu versenden. Die nötige Einstellung finden Sie vom Home-Bildschirm aus unter *Einstellungen –> Mail, Kontakte, Kalender* und dort unter der Rubrik *Mail*. Legen Sie den Schalter *Blindkopie an mich* auf aktiviert (*I*) und Sie bekommen von diesem Zeitpunkt an von jeder Mail eine Kopie zugestellt.

Für den Fall, dass Sie gerne eine Signatur eingeben möchten, die an das Ende jeder ihrer Nachrichten gesetzt wird, können Sie das auch gleich in der Rubrik *Mail* tun. Tippen Sie auf *Signatur* und geben Sie einen Text ein, wie beispielsweise Ihren Namen und die Kontaktdaten. Dann sparen Sie sich das Eintippen dieser Informationen bei jeder neuen Nachricht.

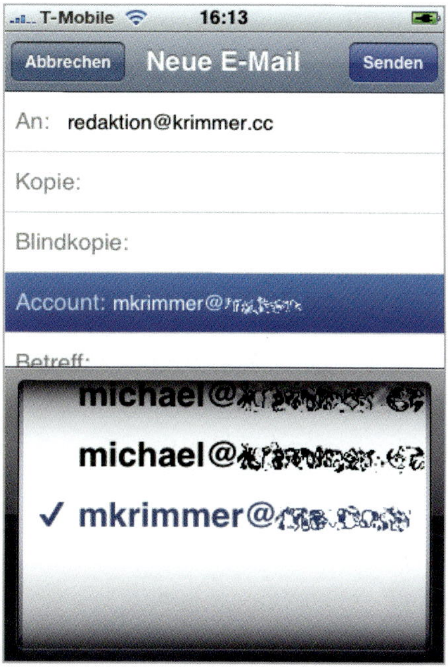

Neben den Empfängern kann auch noch während der Erstellung der Nachricht der Mailserver ausgewählt werden, unter dem die Nachricht verschickt werden soll.

Mails an Gruppen versenden

Das iPhone unterstützt keinen Mailversand an eine Gruppe von Empfängern. Sie können zwar manuell mehrere Empfänger eingeben, fest definierte Gruppen gibt es jedoch nicht.

Yahoo! Groups bringt diese Funktion auf einem kleinen Umweg aufs iPhone. Unter groups.yahoo.de lassen sich eigene Gruppen erstellen. Jede Gruppe bekommt eine Mailadresse und wenn Sie eine Mail an diese Adresse schicken, erhält jedes Mitglied der Gruppe die Nachricht zugestellt.

Haben Sie alles eingegeben, schickt *Senden* die Nachricht ab.

Nachricht erneut senden

Das iPhone hat keine *Mail erneut senden*-Funktion. Mit einem Trick geht es aber doch. Wechseln Sie in den *Sent*- bzw. *Gesendet*-Ordner. Dort werden alle verschickten Mails aufgehoben. Öffnen Sie die Mail, die Sie noch einmal verschicken möchten, tippen Sie auf das Pfeilsymbol und wählen Sie dort *Weiterleiten* aus und geben erneut den gleichen Empfänger an.

Per Weiterleitung kann eine E-Mail erneut an die gleiche Person versendet werden.

Dateianhänge öffnen und speichern

Bekommen Sie einen Dateianhang, etwa ein Foto oder ein Word-Dokument, können Sie es innerhalb der Mail betrachten. Bei umfangreicheren Dateien müssen Sie erst den Download starten. Ist die Datei komplett heruntergeladen, lässt sie sich öffnen. Im Falle eines Beispielfotos ist das Bild 772 KByte groß. Um den Download zu starten, tippen Sie auf das Icon. Sobald die Datei heruntergeladen ist, wird sie angezeigt. Diese Dateianhänge unterstützt Mail im iPhone: Bilder (.JPEG, .GIF und .TIFF), Videodateien (nur iPhone OS 3.1), Audiodateien (.MP3, .AAC, .WAV und .AIFF), PDFs, Webseiten, Textdateien sowie Dateien der Programme Pages, Keynote, Numbers,

Word, Excel und Powerpoint. Um in Dateierweiterungen zu sprechen: Das iPhone unterstützt neben Bildern und Sounds auch Dateien des Typs *.c, *.ccp, *.diff, *.doc, *.docx, *.h, *.hpp, *.htm, *.html, *.m, *.mm, *.patch, *.pdf, *.txt, *.xls und *.xlsx.

In der Mail befindet sich eine große Datei. Wenn Sie auf das Icon (oben links) tippen, wird die Datei heruntergeladen (oben rechts) und anschließend angezeigt (unten).

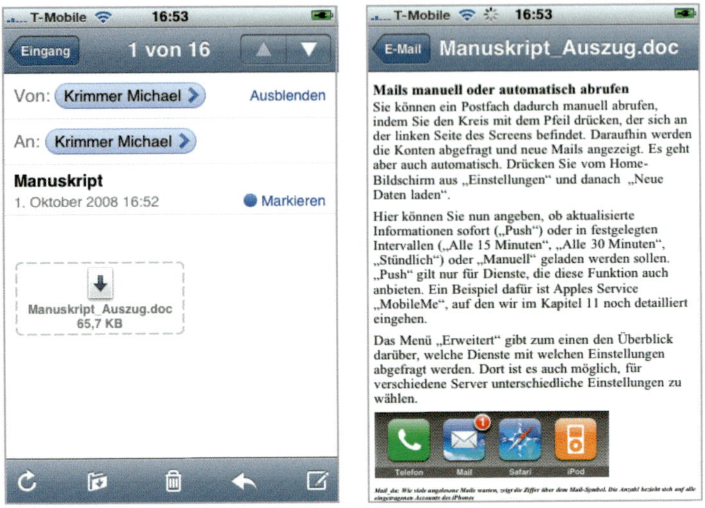

Auch Word-, Excel- und PDF-Dateien lassen sich direkt aus der Mail heraus ansehen.

Um ein Foto oder ein Video aus einer Mail abzuspeichern, tippen Sie mit dem Finger darauf und belassen ihn auf dem Display. Es erscheint ein Dialog, der es Ihnen erlaubt, das Bild bzw. Video zu sichern. Wenn Sie diese Schaltfläche drücken, wird das Bild bzw. Video im Fotospeicher des iPhones abgelegt.

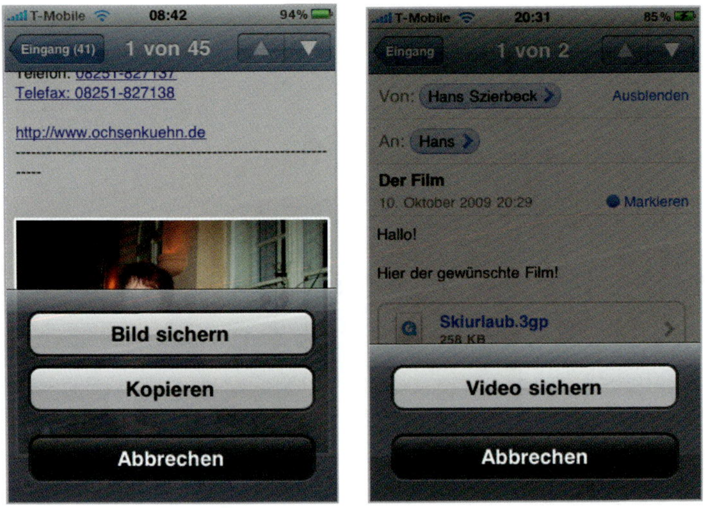

Mit „Bild sichern“ bzw. „Video sichern“, wird das Bild/Video in den Fotospeicher abgelegt. „Kopieren“ legt das Bild in die Zwischenablage.

Safari

Um Internetseiten anzuzeigen, setzt Apple beim iPhone auf den von Mac OS X bewährten Browser Safari, den es aktuell in der Version 4 und mittlerweile für beide Welten, Mac OS X und Windows, als finale Version gibt. Auch hier muss sich der Benutzer nicht umstellen, wenn er das Surfen an einem Desktop-PC gewohnt ist. Sobald Sie Safari starten, öffnet sich das Programm mit der zuletzt besuchten Seite.

Beim Start präsentiert sich Safari aufgeräumt. Hier ist die Startseite von amazon.de im Querformat zu sehen.

Webadresse eingeben oder mit Google suchen

Sie haben jetzt die Möglichkeit, eine URL direkt einzugeben, indem Sie auf das Adressfeld rechts des Reload-Buttons tippen. Den Kreis mit dem Pfeil kennen Sie bereits aus Mail. Checken Sie bei Mail damit den Eingang neuer Nachrichten, können Sie hier mit dem Reload-Button eine Seite erneut laden. Das ist auch dann hilfreich, wenn einmal eine Webseite nicht vollständig geladen wurde, weil die Internetverbindung schwach war. Um eine Adresse einzugeben oder die Google-Suche zu erhalten, können Sie direkt in den jeweiligen Bereich tippen.

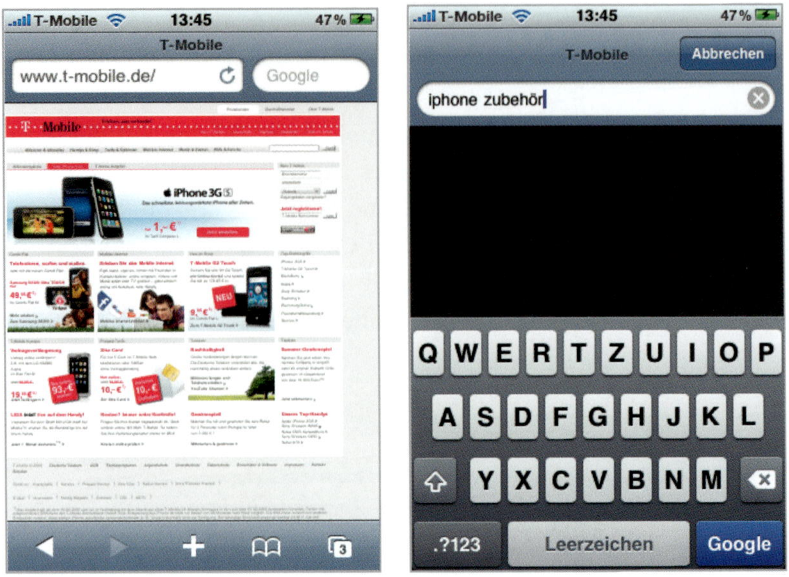

Alles wie gewohnt: Die linke Eingabemaske ist für die URL, daneben kann ohne Umwege direkt bei Google gesucht werden. Die Ansicht ist hier im Hochformat.

Der linke Bereich akzeptiert jede gültige Webadresse (URL), der Bereich daneben kann für eine Suchanfrage bei Google verwendet werden. iPhone-Besitzer sparen sich damit den Besuch der Google-Homepage. Auch das ist eine sinnvolle Funktion, die bereits von den Desktop-Browsern wie Firefox, Safari und Internet Explorer bekannt ist. Möchten Sie einen bereits vorhandenen Eintrag in einem der beiden Eingabefenster löschen, tippen Sie auf das kleine *x* am Ende der entsprechenden Maske.

Links aufrufen oder überprüfen

Um einem Link zu folgen, tippen Sie auf ihn, wie Sie es von anderen Browsern her gewohnt sind. Wenn Sie sehen möchten, wohin Sie ein Link führt, halten Sie den Link mit dem Finger gedrückt. Nach kurzer Zeit erscheint ein kleines Fenster und gibt weitere Informationen darüber aus.

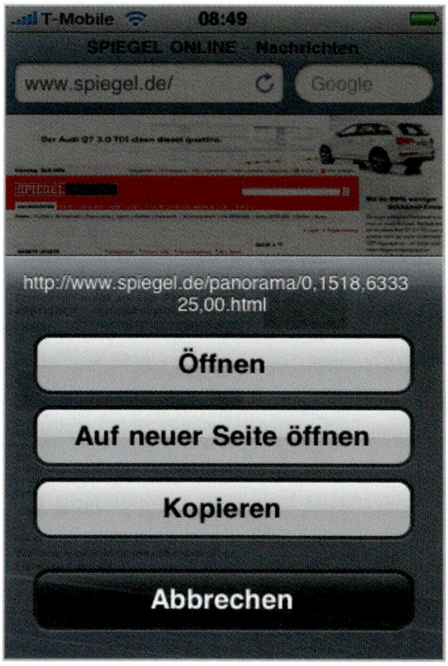

Ein Hyperlink einer Webseite kann entweder einfach geöffnet, in die Zwischenablage kopiert werden oder in einem neuen Fenster erscheinen.

Haben Sie hingegen ein Bild erwischt, kann dieses sofort in die Zwischenablage oder in Ihr Fotoalbum übernommen werden (Bild sichern).

Sofort zurück zur Adresszeile springen

Umfangreiche Webseiten nehmen nicht selten das Vielfache des Platzes ein, den das iPhone auf einer Bildschirmseite darstellen kann. Kein Problem, schließlich können Sie problemlos nach unten scrollen. Um aber eine neue Adresse einzugeben, müssen Sie wieder ganz nach oben. Es gibt hierfür eine Abkürzung: Tippen Sie einfach auf die Leiste mit der Uhrzeit und Safari springt sofort ganz nach oben.

Das funktioniert übrigens auch in anderen Programmen, wie z. B. in den Kontakten: Hier genügt ebenfalls ein Klick auf die Uhrzeit im oberen Balken, um sofort an den Anfang der Liste zu gelangen.

Der dunkelgraue Scrollbalken zeigt es an: Die Seite ist sehr lang und wir befinden uns ganz unten. Möchten wir wieder hoch zur Eingabemaske, reicht ein einfaches Tippen auf die Uhrzeit.

Die Safari-Funktionsleiste

Die Safari-Funktionsleiste ist überschaubar, bietet aber alle Funktionen, die ein komfortables Surfen ermöglichen. Zuerst kommen die beiden Pfeile nach links und rechts, mit denen man vor- und zurückblättern kann.

Die Funktionsleiste von Safari verfügt über Knöpfe für Vor, Zurück, Seiten senden, Lesezeichen und eine Möglichkeit, auf mehreren Seiten zu surfen.

Wichtige Webseiten im Blick behalten

Tippen Sie auf das + in der Mitte, haben Sie drei Möglichkeiten. Sie können zum späteren erneuten Besuch der Seite ein *Lesezeichen* anlegen, was einem ganz normalen Bookmark entspricht. Tippen Sie auf *Zum Home-Bildschirm*, legt das iPhone ebenfalls ein Lesezeichen an, das als kleines Icon auf dem Home-Bildschirm landet. *URL für Seite senden* öffnet Mail. Damit wird der Link der gerade besuchten Webseite per Mail an einen Mailempfänger versandt. Dazu muss ein Mailaccount konfiguriert sein.

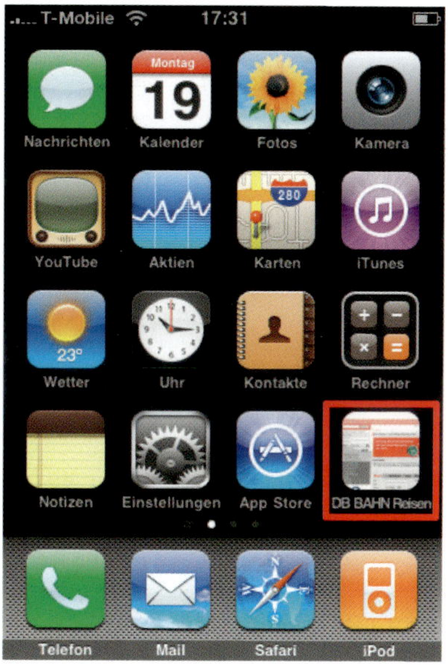

Interessante Webseiten können als Bookmark in den „Lesezeichen“ oder auf dem Home-Bildschirm als neues Icon abgespeichert werden. Möchte man eine andere Person darüber informieren, lässt sich die Adresse (URL) auch per Mail versenden.

Lesezeichen verwalten

Tippen Sie auf das aufgeschlagene Buch in der Safari-Funktionsleiste, öffnen sich die Lesezeichen. Diese Lesezeichen können entweder direkt am iPhone eingegeben oder mit dem Rechner zu Hause oder im Büro synchronisiert werden. Das hat den Vorteil, dass Sie sowohl am iPhone als auch am Rechner immer denselben Bestand an Bookmarks haben. Die entsprechende Funktion finden Sie in iTunes in den Einstellungen ihres iPhones im Reiter *Info*.

Zurück zu den Lesezeichen am iPhone: *Bearbeiten* ermöglicht es Ihnen, Lesezeichen und Ordner zu erstellen oder deren Position in der Liste zu ändern. Tippen Sie das – vor einem Eintrag an und bestätigen Sie den Befehl mit *Löschen*, wird das Lesezeichen entfernt. Halten Sie einen Eintrag an den drei horizontalen Linien am rechten Ende des Display gedrückt, können Sie ihn nach oben oder unten verschieben. *Neuer Ordner* erstellt, wie es der Name schon sagt, einen neuen Ordner. Mit Ordnern tragen Sie dafür Sorge, dass die Liste mit der Zeit nicht so umfangreich wird. *Fertig* bringt Sie wieder zurück zur Übersicht über die Lesezeichen.

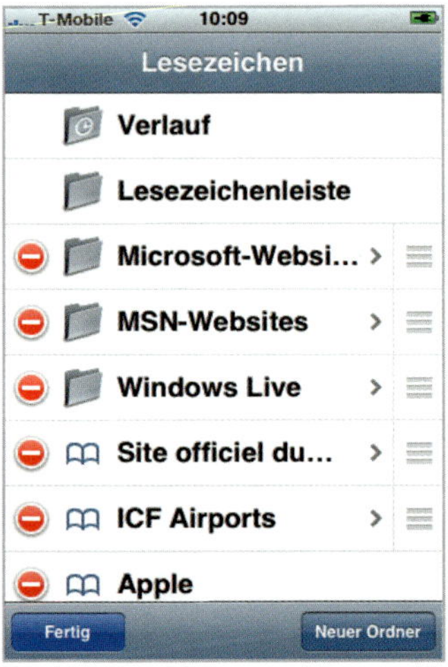

Lesezeichen lassen sich am iPhone sowohl anlegen als auch komfortabel bearbeiten.

Mit mehreren Webseiten arbeiten

Safari am iPhone unterstützt das Surfen mit mehreren Webseiten. Ist eine Webseite so programmiert, dass ein Link eine neue Seite öffnet, macht das Safari automatisch. Ob gerade eine oder mehrere Webseiten aktiv sind, erkennen Sie am Icon ganz rechts in der Safari-Funktionsleiste.

Im Beispiel links ist die angezeigte Webseite die einzige, die gerade geladen ist. Sieht die Leiste aus wie rechts, gibt es außerdem noch eine weitere Webseite. Je höher die angezeigte Ziffer, desto mehr Webseiten sind geöffnet.

Im Bild oben sehen Sie die beiden Möglichkeiten, auf die Sie treffen können. Tippen Sie im oberen Fall auf das Icon ganz rechts, können Sie mit *Neue Seite* ein zweites Browserfenster öffnen und dort eine neue Adresse eingeben, ohne die erste Seite verlassen zu müssen. Diesen Vorgang können Sie wiederholen, bis insgesamt acht Seiten geöffnet sind. Sie wechseln zwischen den Webseiten, indem Sie mit dem Finger nach rechts oder links „wischen". Möchten Sie ein Safari-Fenster wieder schließen, tippen Sie auf das *X* am oberen linken Fensterrand. Möchten Sie eines der Fenster anzeigen, tippen Sie darauf und es wird bildschirmfüllend angezeigt.

Durch Wischen nach links oder rechts können Sie alle aktiven Safari-Fenster erreichen. Tippen Sie auf ein Vorschaubild, wird die Seite in voller Größe angezeigt. „Neue Seite" öffnet ein weiteres Browserfenster.

RSS-Feeds aufrufen

Safari unterstützt auch die Anzeige von RSS-Feeds. Wann immer Sie auf einen entsprechenden Link tippen oder in der Adresszeile eine entsprechende Eingabe vornehmen (meistens beginnend mit feed://), erkennt Safari den Linktyp und öffnet die Seite in einer übersichtlichen Form.

Viele Online-Dienste wie macnews.de unterstützen RSS-Feeds. Die können in speziellen Programmen oder direkt in Safari betrachtet werden.

Kennwörter für Webseiten merken

Sie haben die Möglichkeit, auf mit Passwort geschützten Seiten fast automatisch einzuloggen. Sie müssen dazu nur einmal Login und Passwort eingeben. Safari fragt im Anschluss daran nach, ob die Daten gespeichert werden sollen. Wenn Sie das möchten, trägt Safari beim nächsten Mal die Daten automatisch ein.

Kennwörter merken aktivieren

Wechseln Sie in die *Einstellungen* und tippen Sie auf *Safari*. Sie finden die gewünschten Optionen unter *Autom. ausfüllen*.

Aktivieren Sie *Kontaktinfo benutzen*, wenn Sie Internetformulare, etwa im Verlauf einer Internetbestellung, automatisch mit Ihren Kontaktdaten befüllen lassen möchten. Unter *Meine Infos* wählen Sie im Adressbuch Ihre Kontaktinformationen aus.

Namen & Kennwörter sorgt für den halbautomatischen Login. Aktivieren Sie die Option, sammelt Safari nach und nach alle Login-Daten, die Sie eingeben.

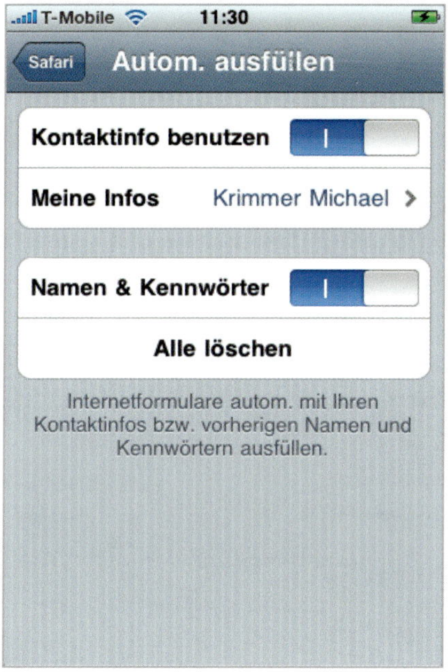

In den Einstellungen des iPhones können Sie beide Optionen aktivieren und konfigurieren.

Surfen Sie nun eine Seite an, die Name und Passwort verlangt, geben Sie die Daten wie gewohnt ein. Safari fragt dabei kurz nach, ob die Daten gespeichert werden sollen.

Haben Sie Login und Passwort eingegeben, können Sie Safari anweisen, sich die Daten für das nächste Mal zu merken.

Ja speichert die Daten, *Niemals für diese Webseite* speichert sie nicht und Sie werden in Zukunft auch nicht mehr gefragt. *Später* speichert jetzt nicht, fragt aber beim nächsten Mal erneut nach. Wählen Sie *Ja*.

Besuchen Sie danach wieder diese Seite und tippen Sie auf das Anmeldefenster, merkt Safari das und bietet das Eintragen der hinterlegten Daten an. Tippen Sie dann auf *Autom. ausfüllen* und Safari trägt Login und Passwort ein.

Autom. Ausfüllen trägt die gespeicherten Daten ein.

Dieses Vorgehen funktioniert auch bei Formularen. Tippen Sie in das erste Feld und wählen Sie *Autom. ausfüllen*. Trotzdem kann es erforderlich werden, dass Sie das eine oder andere Feld manuell befüllen müssen, weil Safari nicht eindeutig zuordnen kann, welches Feld auf der Webseite welchem Eintrag im angegebenen Kontakt entspricht.

Unterhaltung gefällig? Der iPod im iPhone

Das iPhone ist neben Kommunikationszentrale auch ein vollwertiger iPod. Und noch dazu der beste. Maximal 32 GByte Speicher sind im Vergleich zu den 120 GByte des iPod classic zwar deutlich kleiner dimensioniert, aber trotzdem ist genug Platz für Musik, Videos und Podcasts.

So kommen Musik, Videos und Podcasts aufs iPhone

Wird der iPod gestartet, lassen sich die darauf befindlichen Medien grob einteilen. Musik kann sortiert nach *Alben*, *Compilations*, *Interpreten*, *Kompo-*

nisten, *Genres* oder *Titel* angezeigt werden. Ein einzelner Klick auf das entsprechende Icon wechselt zur Ansicht. Ebenso sind *Hörbücher*, *Podcasts* und *Videos* direkt ansteuerbar. Die im folgenden Screenshot auf weißem Hintergrund dargestellten Einträge verbergen sich unter dem Eintrag *Mehr* rechts unten. Lassen Sie sich beispielsweise die *Interpreten* anzeigen, bringt Sie *Mehr* wieder zu dieser Ansicht zurück.

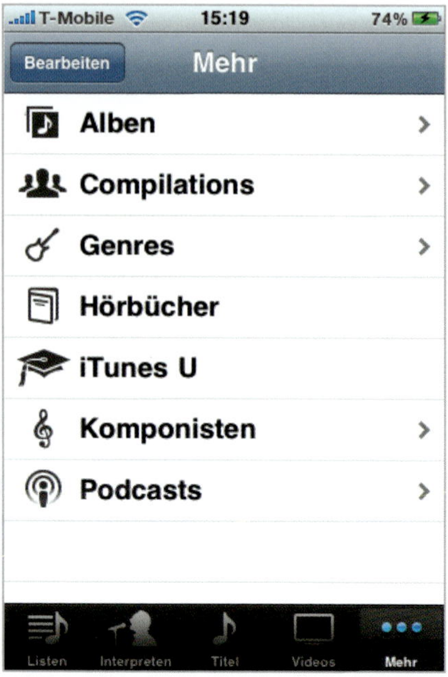

Alle Medientypen im Überblick: Über diesen Bildschirm erreichen Sie Musik, Videos, Podcasts und Hörbücher.

Wiedergabelisten

Tippen Sie auf *Listen*, um die am iPhone verfügbaren und mit iTunes abgeglichenen Wiedergabelisten auszuwählen. Sie haben auch die Möglichkeit, unterwegs eine Wiedergabeliste anzulegen. Diese wird später auch mit iTunes synchronisiert.

Um eine „On-The-Go-Liste“ mit Titeln zu füllen, wählen Sie sie aus. Damit wechseln Sie automatisch zur Liste der verfügbaren Titel. Mit dem Plus-Symbol nehmen Sie gezielt Titel auf, Sie können aber auch *Alle Titel hinzufügen*. Haben Sie die gewünschten Titel aufgenommen, tippen Sie auf *Fertig*.

Über *Bearbeiten* lassen sich Titel der Liste löschen und verschieben. Auch hier beendet *Fertig* die Aktion.

Worin aber unterscheidet sich eine „On-The-Go-Liste" von einer normalen Playliste? Reguläre Playlisten werden am Rechner in iTunes erstellt und mit den gewünschten Titeln befüllt. Die „On-the-Go"-Playliste ist eine spezielle Playlist, die man unterwegs direkt am iPhone erstellen und ändern kann.

iPod-Menü anpassen

Das im Screenshot zuvor sichtbare Menü lässt sich auch anpassen. Hätten Sie beispielsweise lieber Podcasts in der Leiste unten und können dafür auf Videos verzichten? Dann tippen Sie auf *Bearbeiten* und wechseln Sie so in den Modus, der diese Anpassung erlaubt. Ziehen Sie jetzt beispielsweise *Podcasts* über das *Videos*-Symbol, das daraufhin aufleuchtet. Lassen Sie *Podcasts* los und die beiden Icons tauschen den Platz. *Podcasts* ist von nun an in der unteren Leiste zu finden, *Videos* im oberen Bereich des Fensters.

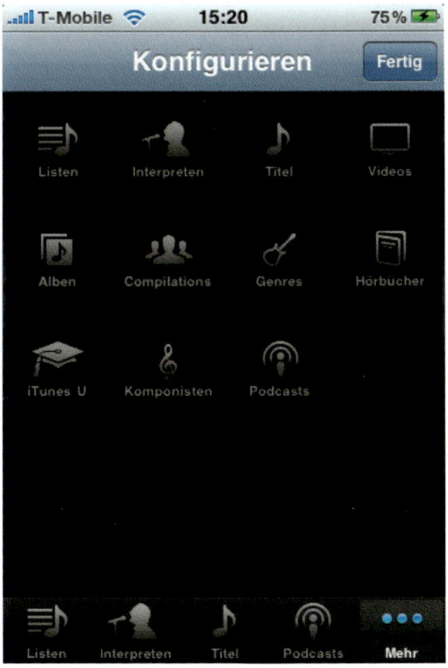

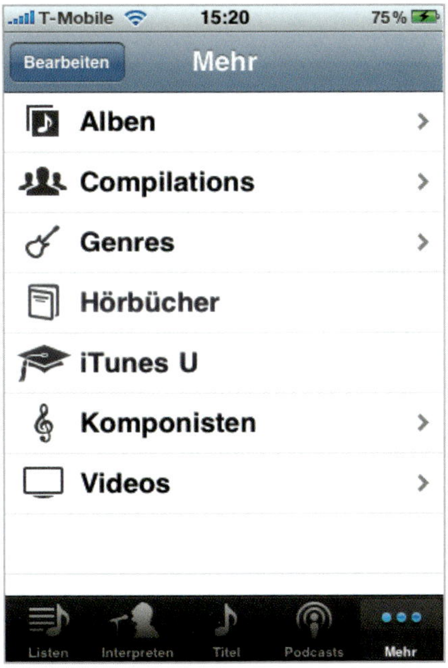

Alle im oberen Bereich angeordneten Icons können auch in die Leiste nach unten gezogen werden. So sind sie auch dann erreichbar, wenn nicht „Mehr" aktiv ist.

Musik, Videos und Podcasts anzeigen, auswählen und abspielen

Das folgende Beispiel zeigt die Auswahl der Titel am Beispiel *Alben*. Das Vorgehen funktioniert analog dazu auch bei den restlichen Rubriken, mit teilweise geringfügigen Abweichungen in der Anzeige. Bei *Komponisten* beispielsweise erscheinen in den weiteren Schritten lediglich Textlisten mit den Liedern, *Videos* bringt Sie sofort zur Vorschauseite der Clips, aber im Grunde werden Sie sich überall zurechtfinden.

Tippen Sie nun auf *Alben*. Es erscheint die Liste aller auf dem iPhone befindlichen Alben. *Alle Titel* gibt eine Gesamtliste der Lieder aus, ohne die Albenzugehörigkeit zu berücksichtigen. Wählen Sie ein Album aus und Sie sehen eine Auflistung aller Titel des Albums, die verfügbar sind. *Zufällig* nimmt einen zufällig ausgewählten Titel und spielt ihn ab. In beiden Fällen, bei zufälliger oder gezielter Wahl eines Songs, wird das Lied abgespielt. Verfügte iTunes zum Zeitpunkt der Synchronisation über ein Bild des Covers, wird es auch am iPhone angezeigt.

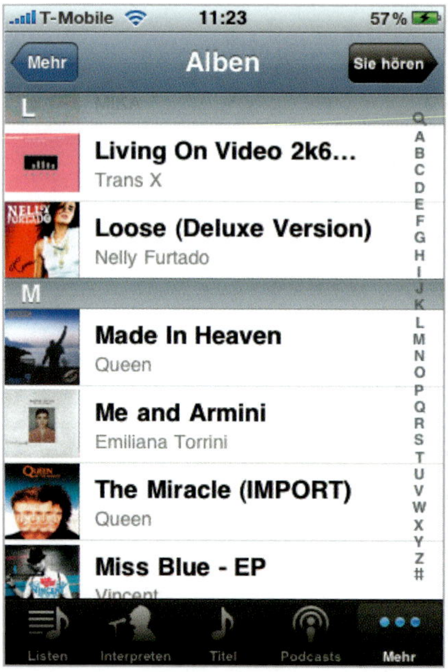

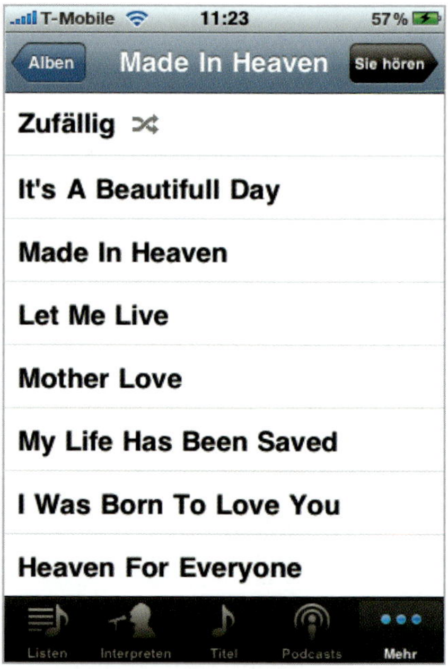

Zuerst wird das Album ausgewählt, in diesem Beispiel „Made in Heaven“ von Queen. Danach erscheint die Titelliste und im dritten Schritt das gewählte Lied.

Auch im iPod unterscheidet das iPhone zwischen Hoch- und Querformat. Wenn Sie im Falle des Beispiels das iPhone in den Landscapemodus kippen, verändert sich auch die Anzeige und wechselt zum sogenannten Cover Flow.

Cover Flow bietet die grafische Anzeige der Album-Cover.

Jetzt können Sie die verschiedenen Alben nach links und rechts wischen. Tippen Sie auf eines der Cover oder auf das *i* rechts unten, erscheint die Liste aller Titel des Albums, die auf dem iPhone liegen. Dort lassen sich alle Titel auch antippen und so starten. Die Anzeige der Titel des Albums klappt auch im Hochformat. Dazu müssen Sie lediglich doppelt auf das Cover des gerade laufenden Titels tippen.

Cover Flow zeigt auch alle verfügbaren Titel des Albums an.

Auf der linken Seite sind die Tasten für Play und Pause, mit denen die Wiedergabe gestartet oder pausiert werden kann.

Die Unterscheidung von Hoch- und Querformat funktioniert auch bei Videos und Video-Podcasts. Bei Bewegtbildinhalten empfiehlt sich in fast allen Fällen der Wechsel in den Landscapemodus, weil beispielsweise der Podcast der Tagesschau im Querformat vorliegt. Eine Anzeige dieser Inhalte im Hochformat hat schwarze Balken über und unter dem Bild zur Folge. Mit dem doppelten Tippen auf das Video lässt sich der Film auch bildschirmfüllend vergrößern und im Gegenzug wieder verkleinern. Das funktioniert analog auch über das Icon mit den beiden Pfeilen rechts neben der Gesamtdauer des Films.

Videos und Video-Podcasts lassen sich am besten im Querformat ansehen.

Genius-Mixes (nur iPhone 3G S)

Das iPhone 3G S bietet für die iPod-Funktion noch die Möglichkeit, Genius-Mixes auf dem iPhone anzuzeigen bzw. abzuspielen. Genius ist eine besondere Funktion von iTunes 9. iTunes erstellt Genius-Mixe für Sie und spielt Titel aus Ihrer Mediathek ab, die gut zusammenpassen. Diese entstehen aus über 27 Millionen Musikbibliotheken mit rund 54 Milliarden Songs, die von Genius bereitgestellt und analysiert wurden. Die Funktion stellt zwölf „endlose und stilistisch passende Musikmixe" zusammen. Mit dieser Funktion ist es so, als habe man einen DJ, der automatisch bis zu zwölf endlose und stilistisch passende Musikmixe aus der eigenen iTunes-Mediathek zusammenstellt.

Damit Sie die Genius-Mixes auf Ihrem iPhone verwenden können, müssen Sie diese Funktion zuerst in iTunes 9 aktivieren. Erst danach ist es möglich, die automatisch generierten Wiedergabelisten auf das iPhone zu übertragen.

In iTunes 9 muss die Genius-Funktion aktiviert sein, damit der Zugriff auf die Genius-Mixe möglich ist.

Um nun die Genius-Mixe auf das iPhone zu übertragen, müssen Sie in iTunes den Bereich *Musik* des angeschlossenen iPhones öffnen. Im Bereich *Wiedergabelisten* können Sie dann die gewünschten Genius-Mixe für die Übertragung auswählen.

Der Bereich „Musik“ enthält die Genius-Mixe für das iPhone.

Nachdem das iPhone synchronisiert wurde, finden Sie die Genius-Mixe in der iPod-Anwendung unter der Kategorie *Mehr*. Dort können Sie nun die gewünschten Genius-Wiedergabelisten abspielen.

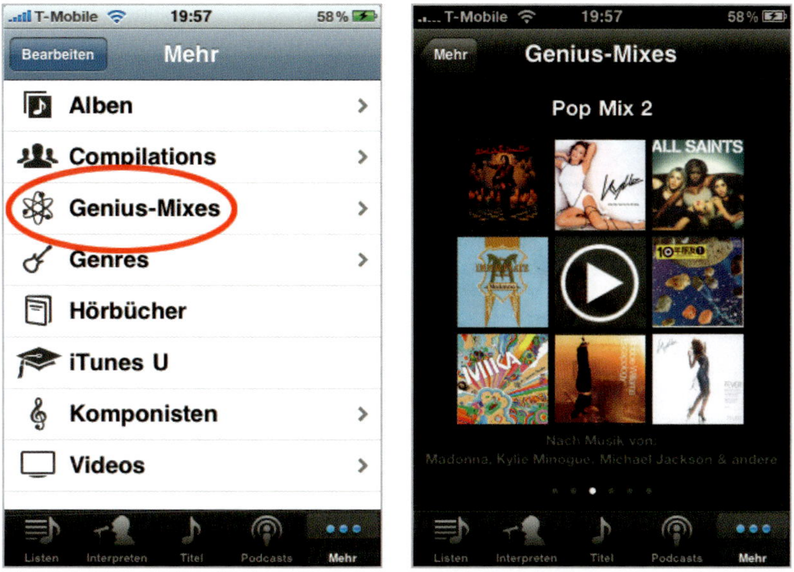

Die Genius-Mixe auf dem iPhone.

Die iPod-Steuerung

Nachdem Sie nun wissen, wie man bestimmte Inhalte auswählt und startet, werfen wir einen Blick auf die Steuerung des iPods. Wenn beispielsweise ein Lied läuft, bleiben die Tasten für die Wahl des nächsten und des vorherigen Lieds sowie der Play- oder Pause-Button eingeblendet. Diese Tasten finden Sie in der Leiste am unteren Ende des Displays und sie erscheinen auch, wenn Sie die Home-Taste zwei Mal drücken, wenn sich das iPhone im Ruhemodus befindet. Halten Sie die Vor- und Zurücktaste gedrückt, um einen schnellen Vor- oder Rücklauf auszuführen.

Zurück zum Beispiel im Screenshot auf der folgenden Seite: Oben werden Interpret sowie Titel- und Albenname angezeigt. Links und rechts davon gibt es Tasten, mit denen Sie zur vorherigen Auswahlseite (Pfeil nach links) oder zur Übersicht aller Titel des Albums wechseln können (Listensymbol). Ansonsten ist das Cover des Songs zu sehen. Tippen Sie nun in die Mitte des

Bildschirms, blendet das iPhone weitere Steuerungen ein. Die Fortschrittsanzeige gibt an, wie viel des Songs bereits abgespielt wurde. Die Zahl links gibt an, wie viel Zeit bereits vergangen ist, rechts steht, wie lange der Titel noch läuft. In der Zeile darunter können Sie links anschalten, dass die Wiedergabe nach dem letzten Titel wieder von vorne beginnt. Befinden Sie sich beispielsweise in einer Wiedergabeliste mit zehn Titeln, werden die zehn Titel abgespielt und danach beginnt die Wiedergabe wieder bei Track 1. Das Shuffle-Symbol rechts mischt die Titel durcheinander. Beide Tasten sind beliebig kombinierbar. So kann etwa festgelegt werden, dass Shuffle aktiviert sein soll, aber die Wiedergabe stoppt, wenn alle Titel gespielt wurden.

Auf begrenztem Raum bringt Apple alle nötigen Steuerungselemente unter.

Mit iTunes 8 hat Apple eine neue, Genius genannte Funktion vorgestellt. Die Idee dahinter: Zu einem Titel in der iTunes-Bibliothek werden passende andere Musikstücke vorgeschlagen. Auch wenn die eigentliche Sortierung und Verknüpfung der Genius-Titel in iTunes stattfindet, die Auswahl der passenden Titel, die daraus entsteht, ist auch am iPhone verfügbar. Tippen Sie dazu auf das Genius-Symbol, das zwischen Wiederholung und Shuffle zu finden ist.

Ein Beispiel: In unserer Beispielbibliothek befindet sich der Song „Wind it Up“ von Gwen Stefani. Die Genius-Funktion in iTunes bietet als Genius-Titel viele Tracks an, die einem Freund dieses Lieds auch gefallen könnten. Unter anderem Songs von Kylie Minogue und Madonna. Genius ist also kurz gesagt eine Möglichkeit, Musik ähnlichen Genres zu finden.

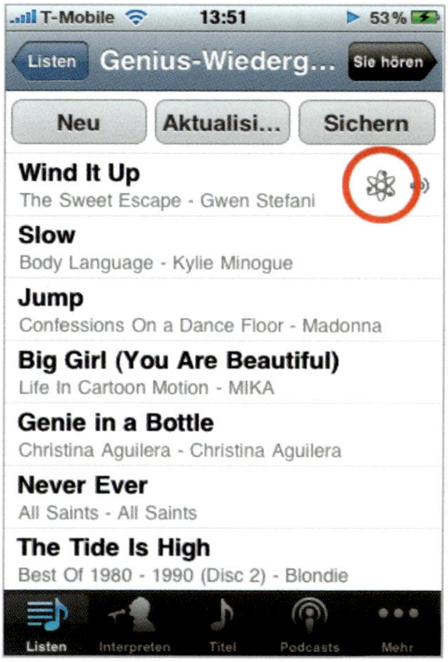

Die Genius-Funktion schlägt passende andere Titel zu einem Lied vor. Tippen Sie auf einen der Vorschläge, um das neue Lied zu starten.

Das iPhone-Headset als iPod-Fernsteuerung

Das Headset des iPhones eignet sich nicht nur zum Telefonieren. Auch die Steuerung des iPods ist damit möglich. In das Mikrofon, das sich am Kabel befindet, das zum rechten Ohr führt, ist eine Taste eingebaut, mit der sich Telefongespräche annehmen und beenden lassen. Während der Wiedergabe im iPod-Modus startet und stoppt ein einmaliges Drücken auf das Mikro die Wiedergabe. Ein doppeltes Drücken spielt den nächsten Track, dreimaliges Drücken führt wieder zum vorhergehenden Titel.

Christina Aguilera, Robbie Williams oder der eigene Partner?

Ganz klar: der eigene Partner. Sollte während der Wiedergabe eines Titels ein Gespräch eingehen, wird die Musik ausgeblendet und das Klingeln des Anrufs ertönt im Kopfhörer. Dann übernimmt die Taste wieder die Telefonfunktionen. Einmal Drücken zum Annehmen des Gesprächs und ein weiteres Drücken zum Beenden.

SMS- und MMS-Versand

Selbstverständlich lassen sich mit dem iPhone auch Kurznachrichten versenden. Seit iPhone OS 3 funktioniert das auch per MMS. Aber Vorsicht: Wer nicht mit dem Telefon auch gleich den Vertrag wechselt, sollte bedenken, dass in den älteren iPhone-Verträgen keine MMS-Nachrichten enthalten sind. Somit kosten die extra. Pro Nachricht kommen so 39 Cent Extrakosten hinzu.

Wenn Sie MMS-Nachrichten senden und empfangen wollen, dann sollten Sie diese Eigenschaft in den *Einstellungen* unter *Nachrichten* aktivieren.

Wird das MMS-Messaging deaktiviert, können weder MMS versendet noch MMS-Nachrichten korrekt auf dem iPhone dargestellt werden. Als Anwender muss man eine Webseite besuchen und das Passwort dazu eingeben.

Das Versenden von Nachrichten erfolgt aber auf die gewohnt komfortable Art und mit vollständiger Unterstützung des Telefonbuchs, der Kamera und des Bilder-Ordners des iPhones.

Tippen Sie auf das Symbol für *Nachrichten*. Haben Sie bereits SMS- oder MMS-Nachrichten verfasst, gelangen Sie zur Übersicht aller bisherigen Empfänger. Der Name des Empfängers wird so angezeigt, wie er im Adressbuch hinterlegt ist. Unter dem Namen wird der Anfang der bisher letzten Nachricht angezeigt und rechts daneben das Datum, der Wochentag oder die Uhrzeit der Nachricht.

In der Übersicht sind alle bisherigen Nachrichten-Kontakte aufgelistet. Sind links neben den Namen zwei Personen abgebildet, ging diese Nachricht an eine Empfängerliste mit mindestens zwei Adressaten.

SMS oder MMS versenden

Möchten Sie eine neue SMS oder MMS verschicken, wechseln Sie in die Konversation mit dem gewünschten Teilnehmer und tippen Sie auf das Eingabefeld zwischen dem Kamerasymbol und dem *Senden*-Button. Jetzt erscheint die Tastatur und Sie können lostippen. Ist der Text fertig, tippen Sie auf *Senden*. Am oberen Bildschirmrand sehen Sie einen Fortschrittsbalken. Die Nachricht ist vollständig versandt, wenn der Balken voll ist.

Tippen Sie den Text der Nachricht ein. Wenn Sie fertig sind, tippen Sie auf „Senden".

Schade, dass es keine Informationen darüber gibt, aus wie vielen Zeichen die Nachricht besteht. Das würde helfen, unnötige Kosten zu vermeiden, wenn die SMS zu lang (über 160 Zeichen) wird und daher in zwei Paketen geschickt werden muss.

Der Balken am oberen Bildschirmrand zeigt an, wie weit der Versand der Nachricht fortgeschritten ist.

Möchten Sie eine Nachricht an einen neuen Empfänger schicken, tippen Sie gleich nach dem Starten der Nachrichtenanwendung oben rechts auf das Symbol mit Stift und Papier, das Sie vielleicht schon von der Erstellung einer E-Mail kennen. Jetzt können Sie entweder direkt eine Mobilfunknummer angeben oder einen Namen, wenn sich die Nummer bereits in Ihren Kontakten befindet. Tippen Sie auf den gewünschten Eintrag, um die Nummer auszuwählen. Über das +-Symbol können Sie weitere Empfänger auswählen, an die eine identische SMS geschickt werden soll. Das spart aber nur Zeit, kein Geld. Schicken Sie dieselbe SMS an zehn Empfänger, werden auch zehn SMS berechnet.

Für den Versand an einen neuen Empfänger kann entweder die Nummer oder der Name des Kontakts eingegeben werden. Das +-Symbol erlaubt den gleichzeitigen Versand an mehrere Empfänger.

Eine dritte Möglichkeit, ebenfalls über das Adressbuch des iPhones, geht so: Wechseln Sie in die Kontakte und suchen Sie den gewünschten Empfänger. Tippen Sie auf den Namen. So gelangen Sie zu den Infos wie Telefonnummern, Adressen und so weiter. Ganz unten gibt es den Knopf *Nachricht*. Tippen Sie darauf und wählen Sie im folgenden Schritt die gewünschte Mobilfunknummer aus, wenn mehrere Nummern hinterlegt sind. Das führt Sie ebenfalls zu der Anwendung für SMS und MMS.

Aus SMS wird MMS

Möchten Sie nicht nur Text, sondern zusätzlich ein Bild oder Video – also eine MMS – versenden, geben Sie nicht gleich den Text in die Eingabemaske ein, sondern tippen Sie zuerst auf das Kamerasymbol neben dem Feld. Daraufhin werden Sie gefragt, welche Art von Medium Sie verschicken möchten. Wenn Sie ein Foto oder einen Videoclip aufnehmen möchten, wählen Sie *Foto od. Video aufnehmen*.

Daraufhin öffnet sich die Kameraanwendung. Schießen Sie das Bild oder drehen Sie den Clip und wählen Sie *Verwenden* aus. Der Film oder das Foto wird in die Nachricht eingesetzt, Sie können noch einen Text eingeben und das Päckchen absenden.

Wenn das Foto oder der Film bereits auf dem iPhone abgespeichert ist, wählen Sie nach dem Tippen auf die Kamera *Aus Album wählen*. Dann landen Sie direkt in Ihren Fotoalben, wo Sie den bereits bestehenden Inhalt auswählen können. Text dazu, *Senden* und schon ist auch diese Nachricht unterwegs.

Alternativ kann auch zuerst ein Foto ausgewählt und dann die MMS erstellt werden. Starten Sie dazu das Album Ihres iPhones, suchen Sie das Bild aus und tippen Sie unten links auf das *Weiterleiten*-Symbol. Tippen Sie dann auf *Per MMS senden* und geben Sie den Empfänger an.

Mit der Version 3 der iPhone-Software lassen sich auch MMS-Nachrichten erstellen (links), versenden (rechts) und empfangen.

Kontaktinformationen per MMS versenden

Ab sofort können auch Kontakte aus dem Adressbuch des iPhones per MMS versendet werden. Das macht den Austausch von Kontaktinformationen einfacher. Wechseln Sie in den betreffenden Kontakt und tippen Sie ganz unten in der Mitte auf *Kontakt senden*. Sie werden daraufhin gefragt, ob der Kontakt per *E-Mail* oder *MMS* verschickt werden soll. Wählen Sie MMS und schon öffnet sich die Nachrichtenanwendung. Geben Sie oben den Kontaktnamen oder die Nummer ein, an die die Visitenkarte geschickt werden soll und tippen Sie auf *Senden*.

Kontaktinformationen lassen sich jetzt auch per MMS verschicken und kommen als .vcf-Datei beim Empfänger an.

SMS- oder MMS-Gesprächsverlauf ansehen

Tippen Sie nun auf einen der Kontakte und Sie sehen die Nachrichten, die Sie an den Empfänger geschickt haben (grün) und die Nachrichten, die Sie empfangen haben (grau). Der Clou daran und der Vorteil gegenüber dem SMS-System der anderen Handys: Sie sehen immer den Gesprächsverlauf mit einer bestimmten Person und nicht alle eingegangenen oder versandten Nachrichten in chronologischer Reihenfolge. Das macht es einfach, kurz nachzulesen, was einen Tag oder eine Woche vorher geschrieben wurde.

Sehr gut gelöst: Die Nachrichten werden immer pro Kontakt zusammengefasst. So sehen Sie immer, was diese Person geschrieben und welche Nachrichten sie empfangen hat.

Unterhaltungen oder einzelne Nachrichten löschen

Möchten Sie eine komplette Unterhaltung löschen, gibt es drei Wege, die ans Ziel führen. Wischen Sie in der Übersicht aller Unterhaltungen über den zu löschenden Eintrag mit dem Finger nach rechts oder wählen Sie ebenfalls in der Übersicht *Bearbeiten*. Tippen Sie dann auf das rot hinterlegte Minus links neben dem Namen oder der Nummer. In beiden Fällen ist noch eine Bestätigung durch Tippen auf *Löschen* erforderlich. Um von *Bearbeiten* wieder zurück zur Nachrichtenübersicht zu kommen, tippen Sie links oben auf *Fertig*.

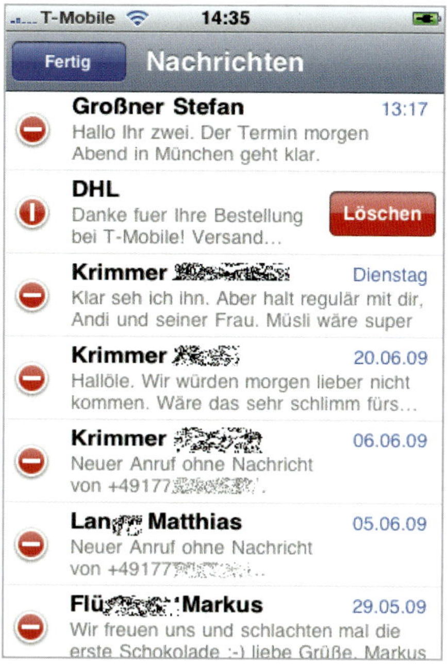

Durch Tippen auf das Minus-Symbol und Löschen entfernen Sie komplette Unterhaltungen.

Befinden Sie sich bereits in der Unterhaltung, die sie löschen möchten, tippen Sie rechts oben auf *Bearbeiten* und dann links auf *Löschen* und bestätigen den Vorgang mit *Unterhaltung löschen.*

Um einzelne Nachrichten einer Unterhaltung zu löschen, tippen Sie in der Übersicht auf *Bearbeiten*. Markieren Sie die unerwünschten Nachrichten, indem Sie auf den Kreis davor tippen und wählen Sie dann die rote Taste mit dem Papierkorb. In Klammern wird angezeigt, wie viele Nachrichten Sie markiert haben.

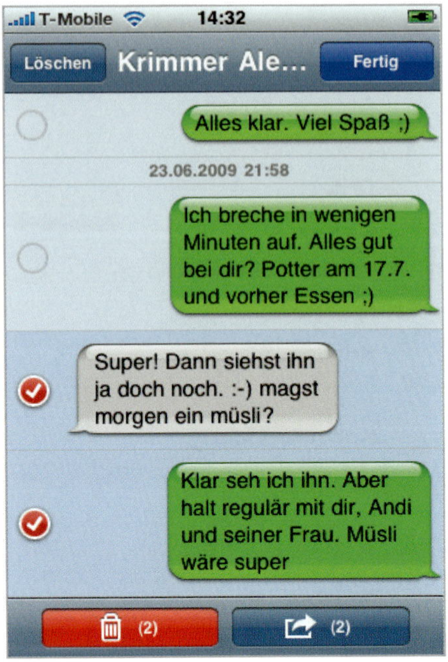

Auch einzelne Nachrichten lassen sich löschen. Diese werden erst markiert und dann per Papierkorb-Symbol gelöscht.

Bevor Sie SMS-Unterhaltungen endgültig löschen, könnten Sie zum Beispiel mit dem Tool Syphone noch eine Sicherungskopie der Nachrichten auf Ihrem Mac erstellen. Das Tool ist kostenfrei und kann als Beta von der Webseite *http://www.micromat.com/* geladen werden. Den Windows-Anwendern sei hier die kostenpflichtige Software PhoneView angeraten (*http://www.ecamm.com/mac/phoneview*).

Nachrichten weiterleiten

Aus dem Löschdialog heraus lassen sich Nachrichten auch an einen anderen SMS-Empfänger weiterleiten. Gehen Sie vor wie beim Löschen einzelner Nachrichten. Markieren Sie sie und tippen Sie dann nicht auf den Papierkorb, sondern auf den Knopf daneben mit dem Weiterleitensymbol. Daraufhin öffnet sich ein neues Nachrichtenfeld, in das der Text bereits eingefügt ist.

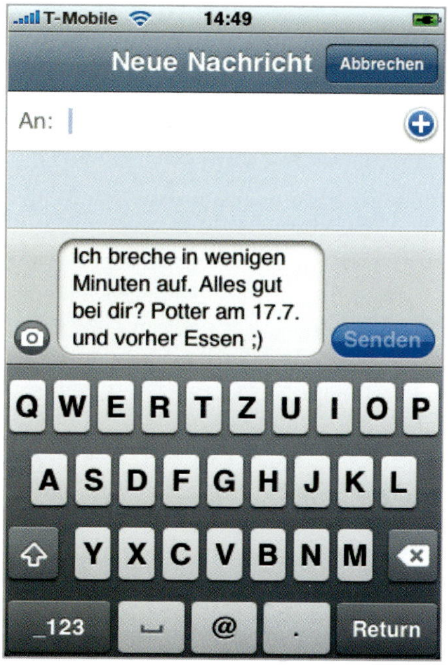

Einzelne Nachrichten lassen sich auch bequem weiterleiten. Erst wird die Nachricht markiert (links) und dann über das Weiterleitensymbol rechts unten in eine neue Nachricht eingefügt (rechts).

Telefonnummern und Webadressen aus Nachrichten verwenden

Erhalten Sie eine Nachricht, die eine Telefonnummer, Web- oder Mailadresse enthält, können Sie diese direkt aus der Nachricht heraus weiter benutzen. Tippen Sie auf die Nummer, wird sie vom Telefon gewählt. Tippen Sie auf eine Adresse, startet abhängig von der Art der Adresse entweder Safari oder Mail. Tippen Sie auf das Dreieck neben der Nachricht, werden die Infos getrennt voneinander angezeigt. Ein Klick auf eine der Infos startet entweder *Telefon*, *Mail* oder *Safari* und Sie können die Infos einem neuen oder bereits vorhandenen Kontakt hinzufügen.

Enthält eine Nachricht Telefonnummern oder Mail- beziehungsweise Webadressen, können diese direkt genutzt werden.

Querformat innerhalb der Nachrichten

Seit dem Update auf Softwareversion 3.0 lassen sich Nachrichten auch im Querformat schreiben und betrachten. Drehen Sie das iPhone einfach vom Hoch- in das Querformat, wechseln Display und Tastatur entsprechend. Das klappt jetzt auch bei den Mails und in den Notizen.

Nachrichten lassen sich jetzt auch im Querformat ansehen und schreiben.

Das geht auch bei Notizen ...

... und in Mail.

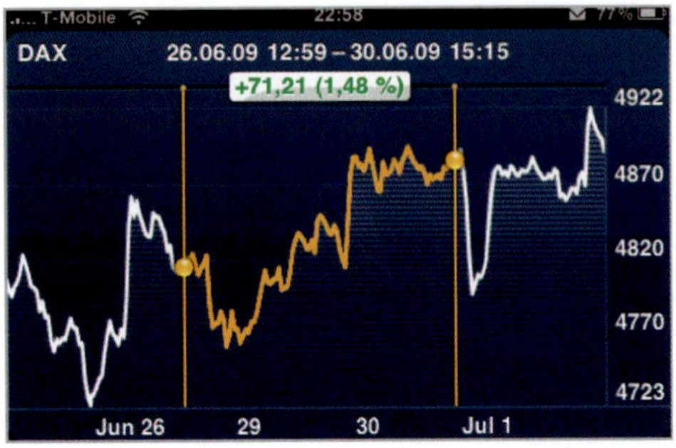

Die neue Aktienapplikation kann man im Querformat ansehen. Tippt man mit zwei Fingern auf das Display, kann man beispielsweise erfahren, wie sich der DAX über einen bestimmten Zeitraum entwickelt hat. Verwendet man lediglich einen Finger, kann man sich den Wert zu einem bestimmten Zeitpunkt anzeigen lassen.

SMS- und Telefonkosten im Auge behalten

Ihr Vertrag bei T-Mobile erlaubt den Versand einer bestimmten Anzahl von Kurznachrichten. Überschreiten Sie diese Anzahl, entstehen Extrakosten. Um zu überprüfen, wie viele Nachrichten Sie bereits verschickt haben, besuchen Sie die Webseite von T-Mobile (www.t-mobile.de) und registrieren Sie sich für *Mein T-Mobile*.

Registrieren Sie sich für „Mein T-Mobile“, damit Sie sehen, wie viele der Freiminuten und -SMS Sie bereits verbraucht haben.

Klicken Sie dann auf *Kostenkontrolle*. Jetzt sehen Sie, wie es momentan mit Ihren Budgets aussieht.

In diesem Fall wurden im Oktober 89 Minuten verbraucht, 11 sind im Complete-M-Tarif noch frei. Die 40 Frei-SMS wurden bereits überschritten. Vier SMS darüber hinhaus kosten 79 Cent. 19 Cent hat eine kostenpflichtige Status-SMS gekostet.

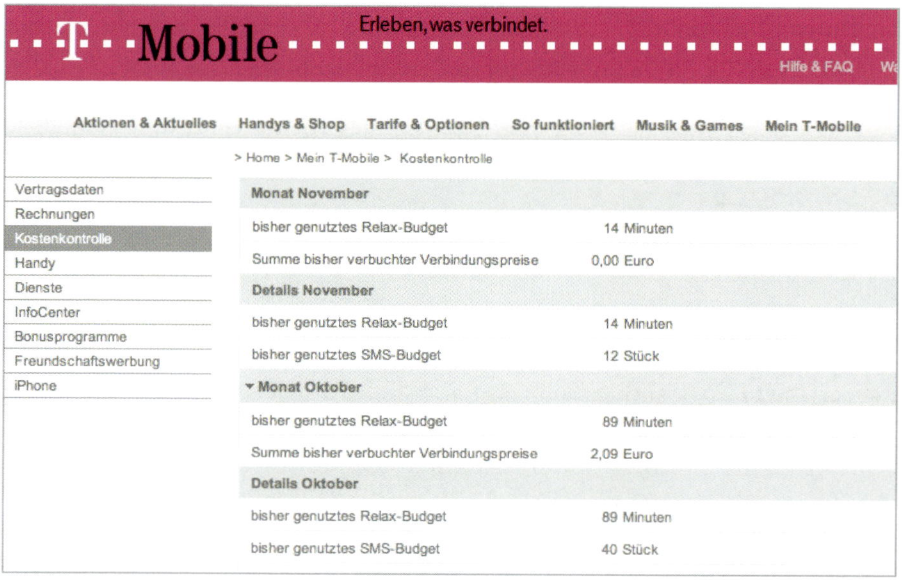

T-Mobile informiert auf der Webseite über alle Kosten, die im aktuellen Monat anfallen.

Kalender

Neuen Termin erstellen

Um einen neuen Termin zu erstellen, tippen Sie im Home-Bildschirm auf das *Kalender*-Symbol. Die Taste *Kalender* führt zur Auswahl des gewünschten Kalenders. Das ist dann hilfreich, wenn Sie beispielsweise unterschiedliche Kalender für private und berufliche Aktivitäten verwenden. So sehen Sie immer anhand der farblichen Markierung, um welche Art von Termin es sich handelt. Am iPhone sind alle Kalender verfügbar, die Sie am Mac oder unter Windows angelegt haben. Wenn Sie mit dem iPhone OS 3.1 arbeiten, werden Kalender, die auf dem Mac oder unter Windows abonniert wurden, auch auf dem iPhone angezeigt.

Wenn Sie alle Termine ansehen möchten, wählen Sie *Alle*. Für einen Neueintrag wählen Sie den Kalender aus, in den Sie den neuen Termin eintragen möchten. Dann wird der neu eingetragene Termin automatisch in dieser Farbe angezeigt. Sie können aber auch während der Erstellung des Termins die gewünschten Kalender auswählen.

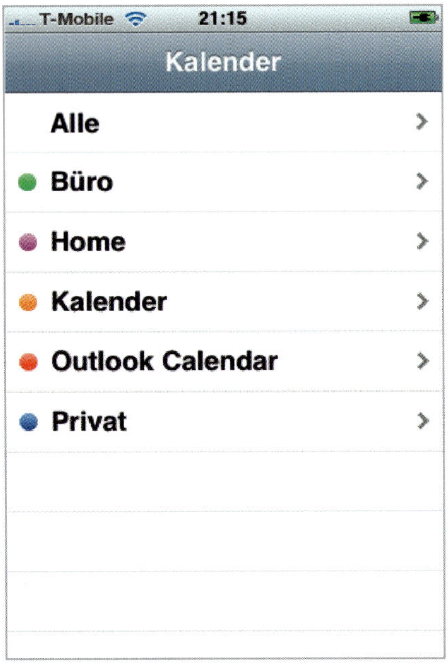

Das iPhone unterstützt die Verwendung unterschiedlicher Kalender an allen Endgeräten.

Haben Sie Ihr iPhone mit Exchange verbunden, dann sieht diese Darstellung etwas anders aus.

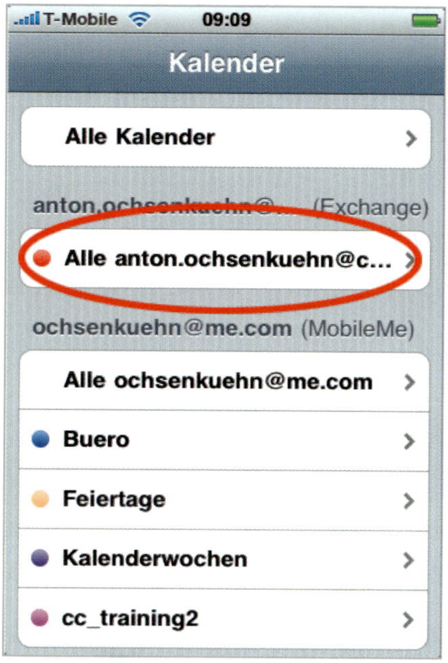

Kalender inklusive Exchange-Kalender.

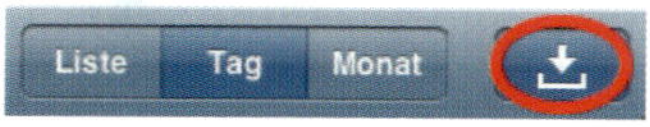

Bei einer Exchange-Verbindung zeigt Ihr Kalender zusätzlich ein Icon für eingehende Einladungen.

Tippen Sie nun auf das +-Symbol am rechten oberen Bildschirmrand. Es öffnet sich die Eingabemaske, in die Sie alle Informationen zum Termin eintragen können. Tippen Sie dazu auf die entsprechenden Felder, um alle Daten einzugeben. Die Option *Kalender* erlaubt die Auswahl des entsprechenden Kalenders, beispielsweise *Privat* oder *Geschäft*. Wenn Sie einen Warnhinweis vergeben, wird der bei der Synchronisation auf ein anderes Endgerät mit übernommen. Windows mit Outlook übernimmt die Erinnerungen ebenso wie iCal am Mac. Wenn Sie fertig sind, speichern Sie mit *Fertig* ab. Zusätzlich können Sie noch einen zweiten Warnhinweis festlegen.

Werden die Daten eingetragen (links oben), werden in der Listenübersicht (rechts oben) lediglich Termin und Ort angezeigt. Tippen Sie auf den Eintrag, um die Details zu sehen (unten).

Sie wechseln daraufhin in die Kalenderansicht. Der neue Termin ist eingetragen. Haben Sie in der Kalenderauswahl nur einen Kalender und nicht alle ausgewählt, sehen Sie nur die Einträge, die sich in dem gewählten Kalender befinden. Um wieder alle Termine sehen zu können, wählen Sie über *Kalender* in der Listen-, Tages- oder Monatsansicht *Alle* aus.

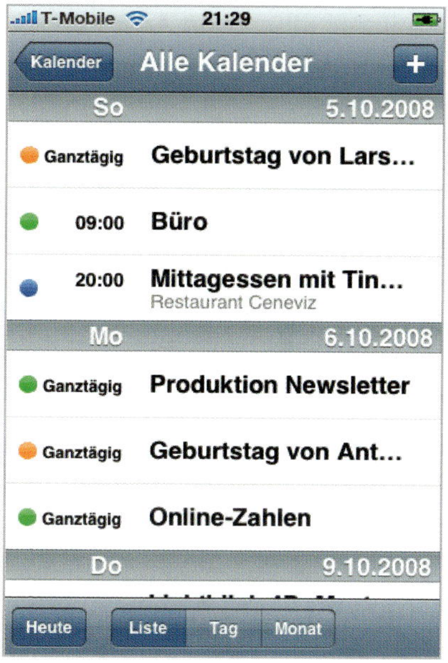

Ist nur ein Kalender ausgewählt (links), sind die Einträge nicht markiert. Sind alle aktiv, bekommen die Termine die entsprechenden Buttons verpasst. Der Knopf „Heute" bringt Sie immer wieder zum aktuellen Tag zurück.

Ansicht wechseln

Sie können sich im Kalender die Termine in einer Gesamtliste oder nach Tag oder Monat eingeteilt anzeigen lassen. *Liste* führt alle kommenden Termine untereinander auf. Die Kalenderzugehörigkeit wird dadurch mithilfe von farbigen Punkten vor den Einträgen visualisiert. *Tag* zeigt alle Termine des aktuellen Tages an. Die Felder umfassen dabei genau die Stunden, die der Termin belegt, und sind so eingefärbt wie der entsprechende Kalender. Die Ansicht *Monat* zeigt den gesamten Kalendermonat an. Tage mit Terminen sind durch einen Punkt unter dem Datum markiert. Tippen Sie auf einen Tag, um die Termine in einer Liste zu sehen. Auch hier gibt es Buttons für die Kalenderzugehörigkeit. *Heute* bringt Sie immer wieder zum aktuellen Datum zurück.

Die Ansichtsmodi des iPhones: Liste (links oben), Tag (rechts oben), Monat (unten). Die kleinen Punkte unterhalb des Datums in der Monatsansicht informiereren darüber, daß an diesem Tag Termine eingetragen sind.

In der Tagesansicht bringen Sie die Pfeile neben Wochentag und Datum einen Tag zurück beziehungsweise vor.

Wenn Sie die Pfeile neben dem Wochentag oder Datum gedrückt halten, ergibt das eine Art schnellen Vor- oder Zurücklauf. So lassen sich lange Zeiträume schnell überspringen. Das funktioniert übrigens auch in der Monatsansicht.

Kalender synchronisieren

Kalenderdaten werden ebenso mit dem Windows-Rechner oder Mac synchronisiert wie Kontaktdaten. Wählen Sie dazu in iTunes unter *GERÄTE* das iPhone aus und dann im Reiter *Infos* unter *Kalender* die Anwendung, mit der der Abgleich stattfinden soll. Am PC können das Outlook 2003 oder 2007 sein, am Mac Microsoft Entourage 2004 und iCal.

Microsoft Entourage 2008 hingegen legt in iCal einen Kalender mit dem Namen *Entourage* an. Dort werden alle Termine abgelegt, die man in Entourage einträgt.

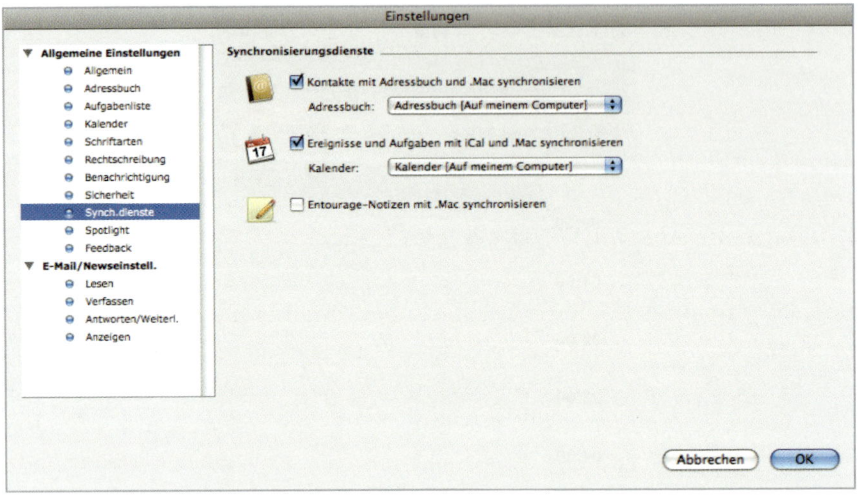

In den Microsoft-Entourage 2008-Einstellungen kann die Synchronisierung mit iCal und dem Adressbuch konfiguriert werden.

To-do-Listen

Der Kalender unterstützt keine To-do-Listen. Es gibt aber einen kostenlosen Webservice, der das erledigt. Legen Sie auf der Webseite *www.tadalist.com* einen Account an, über den Sie per Safari in einem für das iPhone optimierten Interface Ihre Aufgaben verwalten können.

Natürlich gibt es auch kommerzielle Lösungen wie z.B. Things (http://culturedcode.com/things/), um To-do-Listen am iPhone zu erstellen und auf den Rechner zu übertragen.

Fotos

Tippen Sie auf die Fotos-Anwendung, um die auf dem iPhone gespeicherten Bilder anzusehen. Wählen Sie ein Album aus, um den Inhalt anzuzeigen.

Fotos einzeln oder als Diashow anzeigen

Tippen Sie auf ein Album und alle darin befindlichen Bilder werden in einer Übersicht angezeigt. Jetzt haben Sie die Möglichkeit, über einen Klick auf das Play-Symbol eine Diashow zu starten. Dabei werden die Fotos nach ein paar Sekunden optisch ansprechend überblendet. Wenn Sie im iPod vorher Musik abspielen, erhalten Sie eine Untermalung der Diashow. Möchten Sie gezielt ein Foto aufrufen, tippen Sie darauf. Wischen Sie während der Anzeige nach links oder rechts, um das vorherige oder das nächste Bild anzuzeigen.

Fotos vergrößern oder verkleinern

Während Sie sich ein Bild anzeigen lassen, können Sie es vergrößern oder verkleinern. So lassen sich etwa Ausschnitte anzeigen. Wie bei der Anzeige von Internetseiten funktioniert auch hier die Vergrößerung oder Verkleinerung über das Aufziehen mit zwei Fingern.

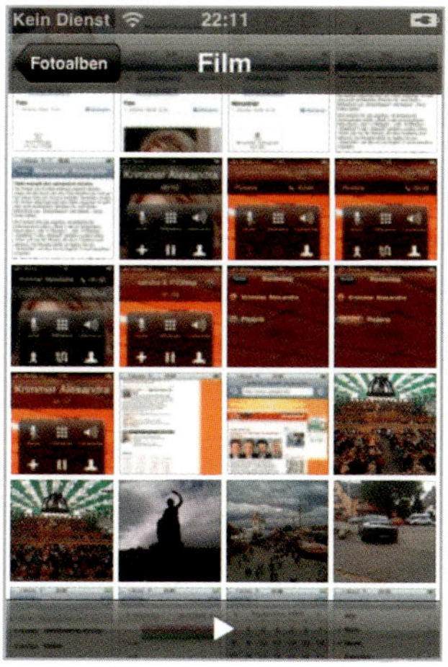

Das Play-Symbol (links) startet eine Slideshow. Haben Sie ein Bild manuell ausgewählt, können Sie zum Blättern nach links oder rechts „wischen".

Analog können Sie auch einmal auf das Foto tippen und dann die daraufhin angezeigten Pfeile nach links oder rechts benutzen. Auch hier gibt es die Möglichkeit, mit der Wiedergabetaste in der Mitte eine Diashow zu starten. Das Symbol für den Mülleimer bei mit der Kamera aufgenommenen Bildern löscht das Foto nach der Bestätigung *Foto löschen*. *Fotoalben* bringt Sie wieder zur Übersicht zurück.

Sie können zudem in Ihrem Fotoalbum ein Foto länger antippen und via *Kopieren* in die Zwischenablage befördern. Sollen zeitgleich mehrere Fotos kopiert oder per E-Mail versendet werden, dann klicken Sie links unten den Bearbeitungspfeil an und selektieren durch Antippen mehrere Bilder.

Mehrere Fotos können gemeinsam markiert werden. Wurden diese mit der internen Kamera geschossen, ist auch das Löschen möglich.

Die Funktionsleiste wird eingeblendet, wenn Sie während der Anzeige auf ein Foto tippen. Die Optionen sind: ❶ Bilder weiterverwenden, ❷ Zurück, ❸ Vor

Fotoalben synchronisieren

Sie können Bilder auf Ihrem Rechner mit dem iPhone synchronisieren und so auch unterwegs darauf zugreifen. Wie immer klappt auch dieser Abgleich über iTunes. Wechseln Sie in iTunes auf Ihr iPhone und dann auf den Reiter *Fotos*. Aktivieren Sie *Fotos synchronisieren von:*, wählen Sie *Ordner* und suchen Sie im folgenden Fenster den Ordner auf Ihrem Rechner, der die Bilder enthält. Verfügt ihr Archiv über Unterordner, lassen sich diese als *Ausgewählte Ordner* auswählen oder Sie synchronisieren *Alle Fotos*, wenn Sie ausreichend Speicherplatz auf dem iPhone haben. Haben Sie alle Bilder ausgewählt, klicken Sie auf *Anwenden*, um das Synchronisieren zu starten. Dieser Vorgang dauert abhängig von der Anzahl der Bilder eine Weile, weil iTunes die Fotos für das iPhone optimiert. Außer den Fotos in Ordnern können Sie auch Bilder aus Anwendungen heraus synchronisieren. Am Mac läuft das über iPhoto oder Aperture, unter Windows mit Adobe Photoshop Elements 3.0 oder neuer beziehungsweise Photoshop Album 2.0 oder neuer.

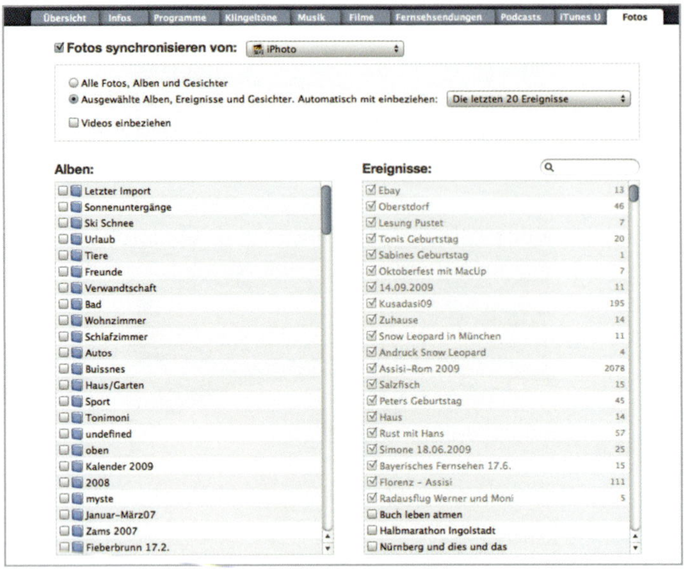

Fotos können auch über iTunes mit dem Rechner abgeglichen werden.

Wenn Sie das iPhone per Datenkabel am Rechner angesteckt haben, können Sie den Bilderordner wie die Speicherkarte einer Digitalkamera nutzen und die Bilder über den Explorer auf ein anderes Laufwerk kopieren.

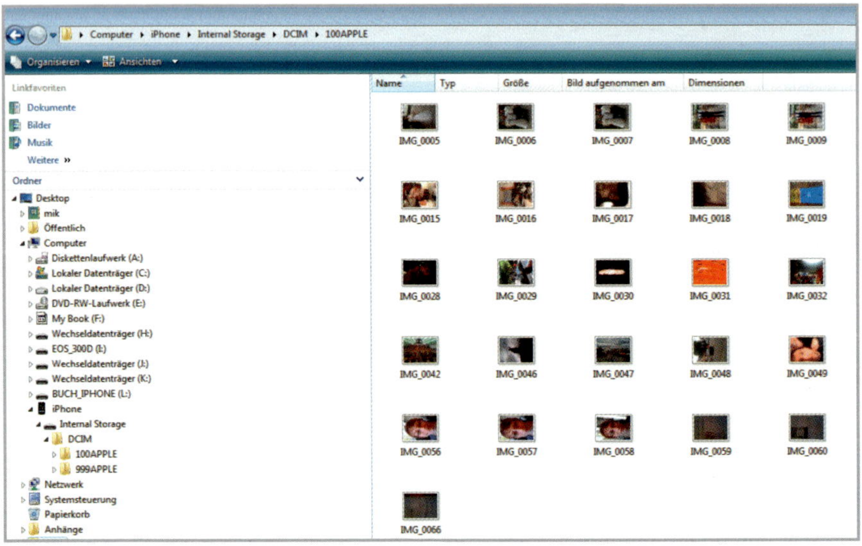

Die Bilder aus dem iPhone können auf Wunsch auch über den Windows Explorer auf den Rechner kopiert werden.

Fotos vom iPhone importieren

Die Synchronisation über iTunes sorgt dafür, dass Bilder vom Rechner auf das iPhone kopiert werden. Möchten Sie das auch andersherum haben, müssen Sie den Weg über Windows selbst oder am Mac über iPhoto gehen.

Windows: Wenn Sie das iPhone mit dem Windows-Rechner verbinden, erhalten Sie folgende Meldung:

Wählen Sie nun *Bilder importieren mit Windows* und alle Fotos vom iPhone werden auf den Rechner kopiert.

Soll jedes Mal dieselbe Aktion ausgeführt werden, lässt sich das in der Systemsteuerung von Windows Vista festlegen. Klicken Sie dazu entweder im automatisch geöffneten Wiedergabe-Bild auf *Standard in der Systemsteuerung festlegen* oder wechseln Sie in die *Systemsteuerung* und dort auf *Automatische Wiedergabe*.

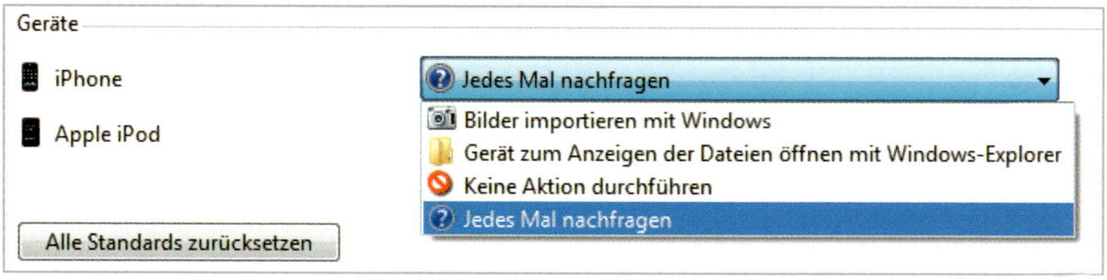

In der Systemsteuerung kann festgelegt werden, welche Aktion automatisch ausgeführt werden soll, wenn man ein iPhone mit dem Rechner verbindet.

Unter Windows XP kommen Sie so ans Ziel: Klicken Sie auf *Start* und klicken Sie im *Arbeitsplatz* mit der rechten Maustaste auf das iPhone. Wählen Sie dann *Eigenschaften* und im Reiter *Ereignisse* die entsprechende Aktion.

Mac: Sobald Sie das iPhone am Mac anschließen, startet iPhoto und bietet den Import der Bilder an. Das funktioniert genauso, als wäre es eine Digitalkamera oder Speicherkarte. Am Mac können Sie so festlegen, was beim Anschluss des iPhones passieren soll: Starten Sie den Finder und unter *Programme* das Tool *Digitale Bilder*. Die möglichen Optionen finden Sie unter *Beim Anschließen einer Kamera öffnen:* im linken unteren Bereich des Fensters.

Fotos weiterverwenden

Sie können ein Bild im Fotospeicher des iPhones *Als Hintergrundbild* verwenden, *Per E-Mail senden*, *Per MMS senden*, *Zu Kontakt zuweisen* oder *An MobileMe senden*. Lassen Sie sich die Funktionsleiste anzeigen, indem Sie während der Wiedergabe auf ein Foto tippen, und wählen Sie das Icon ganz links. Daraufhin öffnet sich das entsprechende Menü.

Foto als Hintergrundbild verwenden

Wählen Sie den entsprechenden Eintrag im Menü. Im Anschluss daran können Sie das Bild noch in der Größe anpassen und es so verschieben, dass der Ausschnitt passt. Tippen Sie auf *Hintergrund*, um das Bild abzuspeichern.

Foto per Mail verschicken

Nachdem Sie diese Option gewählt haben, öffnet sich Mail mit einer neuen Nachricht. Das Foto ist bereits eingefügt. Ergänzen Sie Empfänger, Betreff und gegebenenfalls einen Nachrichtentext, ändern Sie wenn nötig den Mailaccount und tippen Sie auf *Senden*, um die Mail zu verschicken.

Foto per MMS versenden oder empfangen

Bevor Bilder per MMS versendet werden können, muss diese Einstellung an Ihrem iPhone aktiviert werden. Gehen Sie hierfür zu *Einstellungen –> Nachrichten* und bringen den Schieberegler in die korrekte Position.

Und beim MMS-Versand werden zusätzliche Gebühren erhoben. Fragen Sie deshalb bei Ihrem Mobilfunkanbieter nach den Tarifen.

Foto einem Kontakt zuweisen

Nach Wahl dieser Option öffnen sich die Kontakte des iPhones. Wählen Sie den gewünschten Kontakt, bewegen und skalieren Sie das Bild und tippen Sie auf *Foto sichern*, um die Aktion abzuschließen. Von nun an ist der Kontakt mit diesem Foto verknüpft. Ruft die betreffende Person an, wird deren Bild eingeblendet.

Foto an MobileMe senden

Diese Option erklären wir Ihnen ausführlich im Kapitel zu MobileMe.

Kamera

Viel gibt es dazu nicht zu sagen, sofern Sie ein iPhone der ersten Generation oder das 3G besitzen. Rufen Sie dieses iPhone-App auf, können Sie ein Motiv im Display auswählen und mit Druck auf das Kamerasymbol ein Foto machen. Die Bilder werden unter *Fotos* abgelegt. Tippen Sie auf das Symbol links neben der Kamera, gelangen Sie direkt zum Fotoarchiv des iPhones. Die eingebaute Kamera nimmt die Bilder in einer Auflösung von 1600 x 1200 Pixel (2 Megapixel) auf. Beim 3G S hingegen wurde eine neue Optik eingebaut, die deutlich mehr Funktionen aufweist. Schlagen Sie hierfür das Kapitel 15 übers iPhone 3G S auf.

Die Kamerafunktion bietet zwei Möglichkeiten: Schnappschuss erstellen oder zu den bereits geknipsten Fotos wechseln.

YouTube

Keine Videoplattform hat eine solche Relevanz wie der im November 2006 von Google übernommene Service YouTube. Viele haben sich damals gefragt, was Google dazu veranlasst hat, 1,6 Milliarden US-Dollar für YouTube zu bezahlen. Aber die Akzeptanz von YouTube spricht eine deutliche Sprache: Täglich werden weltweit pro Minute 13 Stunden Videomaterial auf YouTube hochgeladen. Das entspräche knapp 60.000 Hollywood-Kinofilmen, die jede Woche in die Kinos kommen. Laut Nielsen Netratings hat YouTube in Deutschland im August 2008 knapp zehn Millionen Unique User gehabt (Quelle: YouTube).

Google hat nach der Übernahme auch gleich festgestellt, dass es doch eine gute Sache wäre, wenn die Videos in besserer Qualität zur Verfügung stünden. So wurden zum iPhone-Start 10 000 Videos in das H.264-Format umgewandelt. Mittlerweile sind so gut wie alle Videos in deutlich besserer Qualität verfügbar.

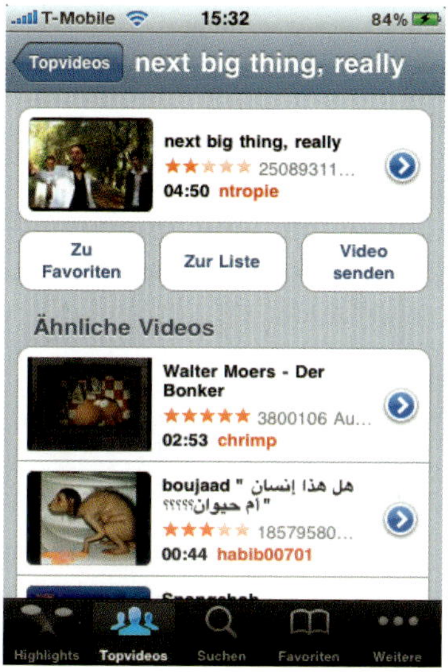

Das weitestgehend sinnfreie Video von Group Tekkan wurde imposante 25 Millionen Mal heruntergeladen. Das ist Nummer 1 in der ewigen Top-Liste (Stand: September 2009).

Starten Sie die YouTube-Anwendung, können Sie sich die aktuellen YouTube-*Highlights* oder die *Topvideos*, sortiert nach *Heute*, *Woche* oder *Alle*, anzeigen lassen. Bei YouTube gilt grundsätzlich: Tippen Sie auf die Vorschau oder die Infos (Name, Bewertung, Aufrufe, Dauer, Einsteller), startet das Video im Landscapemodus. Tippen Sie dagegen auf das Dreieck, gibt es weitere Infos zum Clip sowie die Möglichkeit, das Video als *Lesezeichen* abzulegen oder eine Mail zu versenden und so auf das Filmchen hinzuweisen. Schlussendlich gibt es auf dieser Seite noch *Ähnliche Videos*. Unter *Lesezeichen* können Sie Ihre persönlichen Highlights ablegen und immer wieder darauf zugreifen. *Suchen* startet die Eingabemaske, mit der sich gezielt nach Schlagworten suchen lässt.

Unter *Weitere* befinden sich noch weitere Sortierungen wie *Meine Videos*, *Neue Videos* und Clips mit guter Bewertung (*Bestwertung*). Zudem kann jeder Anwender nun über Anmelden seinen YouTube-Account eintragen und damit seine Lesezeichen aufrufen und erstellen, Favoriten bewerten oder mit der eingebauten Kamera des 3G S neue Videos problemfrei hochladen.

Jeder Anwender kann seine YouTube-Daten hinterlegen und damit auch am iPhone arbeiten.

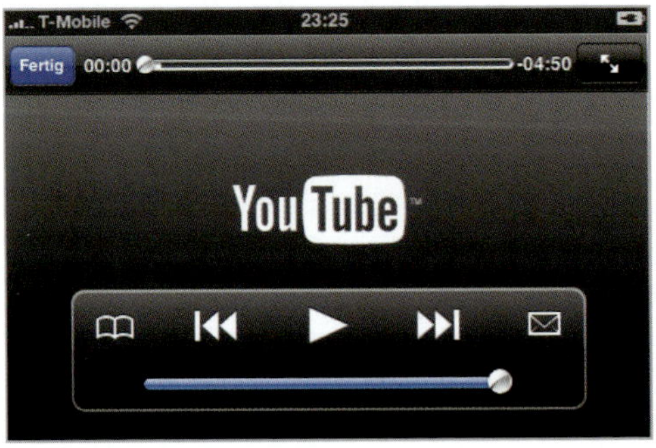

Ist ein YouTube-Clip ausgewählt, erhält man die gleichen Optionen wie bei der normalen Video-Wiedergabe.

Aktien

Aktien hilft, den Überblick über das eigene Portfolio oder andere ausgewählte Kurse im Blick zu behalten. Sobald Sie die Anwendung starten, sehen Sie die aktuellen Kurse beziehungsweise die Schlusskurse, wenn der betreffende Aktienmarkt gerade geschlossen ist. Tippen Sie auf die Prozentwerte, wechselt die Anzeige auf die absoluten Gewinne und Verluste im Vergleich zum Vortag. Tippen Sie auf einen der Werte, wird im unteren Teil der Anzeige der Kursverlauf dargestellt. Durch Tippen auf *1T* (1 Tag), *1W* (1 Woche), *1M* (1 Monat), *3M* (3 Monate), *6M* (6 Monate), *1J* (1 Jahr) oder *2J* (2 Jahre) kann der angezeigte Zeitraum des Verlaufs angepasst werden.

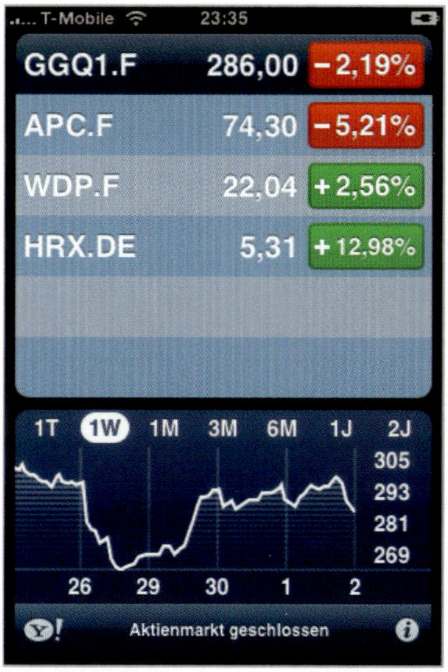

Alle Kurse im Blick: „Aktien“ zeigt die aktuellen Kurse, die Veränderungen zum Vortag und die Kursentwicklung der Vergangenheit als Diagramm. Wischen Sie den unteren Bereich nach rechts oder links, um neben dem Chart noch News-Meldungen bzw. statistische Daten für den jeweiligen Wert einzublenden.

Tippen Sie auf das Y!-Symbol, wird zum markierten Aktienkürzel eine Y!-Suche bei Yahoo durchgeführt. *i* führt Sie zu den *Aktien*-Einstellungen. Jetzt können Sie wie bei den Telefonfavoriten die Position der Einträge in der Liste ändern, indem Sie auf die drei Linien tippen und den Eintrag nach oben oder unten verschieben. Mit - löschen Sie einen Wert. + ermöglicht das Hinzufügen von Aktien.

Die Einträge lassen sich verschieben, löschen oder neu hinzufügen. Hier kann auch zwischen der Veränderung in Prozent oder Total gewechselt werden.

Um eine Aktie, einen Index oder Fonds hinzuzufügen, geben Sie in die Suchmaske den Namen oder direkt das Symbol-Börsenkürzel, beispielsweise „APC.F“ für Apple an der Frankfurter Börse, ein. WKN und ISIN funktionieren derzeit nicht. *Aktien* sucht daraufhin nach dem betreffenden Eintrag. Tippen Sie darauf, um den Wert aufzunehmen. Fügen Sie mit + einen weiteren Eintrag hinzu oder beenden Sie mit *Fertig*.

Um eine Aktie hinzuzufügen, kann entweder der Name der Firma oder gleich das Kürzel der Aktie eingetippt werden.

Karten

Karten ist eine sehr gut gelungene Integration von Google Maps im iPhone. Starten Sie die Anwendung, um in die Kartenansicht zu gelangen. Sie können nun eine Adresse suchen (*Suchen*), eine Route berechnen (*Route*), Ihren aktuellen Standort ermitteln und einige Optionen einstellen.

Adresse suchen

Tippen Sie auf das Suchfeld und geben Sie den gewünschten Suchbegriff ein. Das kann beispielsweise eine postalische Adresse oder ein Ort sein. Ihr iPhone bietet automatisch passende Einträge an, die sich in Ihrem Adressbuch befinden oder die Sie früher schon einmal gesucht haben. Das Symbol des aufgeschlagenen Buchs am rechten Ende der leeren Eingabemaske führt Sie direkt zu Ihren Kontakten. Dort lässt sich die Adresse zu einem Telefonbucheintrag auswählen. Gibt es zu diesem Eintrag mehrere Adressen, muss in einem Zwischenschritt noch die richtige ausgewählt werden. Sie können aber auch eine komplett neue Adresse eingeben und mit *Suchen* abschließen. Daraufhin wird der passende Kartenausschnitt gewählt und die Adresse mit einer roten Stecknadel markiert.

Kartenausschnitt vergrößern oder verkleinern

Tippen Sie mit einem Finger zwei Mal auf die Karte, erhalten Sie einen genaueren Plan der Umgebung. Tippen Sie mit zwei Fingern gleichzeitig auf das Display, zoomen Sie heraus. So können Sie von einer Ansicht, auf der nur das Land zu erkennen ist, bis hin zu einer auf die Hausnummer genauen Darstellung zoomen. Wie bei Fotos oder Webseiten funktioniert auch hier die Vergrößerung oder Verkleinerung über das Aufziehen mit zwei Fingern. Die Karte lässt sich auch in alle Richtungen verschieben.

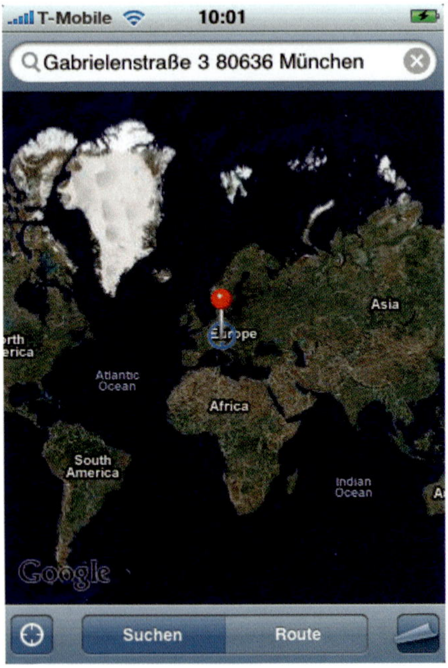

In beiden Fällen wird dieselbe Adresse angezeigt. Links in der gröbsten, rechts in der feinsten Anzeige.

Standort ermitteln

Über das Fadenkreuzsymbol am unteren linken Bildschirmrand können Sie Ihren aktuellen Standort ermitteln. Im besten Fall übernimmt die Positionsbestimmung der in das iPhone 3G oder 3G S integrierte GPS-Chip. Dann wird Ihr aktueller Ort auf der Karte durch einen blauen Punkt markiert. Ist GPS nicht verfügbar, wird der Standort nur sehr grob über die Mobilfunknetze oder lokale Wi-Fi-Netzwerke (wenn Wi-Fi aktiviert ist) bestimmt.

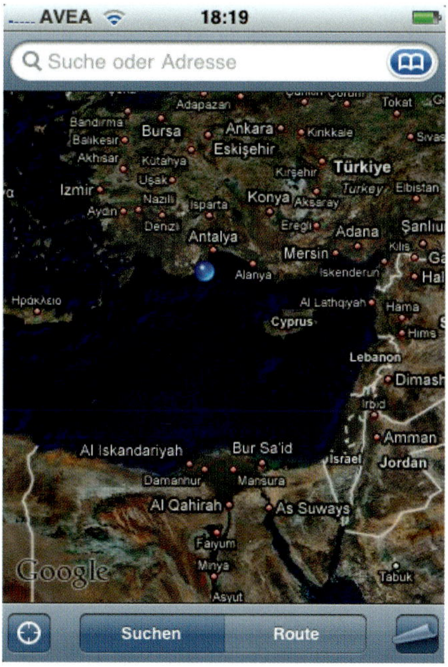

Der blaue Punkt auf der Karte bezeichnet den per GPS ermittelten Standort auf der Karte.

Eine bestimmte Location im Umkreis suchen

Sie sind in einem fernen Land oder einfach nur an einem anderen Ort in Deutschland und suchen beispielsweise ein Starbucks-Café? Kein Problem. Zuerst ist es erforderlich, dass Sie den Ort angeben, von dem aus gesucht werden soll. Das können Sie entweder über die Suche machen oder, wenn Sie schon dort sind, per Ortsbestimmung. Ein Beispiel: Geben Sie in der Suche „Antalya“ ein. Der Marker wird in der Türkei gesetzt. Löschen Sie nun die Eingabemaske und tippen Sie „Starbucks“ ein. Sie erhalten daraufhin fünf Einträge. Richtig nah ist aber keiner davon. Die Suche lässt sich auch mit einer Abfrage kombinieren. „Starbucks München“ bringt viele brauchbare Treffer.

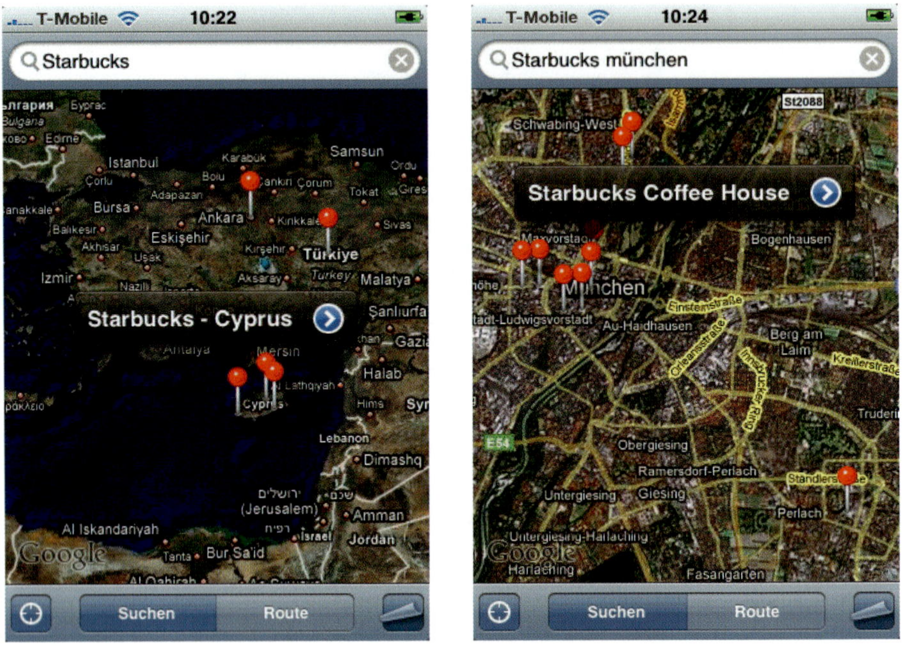

Während man im Ausland wie der Türkei (links) noch Glück haben muss, findet man in deutschen Großstädten (rechts) viele Kaffeehäuser in der Nähe.

Suchtreffer weiterverwenden

Einer der Treffer wird mit einer Art Namensschild markiert. Um den Namen einer anderen Stecknadel anzeigen zu lassen, tippen Sie mit dem Finger darauf. Das eingekreiste Dreieck bringt Sie auf die *Info*-Seite. Dort finden Sie fast immer auch eine Telefonnummer und die Webadresse. Tippen Sie auf die Nummer, startet das Telefon – sinnvoll, um beispielsweise im Restaurant einen Tisch zu reservieren oder die Öffnungszeiten zu erfragen. Möchten Sie erfahren, wie Sie dorthin kommen, starten Sie mit *Wegbeschreibung hierhin* eine Routenplanung. *Wegbeschreibung von hier* ist sinnvoll, um beispielsweise schon mal den Heimweg anzeigen zu lassen.

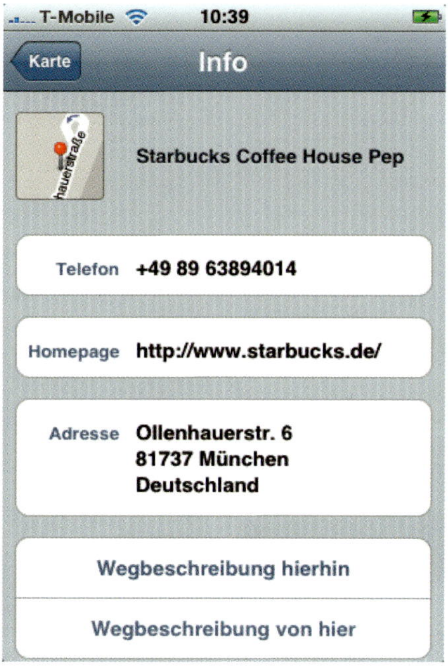

Zu den Suchtreffern sind neben der Adresse in den meisten Fällen noch Infos wie Telefonnummer und Webadresse vorhanden, die sich auch direkt nutzen lassen.

Route berechnen

Tippen Sie in den Infos eines Ortes in der Karte auf eine der beiden *Wegbeschreibung ...*-Optionen, startet die Navigationsmaske. Wir bleiben beim Starbucks-Beispiel und möchten eine *Wegbeschreibung hierhin*. Die Zieladresse wird automatisch eingegeben, der *Start* muss manuell eintippt werden. Als Start gelten Adresse oder auch *Aktueller Ort*. Dabei nimmt das iPhone vor der Berechnung der Route noch eine Positionsbestimmung vor. Tippen Sie auf *Route*, um die Berechnung zu starten. Sie erhalten im nächsten Schritt eine ungefähre Berechnung der Fahrtzeit mit dem Auto. Wenn Verkehrsinformationen verfügbar sind (in Deutschland ist das Mitte 2009 noch nicht der Fall), werden diese in die Berechnung mit einbezogen. Sie werden hier auch schon über die Routenführung informiert und können die Karte verschieben und ein- oder auszoomen. Tippen Sie auf *Start* und Google Maps führt Sie Schritt für Schritt mit teilweise sehr detaillierten Anweisungen ans Ziel. Die Pfeiltasten links und rechts bringen Sie wieder einen Schritt zurück oder zur nächsten Anweisung. Eine Sprachausgabe für die Route gibt es allerdings nicht.

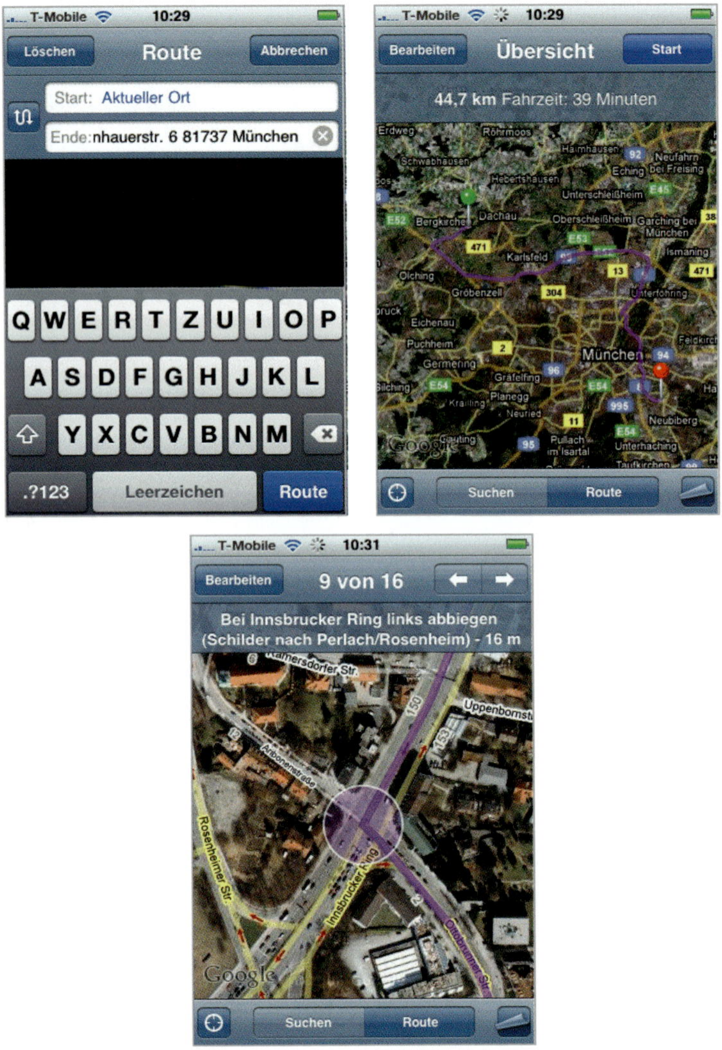

Im ersten Schritt der Navigation werden Start- und Zielort eingegeben (oben links), Google Maps errechnet daraufhin die Route (oben rechts) und führt auf Wunsch auch mit Anweisungen ans Ziel (unten).

Optionen ändern

Rechts unten am Display finden Sie den Button für die Kartenoptionen. Tippen Sie auf das gewellte Blatt Papier, um die Optionen ein- und auszublenden. Sie haben dort die Möglichkeit, eine Stecknadel in der Karte zu platzieren, um einen Ort zu markieren oder die Anzeigenart zu ändern. *Karte* zeigt einen Stadtplan, *Satellit* das Satellitenfoto und *Hybrid* eine Kombination aus beiden. Mit *Liste* können Sie sich beispielsweise alle Suchergebnisse auflisten lassen.

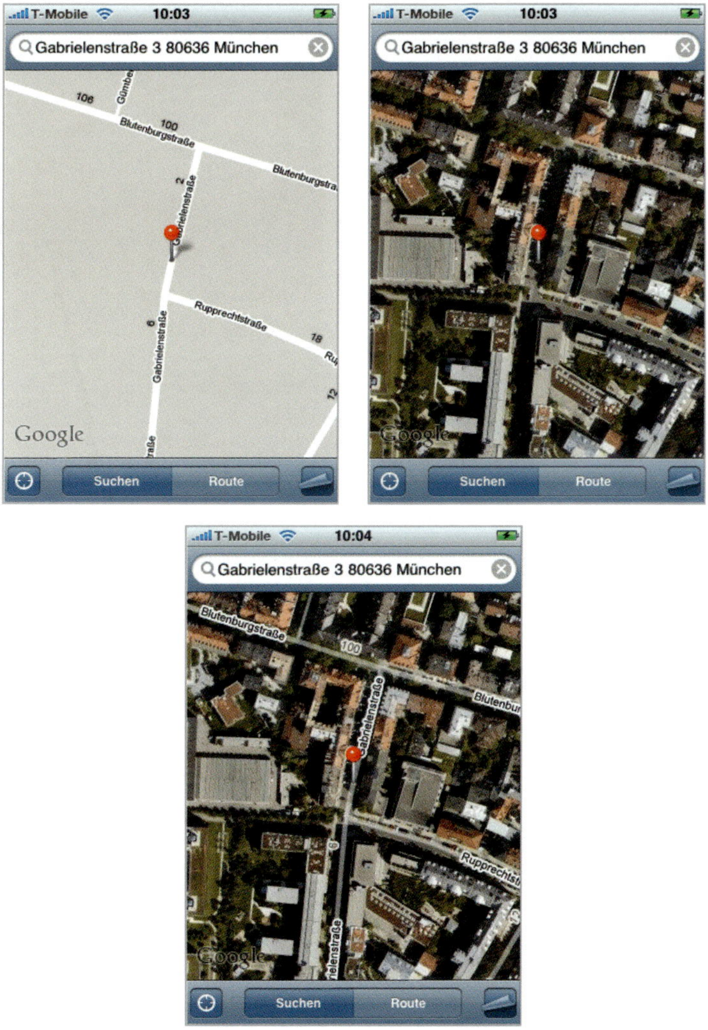

Die drei Kartentypen im Vergleich: Karte, Satellit und Hybrid (von links oben).

In den Optionen gibt es auch die Möglichkeiten *Verkehr einblenden* und *Verkehr ausblenden*. Dieser Service funktioniert derzeit allerdings nur außerhalb Deutschlands, etwa in US-Großstädten wie New York.

In einigen Städten der USA lässt sich der Status auf den Straßen anzeigen. Grüne Straßen sind okay, gelbe bedenklich und rote sollten gemieden werden.

Neben den Bordmitteln der iPhone Software 3 stehen mittlerweile professionelle Programme für die Navigation im App Store zur Verfügung. Wir haben uns an dieser Stelle für die Lösung von Navigon entschieden und diese im Kapitel 7 ausführlicher beschrieben.

Sprachmemos

Was bisher nur über Drittanbieter-Applikationen am iPhone möglich war, ist seit iPhone OS 3.0 fest in das Betriebssystem integriert. Jedes iPhone mit der aktuellen Softwareversion verfügt über eine neue Anwendung mit dem Namen *Sprachmemos*.

Startet man die Anwendung, ist erst einmal ein Mikrofon zu sehen und am unteren Rand je ein Knopf für den Start der Aufnahme (Roter Kreis) und den Zugriff auf die Bibliothek der Sprachaufnahmen (drei horizontale Linien).

Die Oberfläche der Anwendung Sprachmemos ist schlicht und funktionell. Der Knopf links startet die Aufnahme, der rechts bringt Sie zu den gespeicherten Aufnahmen.

Sprachmemos aufnehmen

Tippen Sie links auf den Aufnahmeknopf, wechselt er zum Pause-Button (zwei vertikale Linien) und rechts lässt sich die Aufnahme stoppen (schwarzes Viereck). Über die Anzeige in der Mitte können Sie den Pegel überprüfen. Im Optimalfall liegt der im Bereich von -3 dB und 0 dB. Zeigt die Nadel zu viel oder zu wenig Pegel an, können Sie darauf Einfluss nehmen, indem Sie das iPhone beispielsweise näher an einen Redner legen oder etwas weiter davon entfernt platzieren.

Natürlich können Sie auch das mitgelieferte Headset verwenden, das ja ebenso ein Mikrofon enthält. Nur sollten Sie während der Aufnahme die Hand vom Headset nehmen, um keine zusätzlichen Störgeräusche zu verursachen.

Für die Aufnahme ist es egal, ob das iPhone im Stand-by-Modus läuft. Selbstverständlich können Sie, während die Aufnahme läuft, zum Homescreen wechseln und andere Programme starten. Über das Antippen des roten Balkens kommen Sie zum Sprachmemo zurück.

Sie können damit also sogar längere Sequenzen, wie zum Beispiel Veranstaltungen oder Reden, mitschneiden. Eine Stunde Aufnahmezeit benötigt ca. 3,6 MByte. Zum Stromsparen bringen Sie das iPhone einfach in den Stand-by-Modus.

Wenn Sie eine Aufnahme beendet haben oder bereits Sprachmemos auf dem iPhone abgespeichert sind, können Sie in die Übersicht aller Memos wechseln, indem Sie auf den entsprechenden Knopf rechts tippen. Sie sehen das Datum und die Uhrzeit der Memos sowie die Dauer.

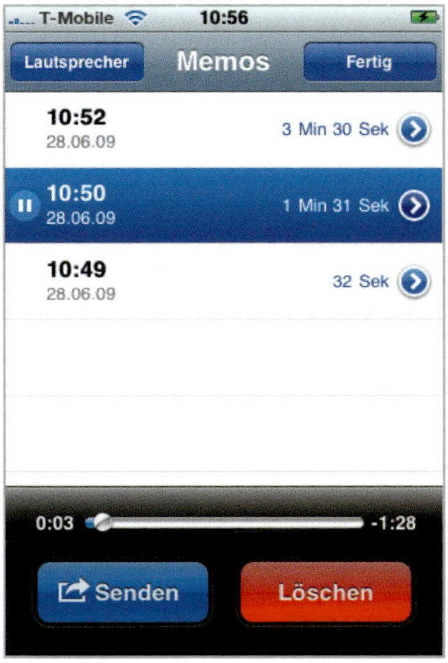

In der Übersicht sind alle Aufnahmen aufgelistet.

Sprachmemos abspielen

Wählen Sie eine Aufnahme aus, indem Sie darauf tippen. Tippen Sie erneut darauf, um die Aufnahme abzuspielen. Sie können vor und zurück springen, indem Sie den Zeitleistenregler verschieben. Ein weiteres Tippen auf den Eintrag beendet die Wiedergabe. Oben links können Sie festlegen, ob die Wiedergabe über den Lautsprecher erfolgen soll. Ansonsten hören Sie nur etwas, wenn Sie das Telefon an Ihr Ohr halten.

Sprachmemos löschen oder verschicken

Ist ein Memo markiert, lässt es sich löschen oder senden. Tippen Sie auf *Löschen* und bestätigen Sie die Wahl mit *Sprachmemo löschen*. Damit entfernen Sie die Aufnahme. *Abbrechen* führt ohne Löschvorgang wieder zurück zur Übersicht.

Wenn Sie *Senden* drücken, müssen Sie nur noch festlegen, ob die Aufnahme per Nachricht (*MMS*) oder Mail (*Sprachmemo senden*) verschickt werden soll. In beiden Fällen startet anschließend die entsprechende Anwendung.

Beim Versand per MMS ist der Dateianhang auf eine Aufnahmelänge von zwei Minuten begrenzt!

Sprachmemos lassen sich als MMS oder Mail verschicken.

Weiterhin können die Sprachmemos mit iTunes synchronisiert werden. Schließen Sie hierfür das iPhone per USB-Kabel an Ihren Computer an. Wählen Sie in iTunes den Reiter *Musik* und bringen Sie das Häkchen bei *Sprachmemos einschließen* an. Nach dem Abgleich werden alle Memos in der neuen Wiedergabeliste *Sprachmemos* zu sehen sein.

Sprachmemos bearbeiten

Tippen Sie in der Übersicht aller Memos auf den blau hinterlegten Pfeil neben dem entsprechenden Eintrag. Sie sehen danach eine Infoseite, in der Sie mit *Memo kürzen* in den Bearbeitungsmodus wechseln. Jetzt haben Sie die Möglichkeit, mit den beiden Reglern am Anfang und am Ende der Zeitleiste den gewünschten Ausschnitt zu markieren. Beim Verschieben eines Reglers wird auch die entsprechende Zeit eingeblendet. Mit der Play-Taste können Sie den gerade gewählten Ausschnitt anhören und auf Wunsch mit den Reglern korrigieren. *Sprachmemo kürzen* führt die Aktion aus.

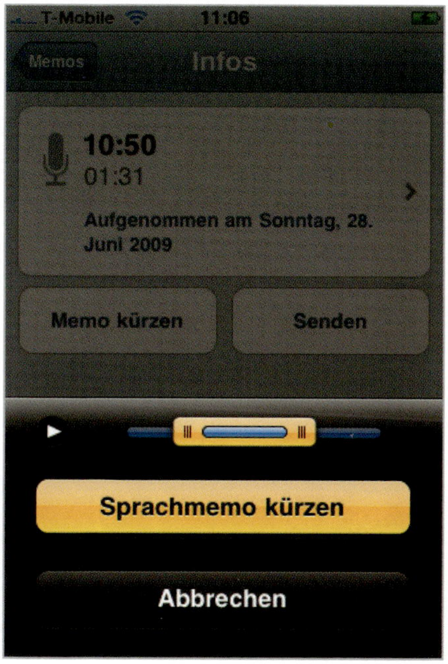

Das iPhone erlaubt das Kürzen von aufgenommenen Sprachmemos.

Sprachmemos über das Headset steuern

Sie können Sprachmemos auch über das Headset des iPhones bedienen. Dann wird gleich das Mikrofon des Headsets dafür benutzt. Aber auch die Taste am Headset kommt dabei zum Einsatz. Drücken Sie die Mitteltaste, startet die Aufnahme. Ein weiterer Druck stoppt den Recordingvorgang wieder.

Wetter

Sie sitzen im verregneten Deutschland und möchten wissen, wie das Wetter in Nepal ist? Das ändert zwar nichts an Ihrer Situation, ist mit dem iPhone aber problemlos möglich. Mit *Wetter* können Sie sich darüber informieren.

Wetterdaten anzeigen

Starten Sie die Anwendung und Sie sehen die Wetterdaten eines Ortes. Ganz oben wird per Bildchen angezeigt, ob es wolkig ist, ob die Sonne scheint oder Regen fällt. Links darunter finden Sie den Ortsnamen und direkt darunter die heutigen Höchst- und Tiefsttemperaturen. Rechts daneben wird groß die aktuelle Temperatur angezeigt und darunter die Vorhersage der kommenden Woche.

Das aktuelle Wetter und die Vorhersage für die kommende Woche bietet „Wetter“.

Neuen Ort hinzufügen

Um einen neuen Ort hinzuzufügen, tippen Sie auf das *i*-Symbol rechts unten. Sie bekommen eine Auflistung aller Orte, die derzeit eingetragen sind. Tippen Sie auf das - vor dem Ortsnamen, gefolgt von *Löschen*, um einen Eintrag zu entfernen. Möchten Sie einen Ort hinzufügen, tippen Sie auf +. Geben Sie nun in die Suchmaske den gewünschten Begriff ein. Das kann ein Ort, ein Land oder eine Postleitzahl sein. Tippen Sie auf einen der Vorschläge, um den Ort in die Liste aufzunehmen. Im nächsten Schritt können Sie noch die Position des Eintrags in der Liste ändern. Wenn Sie fertig sind, tippen Sie auf *Fertig*. Der neue Ort wird anzeigt.

In wenigen Schritten fügen Sie der Liste einen neuen Ort hinzu oder löschen einen. Die Suchfunktion sieht sogar über unterschiedliche Schreibweisen hinweg. Die Anzeige, ob Temperaturen in Grad Celsius oder Fahrenheit angezeigt werden, lässt sich hier ebenfalls einstellen.

Um zwischen den Einträgen zu wechseln, wischen Sie mit dem Finger nach links oder rechts. Die Anzahl der kleinen Punkte unter der Wochenvorschau zeigt an, wie viele Orte derzeit in der Liste sind und an welcher Stelle Sie sich befinden. Im Screenshot oben sind es vier Orte, „Kathmandu“ ist an zweiter Stelle gelistet.

Uhr

Die iPhones-*Uhr* kann mehr, als nur die Uhrzeit anzuzeigen. Sie ist *Weltuhr*, *Wecker*, *Stoppuhr* und *Timer* in einem.

Die Weltuhr

Starten Sie die *Uhr*-Anwendung und wechseln Sie zur *Weltuhr*-Anzeige. Sie sehen alle bereits vorhandenen Einträge. Zusätzlich zur 24-Stunden-Anzeige können Sie anhand der Einfärbung des Ziffernblattes erkennen, ob es dort Tag oder Nacht ist.

Orte zur Weltuhr hinzufügen oder bearbeiten

Tippen Sie auf das +, um einen neuen Eintrag hinzuzufügen. Das funktioniert analog zur Vorgehensweise beim Wetter. Mit *Bearbeiten* können Sie die Position der Uhren ändern und Einträge löschen.

Ob Tag oder Nacht herrscht, verraten die Uhrzeit und die Farbe der Ziffernblätter (links). Das Löschen und Verschieben der Einträge funktioniert in iPhone-Manier (rechts).

Der Wecker

Die Weckfunktion des iPhones unterstützt mehrere Wecker, die unabhängig voneinander aktiviert und konfiguriert werden können. Tippen Sie in der *Uhr* auf *Wecker*, um alle bisher eingetragenen Weckalarme in der Übersicht zu sehen.

Derzeit gibt es drei Weckzeiten, von denen zwei aktiv sind.

Tippen Sie auf *Bearbeiten*, um Einträge über das Minus-Symbol und *Löschen* zu entfernen oder um die Einstellungen zu ändern, indem Sie auf den betreffenden Wecker tippen. Mit + fügen Sie einen neuen Eintrag hinzu. Ob Sie einen bestehenden Wecker ändern oder einen neuen hinzufügen, ist für die Vorgehensweise egal. Im zweiten Fall sind lediglich schon die Optionen festgelegt.

Weckzeit hinzufügen oder ändern

Bei der Neuerstellung oder Modifikation eines Weckers haben Sie die identischen Optionen. Unter *Wiederholen* legen Sie fest, an welchen Tagen der Woche der Wecker klingeln soll. Unter *Ton* geben Sie den Klingelton an, der zu der festgelegten Zeit startet. *Schlummern* kann an- oder ausgeschaltet werden. Ist es aktiviert, kann der Wecker während des Klingelns nicht nur deaktiviert, sondern auch in den Schlummermodus versetzt werden. Dann klingelt das iPhone nach neun Minuten erneut. Ist also der Wecker auf 6:30 Uhr eingestellt und Sie tippen um 6:30 Uhr auf *Schlummern*, können Sie bis 6:39 Uhr in Ruhe weiterschlafen. Das nächste Schlummern lässt Ihnen dann Ruhe bis 6:48 Uhr und so weiter. Die *Beschreibung* ist der Text, der in der Liste steht und der beim Wecken im Display angezeigt wird.

Dieser Wecker klingelt Montag bis Freitag um 6:30 Uhr. Schlummern ist möglich und als Ton ist die Harfe ausgewählt.

Der Wecker funktioniert zwar, wenn das iPhone auf lautlos gestellt ist. Ist es ausgeschaltet, ist auch der Wecker nicht aktiv.

Mit einem Trick lässt sich der Alarm auch nur durch Vibration bemerkbar machen. Das ist zwar von Apple nicht vorgesehen. Wenn man weiß, wie es geht, klappt's aber. Stellen Sie dazu einen Alarm wie gewohnt ein und vergeben Sie einen beliebigen Ton als Erinnerung. Stellen Sie aber dann nicht das iPhone auf *Stumm*. Das bringt nichts, weil der Wecker trotzdem laut klingelt. Reduzieren Sie stattdessen über den Regler an der linken Gehäuseseite die Lautstärke komplett. Jetzt signalisiert das iPhone den Alarm durch Vibration.

Die Stoppuhr

Die Stoppuhr erlaubt die Zeitnahme auf die Zehntelsekunde genau. Außerdem ist es möglich, Rundenzeiten zu stoppen. Mit *Starten* geht es los und während die Stoppuhr läuft, kann jederzeit eine *Runde* „gezeitet" werden. Die Zwischenzeiten werden im unteren Teil des Displays aufgelistet. Stoppen hält die Uhr wieder an und mit *Löschen* wird zum einen die Uhr auf *00:00.0* zurückgesetzt und die Zwischenzeiten gelöscht.

Die Stoppuhr nimmt die Zeit bis auf die Zehntelsekunde und hält auch Zwischenzeiten fest.

Der Timer

Mit dem Timer wird festgelegt, nach welchem Zeitraum ein Signal ertönt. Das System ist einfach: Sie geben eine Zeit und einen Signalton an. Sobald Sie den Timer *starten*, beginnt der Countdown. Ist die Zeit abgelaufen, ertönt das Signal.

Sie können anstelle des Tons auch *iPod-Ruhezustand* wählen. Dann schaltet die Timer-Funktion den iPod ab, wenn die Zeit um ist.

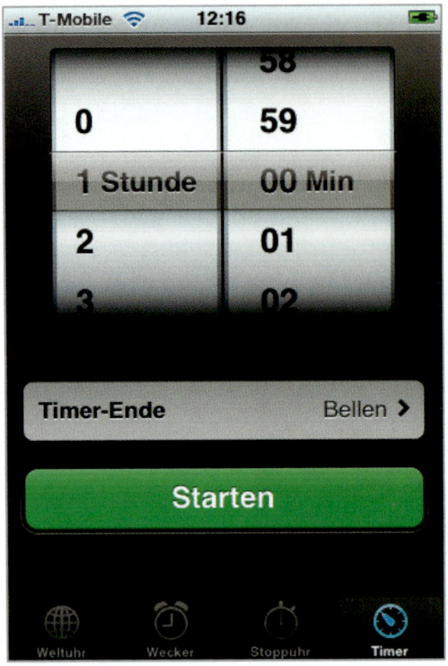

Erst wird festgelegt, wie lange der Countdown läuft und welcher Ton am Ende abgespielt wird (links). Nach dem Start läuft die Zeit herunter.

Rechner

Der Rechner des iPhones verfügt über eine interessante Einsatzmöglichkeit des Sensors, der feststellt, ob das iPhone im Hoch- oder Querformat gehalten wird. Im Hochformat zeigt das Display einen ganz schlichten Rechner an, mit dem sich einfache Rechnungen erledigen lassen. Der Rechner ist aber zum Glück nicht so einfach gehalten, dass er in diesem Modus die Regel Punkt vor Strich vergisst, wie das bei vielen Rechnern der Fall ist. 2 + 3 x 4 ergibt also korrekterweise 14 und nicht 20.

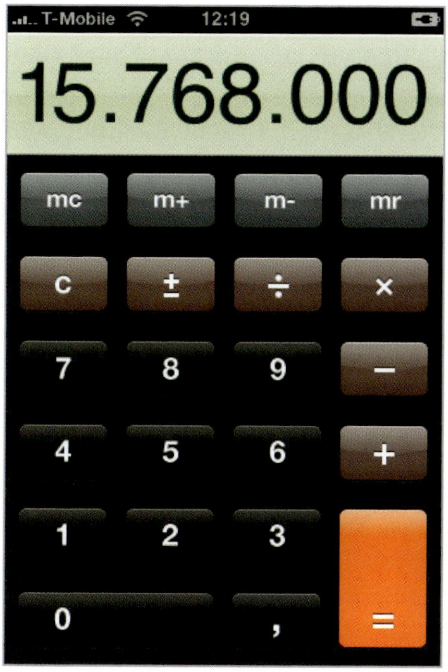

Im Hochformat erscheint ein einfacher Taschenrechner, mit dem sich kurzerhand einfache mathematische Berechnungen erledigen lassen.

Drehen Sie das iPhone in das Querformat, wechselt der Rechner in den Wissenschaftsmodus. Dort gibt es deutlich mehr Funktionen und das Display bietet auch mehr Platz.

Drehen Sie das iPhone, kommt ein wissenschaftlicher Rechner zum Vorschein.

Darf es noch ein wenig mehr sein? Hewlett Packard hat die legendären Taschenrechner HP 12C und HP 15C auf das iPhone übertragen. Im Querformat können Anwender dieselben Funktionen nutzen, die schon das Original auszeichneten. Der wissenschaftliche Rechner HP 15C beherrscht unter anderem Integral- und Matritzenfunktionen. Mit dem HP 12C können Anwender finanztechnische Größen wie Amortisation, Zinsfluss, Lohnkosten und den Zeitwert des Geldes berechnen. Beide sind im App Store zu finden.

Notizen

Notizen eignen sich gut, um kurz ein paar Gedanken auf das virtuelle Papier zu bringen. Sobald Sie die Anwendung starten, sehen Sie entweder ein leeres Blatt Papier, eine Auflistung aller Notizen oder Sie sind bereits im Bearbeitungsmodus einer Notiz. Mit + legen Sie einen neuen Eintrag an. Die erste Zeile des Notiztextes legt dabei immer den Namen in der Liste fest. Mit einem Klick auf den *Notizen*-Pfeil wechseln Sie wieder in die Ansicht und speichern den gerade bearbeiteten Text ab. Innerhalb einer Notiz können Sie mit den Pfeiltasten zur vorherigen oder nächsten Eintragung wechseln. Der Papierkorb löscht die komplette aktive Notiz. Sinnvoll ist das Briefsymbol. Damit lässt sich der komplette Text per Mail versenden und so am Rechner weiterbearbeiten. Weiterhin erkennt das Programm nun Telefonnummern oder E-Mail-Adressen. Ein Klick genügt, um in die dazugehörige Applikation zu kommen.

Tippen Sie auf eine Notiz (oben links), wird der Text angezeigt (oben rechts). Von dort aus lässt sich der Text mit nur einem Klick in eine Mail einfügen (unten).

Notizen synchronisieren

Endlich muss man nicht mehr Angst haben, dass die sorgsam gesammelten Notizen irgendwann komplett verschwunden sind, weil man das Telefon wechselt und sie vorher nicht gesichert hat. Zwar kann man Notizen per Mail vom iPhone aus versenden. Der Weg zurück war bisher aber versperrt. Das ist jetzt anders. Auch Notizen lassen sich mit dem Rechner abgleichen.

In iTunes lässt sich einstellen, dass neben Mailkonten, Kalendern und Kontakten auch Notizen synchronisiert werden.

Nach einem Abgleich von iPhone und Rechner, in diesem Fall Windows mit Outlook, liegen alle Notizen auch in Outlook vor.

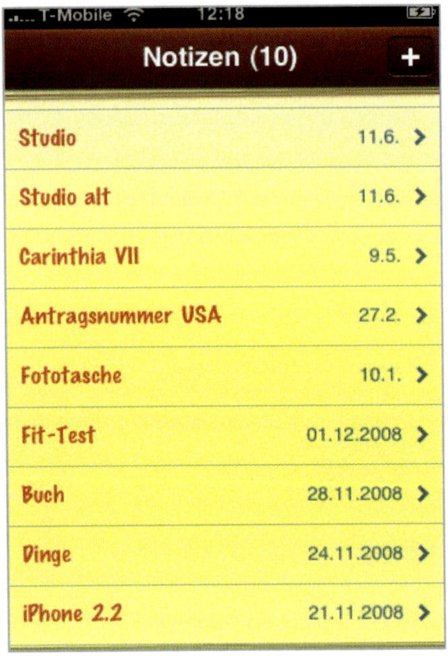

Die Notizen aus dem iPhone ...

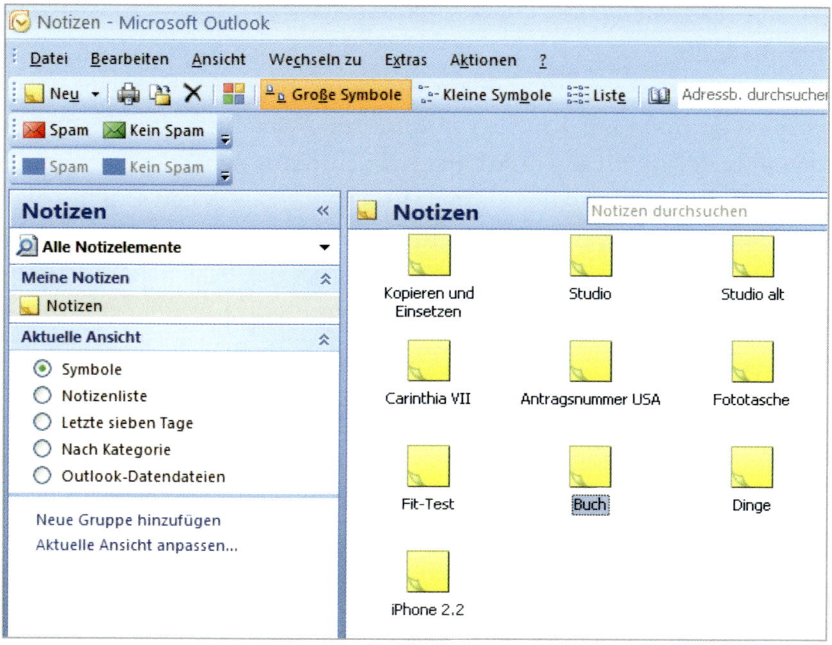

... finden sich 1:1 in Outlook wieder.

Mit Änderungen verhält es sich wie mit allen anderen Daten. Ändern Sie eine Notiz am iPhone, wird sie beim nächsten Abgleich auch auf dem Mac oder PC aktualisiert. Ändert man beispielsweise eine Notiz in Outlook, kommt sie auch mit neuem Inhalt am iPhone an. Das gilt auch für das Löschen oder Verfassen von Texten.

Sofern Sie einen Mac besitzen, werden die Notizen anschließend im Programm Mail auf Ihrem Apple-Rechner erscheinen und können dort editiert und wieder zurück übertragen werden.

Kontakte

Wie Sie Kontakte verwalten, haben Sie bereits im Rahmen der Erklärungen zum Telefon erfahren. Die Anwendung *Kontakte* unterscheidet sich nur durch eine Kleinigkeit von den Telefonkontakten: Im Telefon wird über der Suchmaske noch Ihre Telefonnummer angezeigt. Wie Sie Kontakte suchen, ändern, in Gruppen verwalten und löschen können, finden Sie weiter vorne in diesem Kapitel.

iTunes

Der Name *iTunes* ist im iPhone ein wenig irreführend. Am Mac oder PC ist iTunes die Software zur Verwaltung und Wiedergabe von Musik. Am iPhone übernimmt diese Funktionen die Anwendung *iPod*. *iTunes* am iPhone dagegen ist nichts anderes als der iTunes Store, über den sich Musik kaufen und herunterladen lässt. iTunes funktioniert allerdings am besten dann, wenn das iPhone mit einem WLAN verbunden ist. Ansonsten dauert der Download der Musiktitel mit einer Größe von teilweise über 10 MByte zu lange.

Die Highlights des Stores

Sobald Sie die Anwendung gestartet haben, können Sie zwischen *Musik*, *Video*, *Podcast*, *Suchen* und *Mehr* wählen.

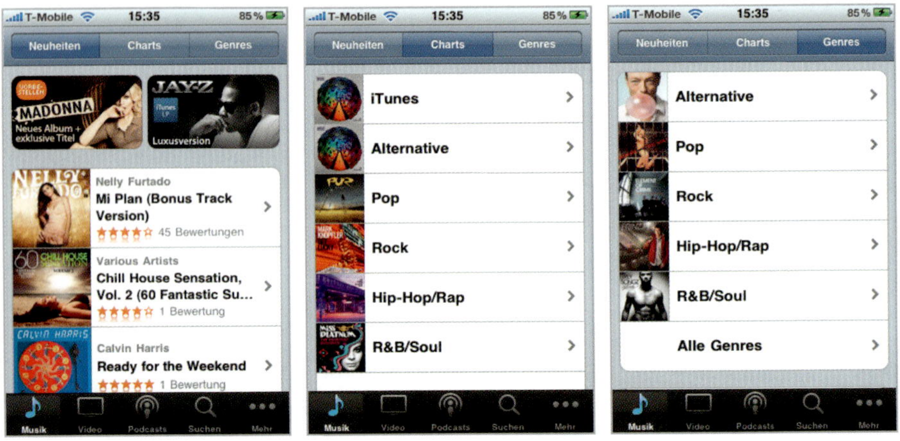

Bei Musik können Sie sich zwischen Neuheiten, Charts und Genres entscheiden.

Um weitere Charteinträge und Genres aufzulisten, tippen Sie nach dem letzten Eintrag der Liste auf *Weitere Charts* beziehungsweise *Weitere Genres*.

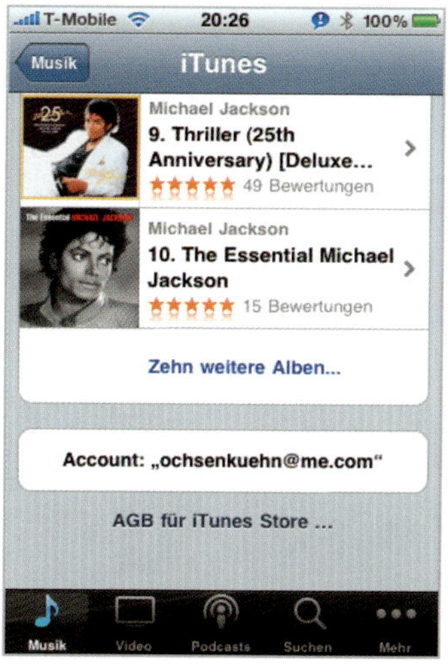

Am unteren Rand erkennt man zudem, ob man seinen iTunes-Account schon erfolgreich eingetragen hat.

Tippen Sie auf einen der Einträge, um eine 30-sekündige Probe des Titels (*Top-Titel*) anzuhören oder um vorher die Titel des Albums anzusehen (*Top-Alben*).

Aber nicht nur Musik kann über den iTunes Store bezogen werden. Auch *Filme*, *TV Sendungen* und *Musikvideos* sind dort neben *Podcast* zu finden.

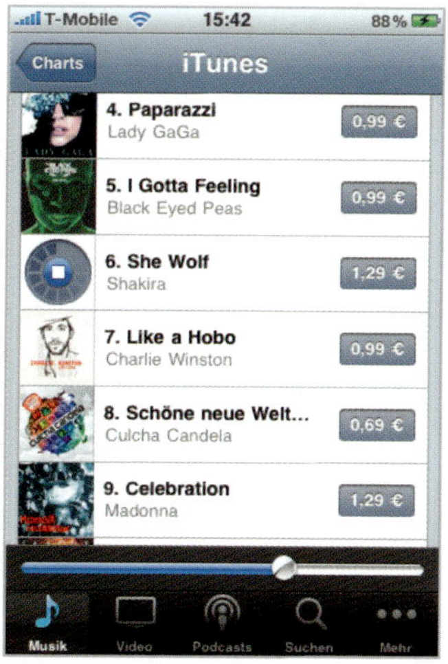

Wenn Sie an das untere Ende der Listen blättern, können Sie sowohl Hitlisten als auch Beiträge nach Genres sortiert auffinden.

Einkaufen im iTunes Store

Tippen Sie auf den Preis eines Titels oder Albums und danach auf *Kaufen* bzw. *Leihen*, um den Song, den Film oder Podcast zu erwerben und den Download zu starten. Sie werden dazu aufgefordert, die Daten des iTunes-Accounts (Apple ID) einzugeben, falls diese noch nicht hinterlegt wurden. Danach startet der Download und die Kreditkarte wird belastet.

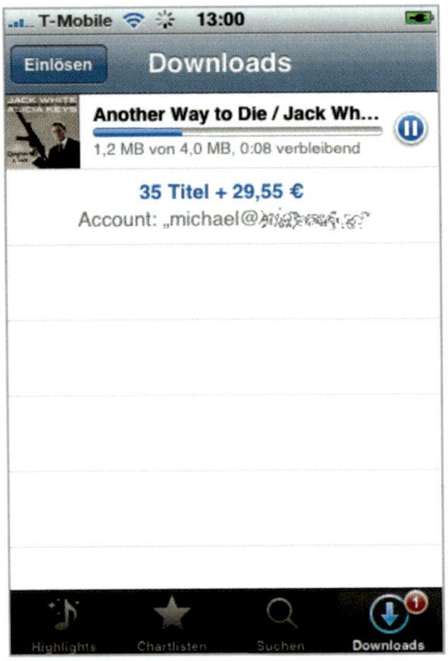

Nachdem Sie auf „Kaufen“ getippt und Ihre Daten eingegeben haben, startet der Download. Sie können auch mehrere Downloads zeitgleich starten. Durch Antippen des Pause-Zeichens wird dieser kurzzeitig gestoppt und kann jederzeit fortgesetzt werden.

Für einen Einkauf müssen Sie Ihren Account eingeben. Und beim Download wird ein eventuell vorhandenes Guthaben zusätzlich eingeblendet.

Danach erscheint noch die Meldung, dass der Film eine gewisse Altersfreigabe hat. Danach startet der Download.

Alles muss seine Ordnung haben: Hinweis auf die Altersfreigabe beim 99-Cent-Film der Woche „Eis am Stiel“.

Nachdem der Download beendet ist, haben Sie das Lied, den Film oder den Podcast auf dem iPhone und können es sofort anhören bzw. ansehen. Dazu wechseln Sie in das Programm iPod und finden Ihre neuen Dinge in den Musiklisten, den Videos oder im Bereich *Mehr* bei den Podcasts.

Sobald Sie das iPhone das nächste Mal mit Ihrem Rechner synchronisieren, wird der Titel in die iTunes-Bibliothek auf den Rechner geladen. Sie finden es dann in der Wiedergabeliste *Gekauft mit (Name des iPhones)*. Ebenso verhält es sich, wenn Sie mit Ihrem Computer auf Shopping-Tour gehen – nach der nächsten USB-Synchronisierung mit dem iPhone sind dort ebenfalls diese Daten übertragen worden.

Sie sollten von Zeit zu Zeit überprüfen, ob alle Titel auch wirklich in iTunes am Rechner gelandet sind. Es kann schon mal vorkommen, dass ein Ladevorgang nicht vollständig beendet wird und der gekaufte Song dann zwar am iPhone verfügbar ist, nicht aber in iTunes selbst. Um das zu überprüfen, gehen Sie wie folgt vor:

Öffnen Sie iTunes und wählen Sie *Store*, *Verfügbare Downloads suchen*. Alle Einkäufe, die zwar gekauft wurden, sich aber noch nicht auf dem Rechner befinden, werden heruntergeladen.

Erscheint diese Meldung, wurden alle Titel bereits vollständig geladen. Ansonsten beginnt der Download der fehlenden Titel.

Um Ihre Accountdaten einzusehen, wählen Sie *Store*, *Meinen Account (Accountname) anzeigen*. Für den Fall, dass Sie diese Option nicht zur Verfügung haben, sind Sie nicht angemeldet. In diesem Fall verwenden Sie die Option *Store*, *Anmelden*.

Noch einige nette Funktionen, die Sie mal ausprobieren könnten:

★ Im Bereich *Mehr* können Sie zum einen Ihre Downloads verfolgen, zum anderen aber auch in Hörbüchern schmökern oder iTunes-Gutscheine einlösen.

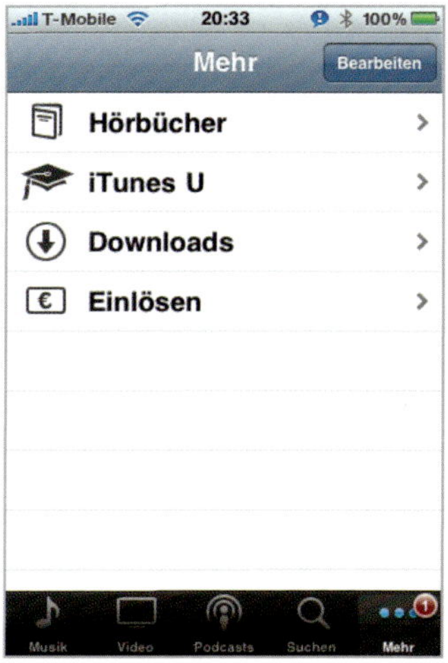

Der Menüpunkt „Mehr" hat einige interessante Funktionen zu bieten.

★ Wenn Sie einen Song oder einen Podcast anhören und eine ganz bestimmte Stelle anspringen wollen, dann fahren Sie mit einem Finger zunächst auf der Zeitleiste entlang, um dann nach unten zu ziehen. Sie sehen, dass die Scrubbing-Geschwindigkeit von *100* auf *50* und auf *25* % und dann auf Fein umspringt.

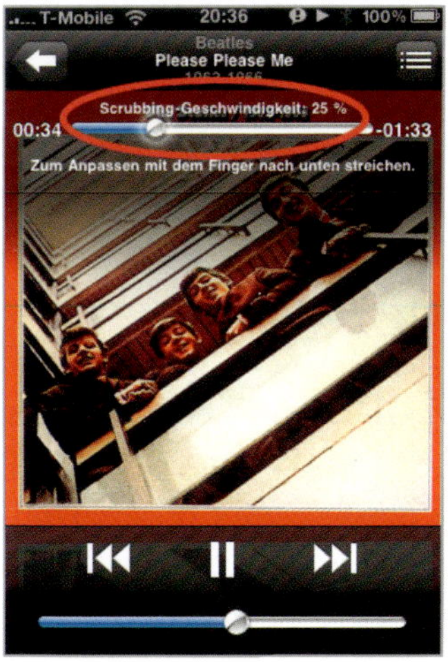

Die Scrubbing-Geschwindigkeit kann ganz fein eingestellt werden.

★ Sofern Sie einem Hörbuch oder einem Podcast lauschen, haben Sie einige kleine nette Funktionen: So können Sie auf die Zahl 30 mit dem runden Pfeil klicken, um ganz rasch 30 Sekunden zurückzuspringen. Das Briefsymbol erstellt ein E-Mail mit der URL des Podcasts, damit auch eine andere Person diesen einfach laden kann. Und rechts haben Sie den Button 1x, um die Abspielgeschwindigkeit zu variieren.

Die kleinen Icons unterhalb der Zeitleiste haben es in sich.

Die Suche im iTunes Store

Wählen Sie *Suche* und geben Sie Titel-, Alben- oder Interpretenname ein. Während der Eingabe schlägt iTunes bereits passende Begriffe vor. Wählen Sie einen Vorschlag aus oder drücken Sie nach Eingabe des Suchbegriffs auf *Suchen*. Daraufhin erscheinen alle Treffer nach Kategorien (Podcasts, Titel, Hörbücher, Alben, iTunes U, etc.) sortiert. Tippen Sie auf einen Eintrag, um weitere Details zu sehen oder hören. Und bei Gefallen können Sie die Dinge kaufen oder abonnieren.

Die Suche bringt Alben und Titel passend zum Suchbegriff ans Tageslicht.

Übrigens könnten Sie auch an Ihrem Computer den iTunes Store durchstöbern und Songs bzw. Alben erwerben. Nach erneutem Abgleich mit dem iPhone stehen die Titel dann auch dort zur Verfügung.

App Store

Bei Veröffentlichung des ersten iPhones waren lediglich die Standard-Apps vorinstalliert. Mit Einführung des iPhone 3G (Sommer 2008) ging auch der App Store an den Start, über den sich kostenlose und kostenpflichtige Anwendungen für das iPhone herunterladen lassen. Wie die Applikationen auf das iPhone kommen, wie sie sich aktualisieren lassen und welche Tools Sie sich auf jeden Fall ansehen sollten, erfahren Sie im nächsten Kapitel.

Mittlerweile (Oktober 2009) sind in diesem Store weit über 80 000 Programme gelistet. Es lohnt sich also, dort zu stöbern.

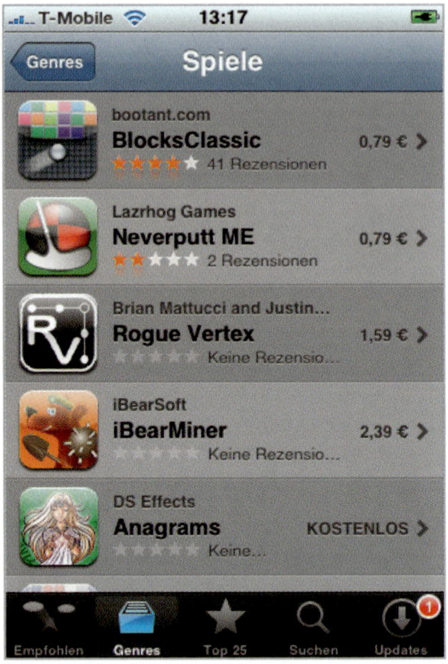

Der App Store verfügt über deutlich mehr als 1000 Spiele. Viele lassen sich kostenlos herunterladen, einige sind kostenpflichtig.

Spotlight-Suche

Das iPhone ist ein Gerät, das eine Menge Funktionen bietet und auch den nötigen Speicherplatz dafür bereitstellt. Sehr leicht verliert man zwischen den vielen Apps, Notizen, Songs, Videos und all den anderen Daten den Überblick. Auf welcher der vielen Homescreens liegt denn der Kompass? Wo ist das Video, das ich noch kurz vorm Verlassen des Hauses auf das iPhone kopiert habe und das jetzt aus irgendeinem Grund nicht mehr auffindbar ist?

Vor OS-Version 3 gab es nur eine Möglichkeit: das manuelle Durchforsten aller potenzieller Speicherorte. Seit der neuen Version hat Apple ein Einsehen und bringt die vom Mac bekannte systemweite Suche „Spotlight" auch auf das iPhone.

Es gibt zwei unterschiedliche Arten der Suche: eine, die das gesamte System durchsucht, und die andere, die in einer bestimmten Anwendung, etwa Mail, nach den gewünschten Begriffen stöbert.

Die systemweite Suche aufrufen

Zugegeben, „systemweit“ klingt ein wenig hochtrabend und eigentlich auch viel zu technisch für Spotlight. Aber es ist nun mal so. Sie können die (sorry!) systemweite Suche über zwei Wege aufrufen: Entweder Sie streichen ausgehend von der ersten Seite des Home-Bildschirms einmal nach rechts, wählen also genau genommen noch einen Home-Bildschirm vor dem ersten aus, oder drücken im ersten Home-Bildschirm einmal die Home-Taste.

In beiden Fällen finden Sie eine Eingabemaske vor, die aussieht, wie auf dem folgenden Bild:

Die systemweite Spotlight-Suche hilft dabei, Dateien und Informationen auf dem gesamten iPhone aufzustöbern. Sie eignet sich auch hervorragend, um schnell auf installierte Apps zugreifen zu können.

In das Feld mit der Lupe (*iPhone durchsuchen*) kann jetzt der Begriff eingegeben werden, nach dem gesucht werden soll.

Geben wir zum Beispiel „Martin“ ein, erhalten wir als Ergebnis sowohl alle „Martin“-Kontakte im Adressbuch angezeigt, aber auch, wie auf dem Bild zu sehen ist, ein Lied des Schauspielers und Sängers Dean Martin.

Dabei werden die Fundstellen, während Sie noch eintippen, schon aufgelistet. Je genauer der Suchbegriff ist, desto exakter werden die Suchergebnisse ausfallen.

Die Suche nach „Martin" bringt nicht nur alle Kontakte mit diesem Name ans Tageslicht. Auch viele andere Infos und Medien können so gefunden werden. In diesem Fall ein Musikstück von Dean Martin.

In welcher Reihenfolge die Treffer angezeigt werden, lässt sich in den entsprechenden Einstellungen festlegen. Starten Sie die *Einstellungen* und wählen Sie dann *Allgemein*, *Home* und *Suchergebnisse*.

Im folgenden Bild sehen Sie alle Typen von Medien und Informationen, die über die systemweite Suche gefunden werden können. Befindet sich vor dem Eintrag ein Häkchen, ist die Suche danach aktiv. Möchten Sie beispielsweise nicht nach Podcasts und Hörbüchern suchen, tippen Sie einmal auf diese Zeile und entfernen Sie somit die Markierung. Von nun an sind Podcasts und Hörbücher von der Suche ausgeschlossen.

In dieser Einstellung können Sie auch festlegen, in welcher Reihenfolge die Treffer angezeigt werden. Möchten Sie passende Mails gleich zu Beginn der Liste sehen, tippen Sie mit dem Finger auf die drei horizontalen Linien rechts neben *Mail* und schieben Sie den Eintrag an die gewünschte Stelle.

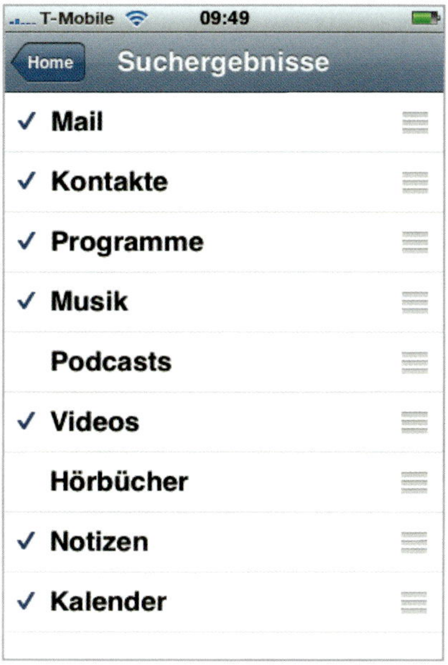

Auch die Ausgabe der Suchergebnisse lässt sich anpassen. Hier haben wir uns dazu entschlossen, nicht nach Podcasts und Hörbüchern zu suchen sowie die Anzeige von Mails nach oben zu verschieben.

Würden wir also *Musik* so weit nach oben schieben, dass dieser Eintrag vor *Kontakte* steht, würde das eingangs gefundene Lied auch vor den „Martin"-Kontakten in der Trefferliste angezeigt werden. Das sieht dann so aus:

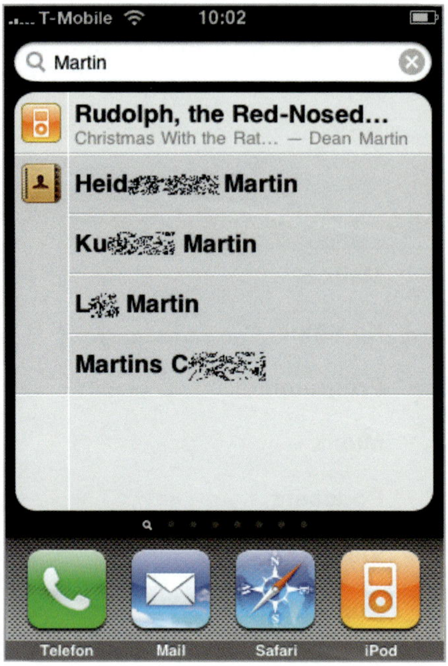

Eine angepasste Trefferliste sortiert das Ergebnis nach Wunsch.

Suche auf bestimmte Anwendungen beschränken

Neben der Suche, die das gesamte iPhone durchforstet, gibt es noch weitere Suchmasken, die aber nur jeweils auf eine Anwendung beschränkt sind.

Mail: Starten Sie Mail und rufen Sie einen beliebigen Mailordner auf. Dabei ist es egal, ob Sie in den Posteingang wechseln oder in einen anderen Ordner, in dem beispielsweise wichtige ältere Mails aufbewahrt werden. Die Suche ist ein wenig versteckt, lässt sich aber im Handumdrehen erreichen. Über der jeweils ersten Mail eines jeden Ordners finden Sie die Eingabemaske.

Ruft man einen Mail-Ordner auf, ist die Suche nicht gleich ersichtlich (links). Allerdings muss der Ordner auch nur kurz nach oben verschoben werden, damit die Maske auftaucht (rechts).

Sobald das Eingabefeld sichtbar ist, kann man drauftippen und den gewünschten Suchbegriff eingeben. Dann lassen sich auch noch Suchoptionen festlegen. Jetzt können Sie durch die Auswahl des entsprechenden Feldes entscheiden, ob nur nach einem bestimmten *Absender* gesucht werden soll, nur nach Mails an einen bestimmten Empfänger (*An*), einem bestimmten *Betreff* oder ob in allen Bereichen gesucht werden soll (*Alle*). Die gute Nachricht: Groß- oder Kleinschreibung ist dabei egal. Die schlechte Nachricht: Der eigentliche Mailtext wird mit keiner Option durchsucht.

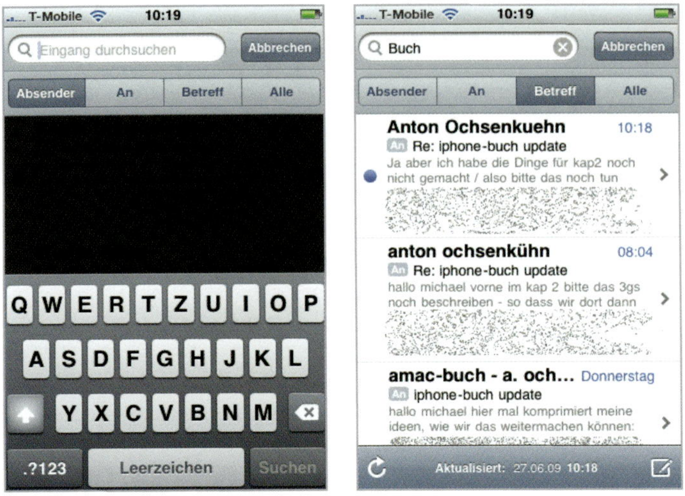

Geben Sie in das Suchfeld den gewünschten Begriff ein und wählen Sie aus, wo danach gesucht werden soll (links). So lassen sich beispielsweise alle Mails ausgeben, die den Begriff „Buch" im Betreff haben (rechts).

Notizen: In den *Notizen* finden Sie die Suche auf dieselbe Art und Weise. Starten Sie die Anwendung und schieben Sie die Notizen nach unten. Schon erscheint die Suchmaske. Hier werden aber nicht nur die Namen der Notizen durchsucht, sondern auch deren Inhalte.

Auch die Notizen verfügen über eine eigene Suchfunktion. Glücklicherweise werden die kompletten Inhalte durchsucht und nicht nur die Titel der Übersicht.

iPod: Auch der *iPod* hat eine Suche. Wählen Sie die Ansicht für *Listen*, *Interpreten*, *Titel* und so weiter und schieben Sie die Liste ebenfalls ein wenig nach unten. Schon erscheint auch hier die Suchfunktion.

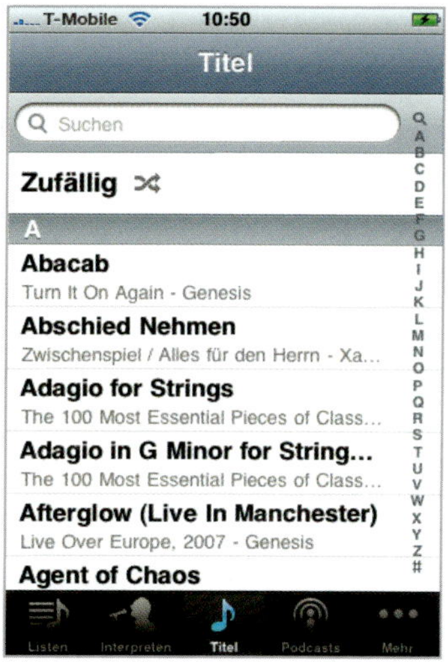

Auch der iPod lässt sich bequem durchsuchen.

Kalender: Selbstverständlich klappt das auch im *Kalender*. Wechseln Sie dazu in die Ansicht *Liste* und schieben Sie auch hier die Einträge nach unten, um eine Suche durchzuführen.

Wechseln Sie im Kalender in die Ansicht „Liste“, um zur Suche zu gelangen.

Was genau durchsucht wird

Innerhalb der Mail-Suchfunktion haben wir bereits auf die Einschränkung hingewiesen, dass keine Mailinhalte durchsucht werden, sondern lediglich Empfänger, Absender und Betreff. Auch in den anderen Applikationen werden nur bestimmte Informationen durchsucht.

- *Kontakte:* Vor-, Nach- und Firmennamen.
- *Kalender:* Veranstaltungsnamen, eingeladene Personen, Veranstaltungsorte. Haben Sie Einträge mit Notizen versehen, werden die nicht durchsucht und angezeigt.
- *iPod:* Lieder beziehungsweise Titel, Interpreten und Alben bei Musik. Titel bei Videos, Hörbüchern und Podcasts.
- *Notizen:* Inhalte. Da die erste Zeile des Inhalts der Titel ist, werden genau genommen Titel und Inhalte berücksichtigt.

Anwendungen suchen mit Spotlight

Die Suche eignet sich auch hervorragend, um auf die Schnelle eine bestimmte Anwendung zu finden. Aktuell darf man elf Home-Bildschirme mit Programmen zupflastern – und da kann es schon mal unübersichtlich werden. Schneller geht es, wenn man die Spotlight-Suche links vom ersten Home-Screen aufruft, einen Teil des Programmnamens eingibt und drauftippt. Schon wird die Anwendung geladen.

Mithilfe der Spotlight-Suche lassen sich auch installierte Programme aufstöbern.

Fütterung der Raubtiere

Wenn Sie die Vorzüge des App Stores noch nicht kennen, haben wir hier für Sie einige Anregungen parat.

Da wäre zum Beispiel für Restaurantbesuche das Programm „Trinkgeld“ zu empfehlen. Es rechnet aus, wie viel Trinkgeld für den jeweiligen Rechnungsbetrag angemessen ist.

Das „Seismometer“ ist besonders praktisch, wenn ich in Erdbebengebiete reise. Das iPhone meldet mir, wenn es die Stärke 7 erreicht hat und ich langsam das Gebäude verlassen sollte.

Auch „MeetBubble“ sollte nicht unerwähnt bleiben. Das ist eine Wasserwaage, die es mir ermöglicht, jedes Bild an der Wand gerade zu platzieren.

Ach, es gibt so unendlich viele Möglichkeiten, sich das Leben mit dem iPhone zu verschönern. Das Angebot im App Store ist so vielseitig, dass für jeden etwas dabei ist. Apropos: Da fällt mir gerade noch das Programm „Cocktails“ ein. Aber ich verrate schon zu viel. Wenn Sie mehr über Apps erfahren wollen, lesen Sie weiter in diesem Kapitel.

Futter für das iPhone: Der App Store

Das iPhone ist ab Werk bereits ein mächtiges Werkzeug, um Telefon, Adressen, Termine, Informationen und vieles mehr jederzeit mit dabei zu haben. Apple hat die Standard-Anwendungen beigesteuert und war auch in der Lage, Funktionen hinzuzufügen. Mit Inbetriebnahme des App Stores hat Apple Software-Entwicklern aus aller Welt die Möglichkeit gegeben, Software für das iPhone zu schreiben. Im Gegensatz zu anderen mobilen Endgeräten können die Programme aber nicht einfach von der Homepage des jeweiligen Herstellers geladen und auf dem iPhone installiert werden. Apple bietet für die Distribution eine eigene Plattform an.

Eine Info vorab zu den Rechten: Wie bei Musikstücken mit Digital Rights Management können Sie gekaufte oder kostenlos heruntergeladene Programme nicht einfach auf ein iPhone kopieren, das mit einem anderen iTunes-Account verbunden ist. Laden Sie ein Programm herunter, wird es mit dem iTunes-Account verknüpft. Beim Synchronisieren überprüft iTunes, ob iPhone und Programm zusammengehören. Ist das nicht der Fall, wird das Programm nicht installiert oder startet nicht.

Der App Store im iPhone

Den App Store gibt es integriert in Ihr iPhone und als Bestandteil des iTunes Stores innerhalb iTunes am Rechner. Zuerst zum App Store für unterwegs: Wenn Sie den App Store im iPhone starten, finden Sie eine Vielzahl an Wegen, um neue Software zu finden. Die Rubriken *Empfohlen* mit den Unterpunkten *Neu* und *Topaktuell* sind die erste Anlaufstelle, um nach aktuellen Programmen zu stöbern.

Programme nach Genres durchstöbern

Wählen Sie den Punkt *Genres*, um die mehreren Tausend Anwendungen nach deren Anwendungsgebieten zu durchsuchen. Sie möchten beispielsweise einen RSS-Reader? Die Rubrik *Nachrichten* ist dafür die geeignete Anlaufstelle. Sie möchten mithilfe des iPhones Währungen und Einheiten umrechnen? Tools dieser Art finden Sie in *Dienstprogramme*.

Alle Anwendungen sind in Genres sortiert. Diese Art der Einteilung eignet sich zum thematischen Durchsuchen.

Tippen Sie einfach eine Rubrik an und sehen Sie sich die darin befindlichen Programme an. Benötigen Sie mehr Infos zu einer Anwendung? Tippen Sie auf einen Eintrag, um eine Beschreibung und einen Screenshot zu erhalten.

Haben Sie eine Anwendung gefunden, tippen Sie sie an, um eine Beschreibung zu sehen. Weiter unten gibt es noch einen Screenshot und Rezensionen.

Zu den meisten Programmen gibt es Rezensionen. Oben im Bild sehen Sie, dass „Skype" 366 Rezensionen bekommen hat, die meisten davon waren positiv, weil das Programm 3 von 5 Sternen erhalten hat. Nach Beschreibung und Screenshot können Sie sich die Rezensionen ansehen, indem Sie auf den Eintrag tippen. Darunter sehen Sie noch Details wie Hersteller, Erscheinungsdatum usw.

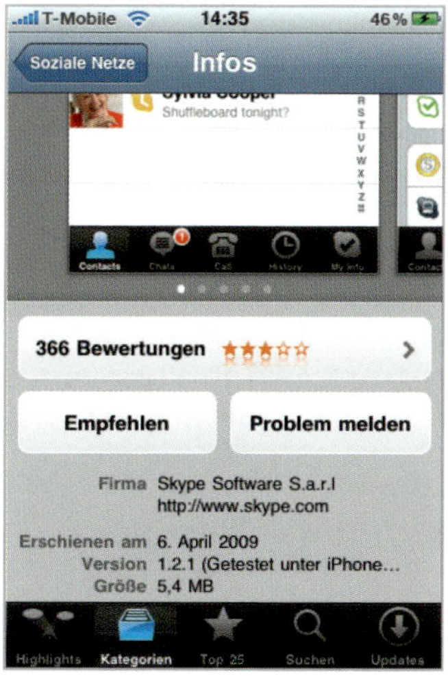

Rezensionen erlauben einen ersten Eindruck. Besonders wichtig ist das bei kostenpflichtigen Apps.

Der App Store Genius

Der Genius ist Ihnen vielleicht schon von iTunes bekannt. Diese „denkende“ Funktion stellt in iTunes Titel, basierend auf Ihren bevorzugten Liedern, automatisch zusammen. Im App Store zeigt Ihnen der Genius für Sie möglicherweise interessante Applikationen an. Der Genius verwendet als Anhaltspunkt die bereits im App Store gekauften bzw. besuchten Apps.

Den *Genius* finden Sie im App Store in der Kategorie *Highlights* rechts oben. Bevor Sie ihn verwenden können, müssen Sie ihn zuerst aktivieren. Dazu müssen Sie nur auf die Schaltfläche *Genius aktivieren* tippen.

Der Genius muss zuerst aktiviert werden.

Als Nächstes müssen Sie Ihr Kennwort für den App Store eintippen und danach erhalten Sie die AGBs. Wenn Sie ganz nach unten scrollen, finden Sie die Schaltfläche *Ich stimme zu*. Ein Fingertipp darauf öffnet eine weitere Meldung, in der Sie den AGBs endgültig zustimmen müssen.

Die Geschäftsbedingungen für den Genius.

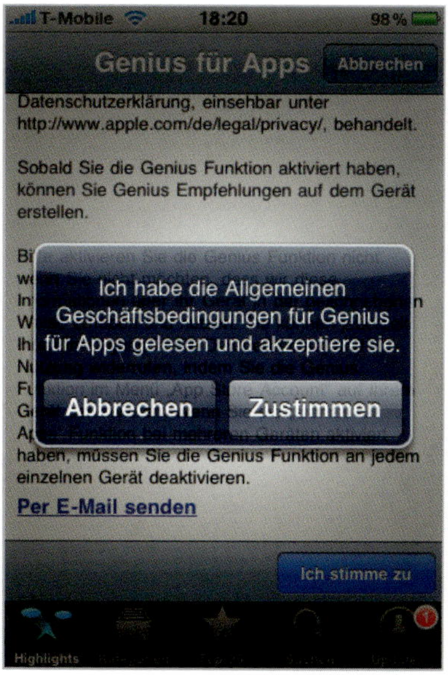

Den AGBs muss noch endgültig zugestimmt werden.

Jetzt endlich ist der Genius aktiviert und kann von Ihnen verwendet werden. Die Aktivierung kann einige Sekunden dauern, da die Funktion erst eine Liste mit Apps zusammenstellen muss.

Der Genius ist aktiviert.

Nach der Aktivierung sehen Sie im Genius mehrere Apps aufgelistet, die für Sie vielleicht interessant sein dürften. Die Liste kann von Ihnen auch bearbeitet und somit der Genius beeinflusst werden. Wenn Sie mit dem Finger auf einen Eintrag zeigen und nach links wischen, erscheint die Schaltfläche *Entfernen*.

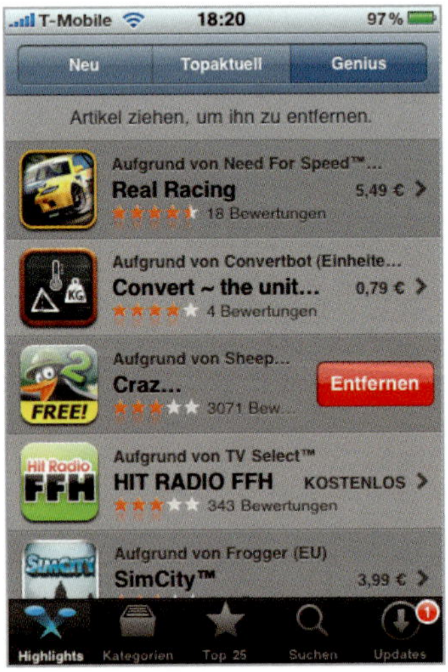

Der Genius kann beeinflusst werden, indem man Einträge entfernt.

Die Hitlisten des App Stores

Nicht alles, was die Masse gut findet, muss auch zwangsläufig interessant für Sie sein. Aber wenn ein Programm so oft heruntergeladen wird, dass es sich in den Top 25 befindet, dann lohnt sich auf jeden Fall ein Blick darauf. Tippen Sie auf *Top 25*, um die drei Hitlisten *Meistgekauft, Meistgeladen* und *Einträglichste* abzurufen. Der Unterschied besteht nur darin, dass Apps der Rankings *Meistgekauft* und *Einträglichste* allesamt kostenpflichtig sind. Die anderen *(Meistgeladen)* sind ausnahmslos frei verfügbar.

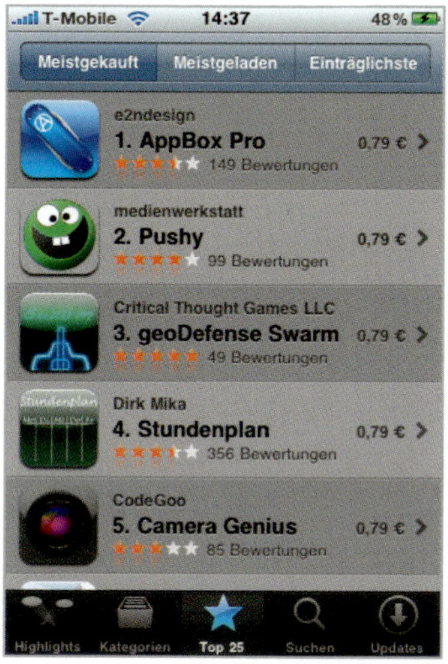

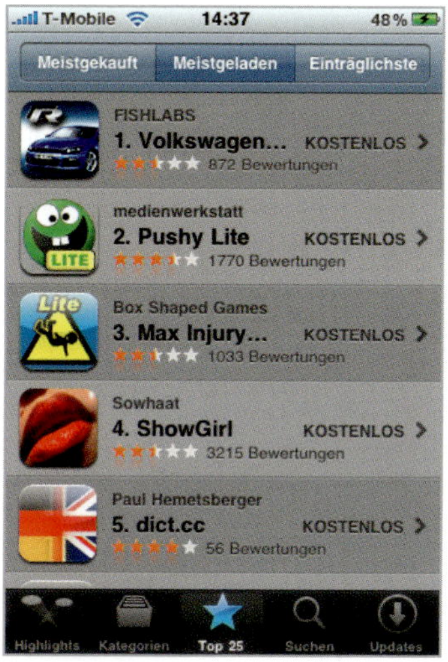

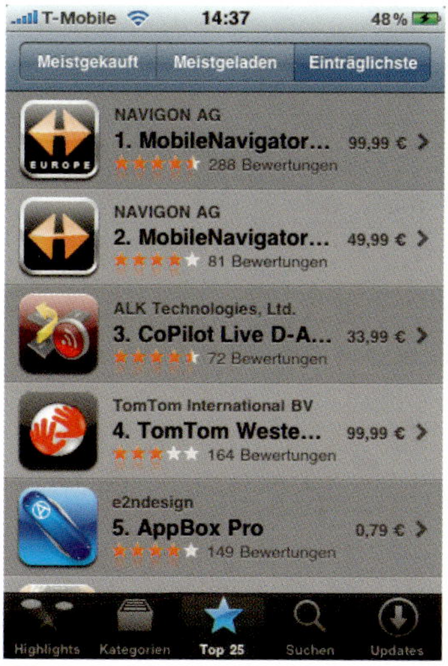

Die Top 25 sind eine ständig aktuelle Liste der beliebtesten Programme.

iTunes-Gutscheine einlösen

Mit dem iPhone OS 3.1 hat auch das Einlösen von iTunes-Gutscheinen in den App Store Einzug gehalten. Wie in iTunes ist es nun auch auf dem iPhone möglich, mit den iTunes-Gutscheinen von Apple im App Store Programme zu kaufen.

Ein Gutschein kann im App Store in der Kategorie *Highlights* unter Neu eingelöst werden. Die Funktion dafür befindet sich am Ende der Liste. Ein Fingertipp auf Einlösen leitet Sie zu einem Screen, in dem der Gutscheincode eingegeben werden muss. Nach der Bestätigung der Eingabe können Sie das Guthaben bzw. den Betrag des Gutscheins sehen. Wenn Sie nun im App Store oder in iTunes einkaufen, wird der Betrag automatisch vom Gutschein abgezogen.

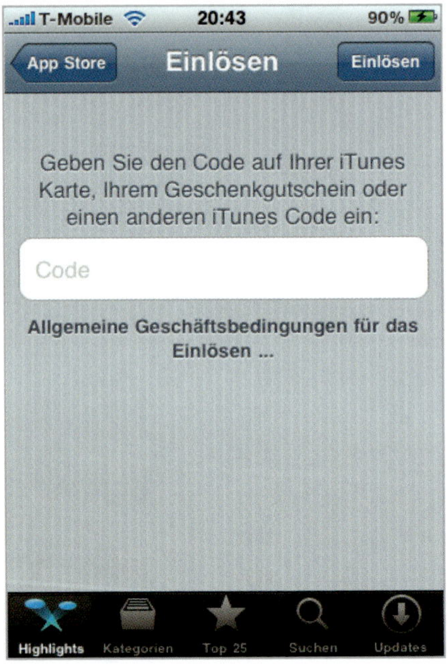

Bei den „Highlights“ im Bereich „Neu“ befindet sich am Ende der Liste die Funktion zum Einlösen eines iTunes-Gutscheins.

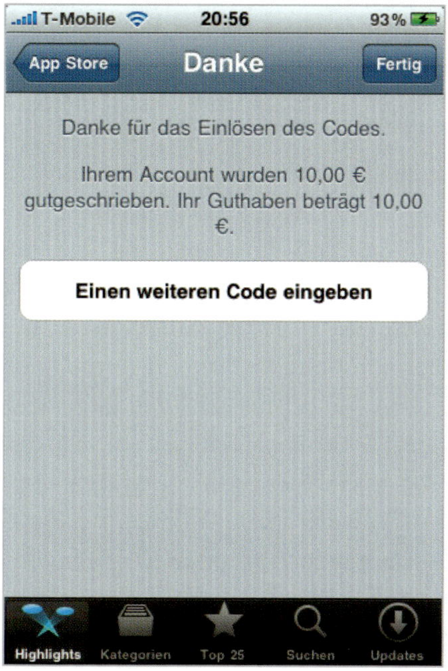

Nach der Codeeingabe erhält man eine Übersicht über den Betrag des Gutscheins und das aktuelle Guthaben.

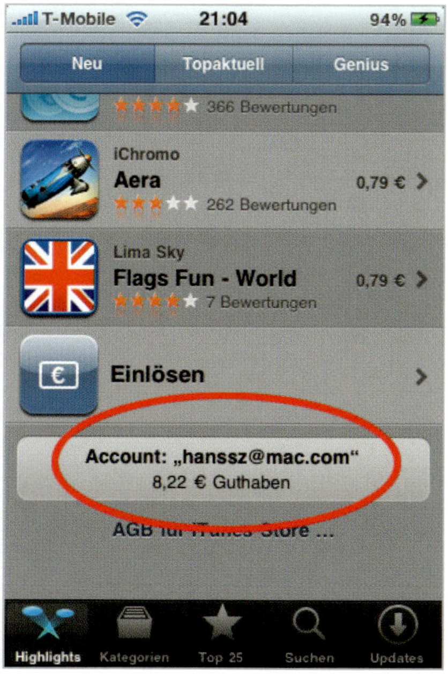

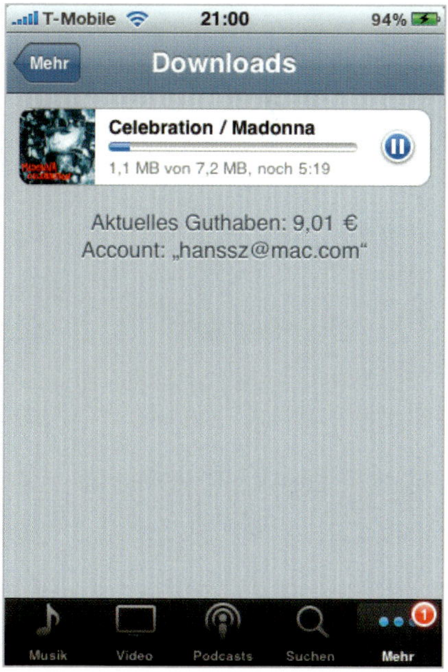

Ab sofort wird im App Store und in iTunes mit dem Gutschein bezahlt.

Apps suchen, Anwendung installieren

Ich zeige Ihnen anhand der Suchfunktion, wie sich eine Anwendung installieren lässt. Der Weg ist aber identisch für alle anderen Optionen, über die Sie ein Programm entdeckt haben, das Sie interessiert.

Angenommen, Sie suchen ein Programm zum Versenden von Nachrichten, wie Sie es von iChat, Skype oder ICQ am Rechner gewohnt sind. Sie wählen *Suche* und geben eine passende Suchabfrage ein, beispielsweise „instant messaging". Daraufhin erhalten Sie eine Liste mit Treffern. Sie finden AIM, kennen es vielleicht schon vom Büro und möchten mehr darüber erfahren. Also tippen Sie auf den Eintrag. Nach dem Lesen der Beschreibung sind Sie sicher: Dieses Programm passt gut, noch dazu ist es kostenlos und es besteht kein Risiko. Würde das Programm etwas kosten, wäre anstelle von *KOSTENLOS* der Preis angegeben. Tippen Sie in beiden Fällen auf den Button, der sich in *INSTALLIEREN* verändert. Folgen Sie den Anweisungen auf dem Display und geben Sie Ihr iTunes-Passwort ein. Danach wird das Programm heruntergeladen, installiert und ist danach bereit zum Einsatz.

In wenigen Schritten ist das gewünschte Programm einsatzbereit: Suchen, finden, herunterladen, installieren, fertig!

Anwendungen updaten

Wie jede andere Anwendung auch, wird ein iPhone-Programm in regelmäßigen Abständen überarbeitet. Das kann daran liegen, dass Fehler auftauchen, die ausgebügelt werden müssen. Oder aber die Entwickler fügen der Software neue Funktionen hinzu. Damit Sie als Anwender aber nicht immer alle ihre installierten Apps auf ihre Aktualität überprüfen müssen, gibt es im App Store eine Update-Funktion. Sobald ein Update verfügbar ist, bekommen das App-Store-Symbol auf dem Desktop und das *Updates*-Symbol im App Store eine kleine Ziffer in einem roten Kreis. Die Ziffer gibt an, wie viele Anwendungen aktualisiert werden sollten. Tippen Sie auf einen Eintrag in den *Updates*, können Sie nachlesen, was in der neuen Version aktualisiert wurde. Tippen Sie auf *KOSTENLOS*, um das Update zu installieren.

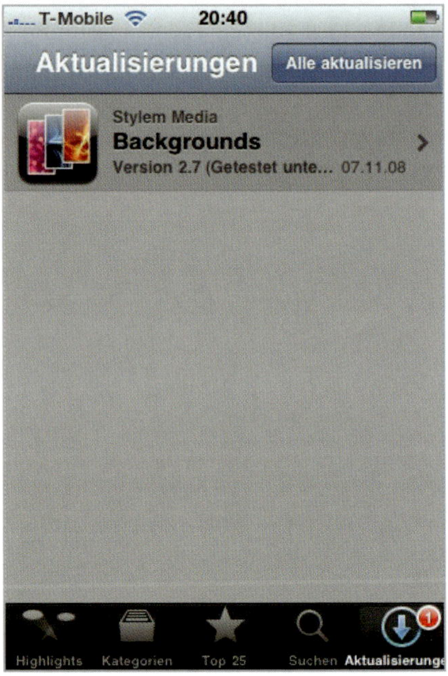

Der App Store sorgt dafür, dass die installierten Anwendungen immer auf dem aktuellen Stand sind. Gibt es Neuigkeiten, werden Sie automatisch informiert.

Der App Store am Mac und PC

Sie können nach Programmen über iTunes am Rechner suchen und auch alle anderen Funktionen (Download, Updates) auf diesem Weg erledigen. Wechseln Sie zu iTunes und starten Sie den iTunes Store. Dort finden Sie links oben unter *iTunes STORE* den Eintrag *App Store*. Klicken Sie darauf, um dorthin zu wechseln. Sie haben nun alle Möglichkeiten, die Sie auch am iPhone haben: *KATEGORIEN*, *TOP-APPS (GEKAUFT)*, *TOP-APPS (KOSTENLOS)*, *NEU* und so weiter. Jedes Programm, das Sie herunterladen, landet in der *MEDIATHEK* unter *Programme*. Der einzige Unterschied ist, dass Sie das iPhone zuerst noch einmal synchronisieren müssen, damit die Apps auch auf dem iPhone vorhanden sind. Zuerst sollten Sie aber festlegen, ob alle Programme kopiert werden sollen und wenn nein, welche Sie benötigen. Schließen Sie Ihr iPhone via USB-Kabel an, wechseln Sie in iTunes auf Ihr iPhone und dann auf den Reiter *Programme*. Aktivieren Sie gegebenenfalls *Programme synchronisieren* und dann entweder *Alle Programme* oder *Ausgewählte Programme:*. Im zweiten Fall ist es noch erforderlich, dass Sie auswählen, welche Tools kopiert werden sollen.

Welche Programme kopiert werden sollen, lässt sich in iTunes festlegen.

Apps in iTunes aktualisieren

Klicken Sie in der iTunes-Mediathek auf *Programme*, um eine Übersicht über alle derzeit installierten Apps zu erhalten. Gibt es aktuelle Updates, erhalten Sie am unteren rechten Bildschirmrand einen entsprechenden Hinweis. Klicken Sie darauf und laden Sie entweder alle Updates zusammen herunter (*Alle kostenlosen Updates laden*) oder klicken Sie sich durch die Anwendungen, um einzeln upzudaten.

Die heruntergeladenen Apps werden in iTunes übersichtlich dargestellt. Rechts unten können Updates installiert oder zum App Store in iTunes gewechselt werden.

Einige Highlights aus dem App Store

Das Angebot des App Stores wächst täglich und so kommen auch jeden Tag neue und gute Programme auf das iPhone. Es gibt aber 16 Anwendungen, die die Autoren dieses Buches in den letzten Wochen und Monaten begleitet haben. Diese Tatsache rechtfertigt es, trotz des sich stark verändernden Angebots ein paar Empfehlungen auszusprechen. Hier sind 20 Programme, die Sie sich unbedingt ansehen sollten.

A Fake Caller

Wer kennt das nicht: Eine nimmerendend wollende Besprechung und keine Aussicht auf Besserung. Dieses Programm gibt Ihnen die dringend benötigte Funktion: Es wird einfach ein Fake Call gestartet. Der ankommende Anruf sieht „richtig echt“ aus. Sie wählen dazu ein Bild des Anrufers aus, bestimmen den Zeitpunkt des Anrufs und ein Zeitintervall, wann erneut angerufen werden soll.

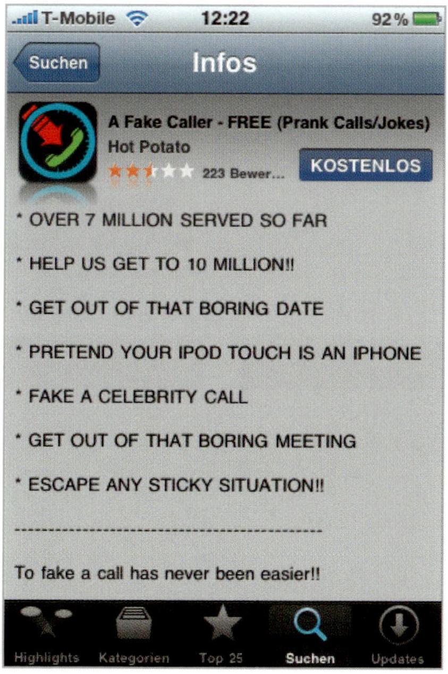

App-Name:	A Fake Caller
Hersteller:	Trabish
Dateigröße:	7,1 MByte
Preis:	kostenlos

AroundMe

Vielleicht kennen Sie die Situation: Sie sind auf Geschäftsreise und haben nun spätabends Ihr Ziel erreicht. Sie wollen noch auf die Schnelle, ein Restaurant aufsuchen. Aber wie machen Sie die Restaurants in Ihrer Nähe ausfindig? Gut – Sie könnten in Ihrem Hotel danach fragen. Schneller und einfacher findet AroundMe die Informationen. Dabei kann AroundMe nicht nur Restaurants ausfindig machen, sondern auch noch eine ganze Menge andere Orte. Das Programm kann zurzeit folgende Dinge finden: Apotheken, Apple Retail Stores, Bankfilialen, Bars, Cafés, Hotels, Kaufhäuser, Kinos, Krankenhäuser, Parkplätze, Pubs, Restaurants, Tankstellen, Taxis, Theater, Umkreissuche

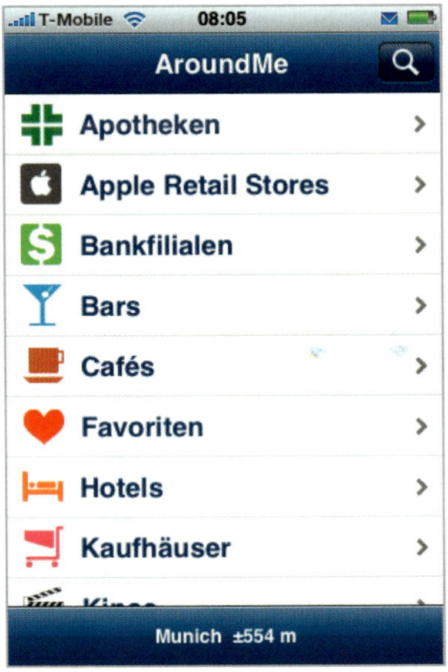

App-Name:	AroundMe
Hersteller:	Tweakersoft
Dateigröße:	2,8 MByte
Preis:	kostenlos

Bejeweled 2

Bejeweled 2 ist ein ansprechend gemachtes Game mit hoher Langzeitmotivation und guter Unterstützung des Touchscreens. Es gibt drei Spielmodi, in denen der zentrale Inhalt des Spiels immer gleich ist: Es müssen mindestens drei Steine derselben Farbe in einer horizontalen oder vertikalen Reihe zusammengebracht werden, damit sich diese Steine auflösen und Punkte auf das Konto des Spielers bringen. Schaffen Sie es, vier Steine gleicher Farbe zu vereinen, gibt es einen Bonusstein, der beim nächsten Mal eine kleine Explosion herbeiführt, so mehr Steine zerstört und extra Punkte bringt. Schaffen Sie es sogar mit fünf Steinen, gibt es ebenfalls einen Bonus, der alle Steine derselben Farbe auf dem Bildschirm eliminiert – ebenfalls mit einer hohen Punktezahl.

App-Name:	Bejeweled 2
Hersteller:	PopCap Games, Inc
Dateigröße:	7,30 MByte
Preis:	2,39 Euro

Einkaufsliste

Die Einkaufsliste unterstützt Sie beim Einkaufen und ersetzt den Einkaufszettel. Geben Sie alle Produkte ein, die Sie kaufen müssen, und streichen Sie sie ab, wenn sie im Einkaufswagen liegen. Viele Produkte sind bereits eingetragen, eigene können problemlos hinzugefügt werden.

App-Name: ShoppingList (Einkaufsliste)
Hersteller: Werner Freytag
Dateigröße: 380 KByte
Preis: 0,79 Euro

Fahrplan

Es gibt Programme, so wie dieses, die einfach nur genial sind. Zunächst einmal kann das Programm Haltestellen von öffentlichen Verkehrsmitteln aufspüren. Dazu benötigen Sie ein iPhone 3G inklusive GPS. Weiterhin können Sie Routen von A nach B unter Verwendung öffentlicher Verkehrsmittel zusammenstellen lassen. Und zu guter Letzt können von Haltestellen die aktuellen Ankunfts- und Abfahrtszeiten der Verkehrsmittel angezeigt werden. Gibt man beispielsweise den Hauptbahnhof in München als Haltestelle ein, so erscheinen alle ankommenden und abfahrenden U- oder S-Bahn-Züge, Omnibuslinien und so weiter.

Die Ergebnisse können nach Verkehrsmitteln und Uhrzeiten eingeschränkt werden. So ist es etwa möglich, nur S- und U-Bahnen oder Busse anzeigen zu lassen.

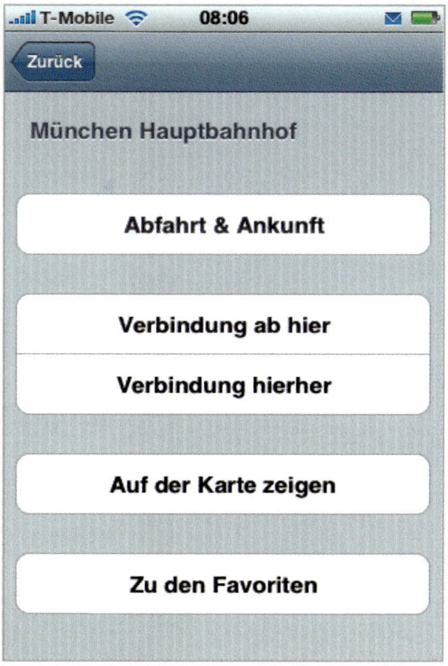

App-Name:	Fahrplan
Hersteller:	Frank Vercruesse
Dateigröße:	0,20 MByte
Preis:	kostenlos

Fring

Mit Fring haben Sie den ultimativen Kommunikationsclient für Ihr iPhone. Denn egal ob Sie Skype, MSN, Google, AIM, Yahoo, ICQ etc. nutzen, mit Fring können Sie alle diese Dienste mit nur einem Programm verwenden.

Die Konfiguration ist denkbar einfach. Für jeden Diensteanbieter hinterlegen Sie Ihre Daten und schon kann es losgehen. So können Sie damit über Skype und einer Wi-Fi-Verbindung Ihres iPhones kostenfrei alle anderen Skype-Teilnehmer weltweit telefonisch (VoIP) erreichen. Natürlich unterstützt Fring auch die Chat-Funktionalität. Diese kann sowohl über UMTS und Wi-Fi als auch über EDGE genutzt werden.

Die dynamische Kontaktliste zeigt Ihnen zudem zu jedem Zeitpunkt, wer gerade online ist.

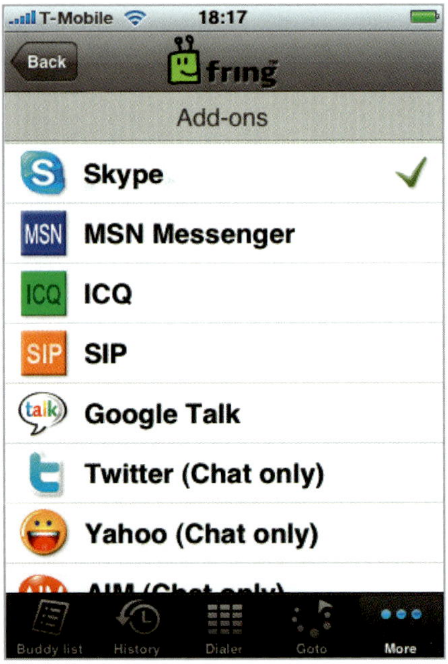

App-Name: Fring
Hersteller: fringland
Dateigröße: 3,0 MByte
Preis: kostenlos

Hotspot

Wer im T-Mobile-Vertrag zu seinem iPhone die Benutzung der T-Mobile-Hotspots mitgebucht hat, kennt das Problem der Anmeldung: Der Benutzername ist lang, das Passwort kryptisch. In den seltensten Fällen klappt die Anmeldung beim ersten Mal. Mit Hotspot geben Sie die Zugangsdaten einmal an. Wenn Sie sich im Bereich eines T-Mobile-Hotspots befinden, starten Sie die Anwendung und Hotspot loggt Sie automatisch ein.

Doch wie erhält man die Zugangsdaten für die Hotspot-Nutzung? Um die für die Hotspots nötigen Zugangsdaten zu erhalten, senden Sie eine SMS mit dem Inhalt *Open* an die Nummer 9526. Daraufhin erhalten Sie eine Antwort mit dem passenden Login und Passwort.

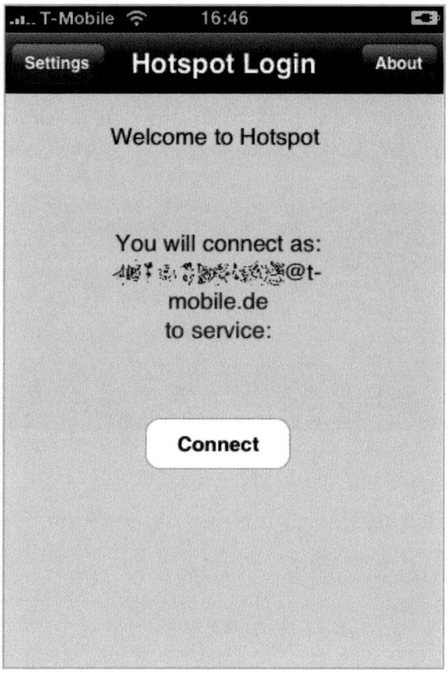

App-Name: Hotspot
Hersteller: CtoJ
Dateigröße: 150 KByte
Preis: kostenlos

iNetwork Test

Ist das Internet so langsam oder kommt es mir nur so vor? Liegt es an mir oder am Server, von dem ich die Informationen abrufen möchte? Hören Sie auf zu grübeln und testen Sie ihre Verbindung. iNetwork Test sendet Datenpakete und errechnet so den Datendurchsatz. Das funktioniert mit WLAN, EDGE und UMTS.

App-Name: INetwork Test
Hersteller: Xcellent Creations, Inc.
Dateigröße: 140 KByte
Preis: 0,79 Euro

MobileMe iDisk

Wer einen MobileMe-Account sein Eigen nennt, der wird sich sicher über diese Applikation freuen. Damit können Sie auf die Daten Ihrer iDisk lesend zugreifen. Sie sehen die dort angelegten Ordner, können hineinbrowsen und ganz simple die darin befindlichen Dateien auf dem iPhone anschauen.

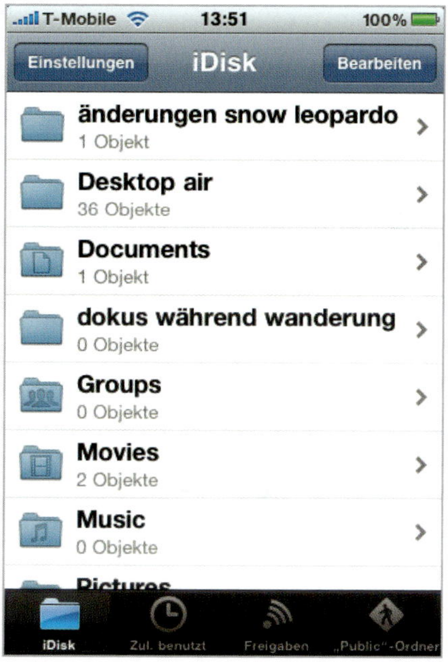

App-Name:	MobileMe iDisk
Hersteller:	Apple
Dateigröße:	2,2 MByte
Preis:	kostenlos

Mocha VNC Lite

Wäre es nicht toll, wenn Sie mit Ihrem iPhone Ihren Computer fernsteuern könnten? Dafür hat der Hersteller MochaSoft die Applikation VNC Lite entwickelt. Das kostenlose Tool erlaubt den Zugriff auf Macs oder PCs.

Damit die Fernsteuerung funktioniert, müssen Sie am Rechner einige Dinge vorbereiten. Sie sollten auf jeden Fall die IP-Adresse und den Port (normalerweise 5900) kennen, unter dem Ihr Rechner sich per VNC zur Verfügung stellen wird.

Dann sollten Sie an Ihrem Computer ein Kennwort vergeben, damit die Verbindungsaufnahme kontrolliert erfolgen kann.

Am Mac (Mac OS X Snow Leopard) beispielsweise wird die VNC-Funktion in den *Systemeinstellungen* bei *Freigaben* aktiviert. Dort ist *Bildschirmfreigabe* zu aktivieren. Sodann muss in den Computereinstellungen noch die Option *VNC Benutzer dürfen...* eingeschaltet und ein Passwort definiert werden.

Falls Sie einen Windows-Rechner haben, sollten Sie Ultra VNC installieren, ein Kennwort spezifizieren und schon kann es losgehen.

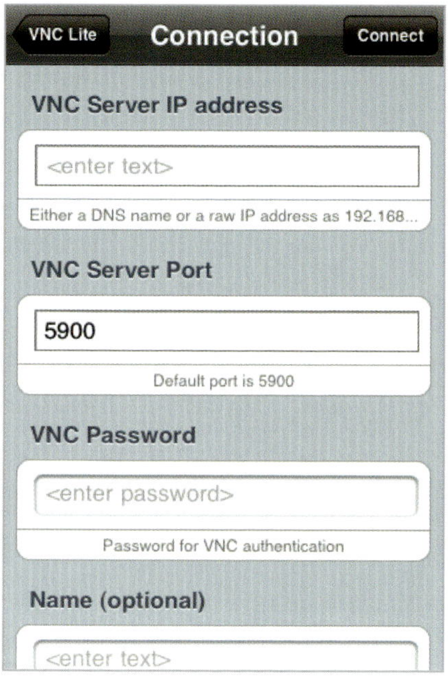

App-Name:	Mocha VNC Lite
Hersteller:	MochaSoft
Dateigröße:	0,6 MByte
Preis:	kostenlos

Navigon MobileNavigator

Seit dem iPhone 3G, das im Juni 2008 vorgestellt wurde, ist ein GPS-Chip im Apple-Telefon verbaut. Das macht es möglich, eine vollwertige Navigationslösung für das iPhone auf den Markt zu bringen. Allerdings hat es rund ein Jahr gedauert, bis Navigon das erste Programm auch tatsächlich in den AppStore brachte. Zwar hat auch der niederländische Anbieter TomTom schon Monate vor Erscheinen der Navigon-Software darauf hingewiesen, dass man eine TomTom-Navigation für das iPhone erwarten darf. Aber zum Start von MobileNavigator war Navigon alleine am Markt.

Solide Navigationslösung von Navigon mit überschaubaren Einstellungen

Die Anwendung macht einen guten Eindruck. Viele der Funktionen, die das Leben mit den eigenständigen Navi-Lösungen schon einfacher machen, haben den Weg ins iPhone gefunden:

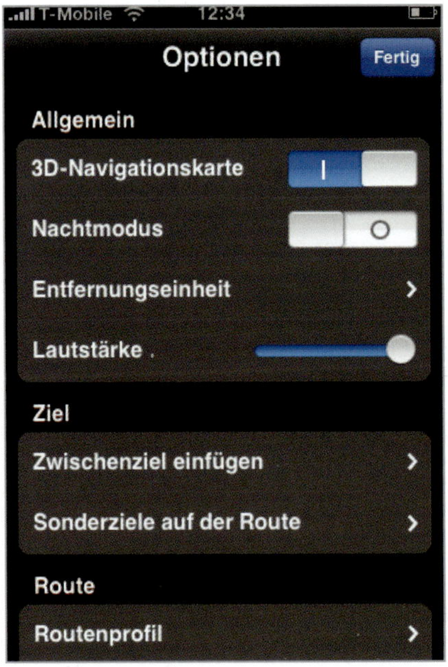

Die Einstellungsmöglichkeiten sind überschaubar, reichen aber im Normalfall aus.

Intelligente Adresseingabe: Es werden bei der Orts- und Straßennameneingabe nur die Möglichkeiten angezeigt, die zu den bisher eingegebenen Zeichen passen. Bei der Hausnummerneingabe zeigt die Software auch gleich die möglichen Kreuzungen an.

Anstelle der Hausnummer kann man auch eine der angezeigten Kreuzungen als Ziel angeben.

Reality View Pro: Bei Autobahnkreuzen und Ausfahrten werden am Display die Fahrspuren mit den dazugehörigen Beschilderungen angezeigt. So ist immer auf Anhieb ersichtlich, wohin gefahren werden soll.

Fahrspurassistent Pro: Gerade bei unübersichtlichen Straßen und Kreuzungen innerhalb und außerhalb geschlossener Ortschaften kommt es oft vor, dass man trotz Ansagen des Navis nicht genau weiß, welche Abfahrt oder welche Spur gemeint ist. MobileNavigator zeigt zur Unterstützung alle Fahrspuren an und markiert die, die genommen werden dürfen, mit Pfeilen.

Points of Interest: Wichtige „Orte“ wie Tankstellen oder Banken werden auf der Karte angezeigt, können in der Umgebung gesucht und direkt angesteuert werden. In der Europaversion gibt es mehr als 2.000.000 POI.

Für die Navigation selbst gibt es eine Handvoll Einstellungsmöglichkeiten:

Anzeige: Die Karte kann auf 2D- oder 3D-Ansicht gestellt werden und es gibt einen Nachtmodus, der den Bildschirm etwas abdunkelt, damit er in dunklem Umfeld nicht so blendet.

Routenprofil: Hier kann eingestellt werden, ob man mit Pkw, Motorrad, Lkw, Fahrrad oder als Fußgänger unterwegs ist. Außerdem lässt sich festlegen, ob man schnell ans Ziel kommen will („Schnell"), auf kürzestem Weg („Kurz") oder ob ein gutes Verhältnis zwischen Fahrtdauer und Spritverbrauch gewünscht ist („Optimal"). Wenn die Zeit nicht der entscheidende Faktor ist, gibt es noch die Option „Schön".

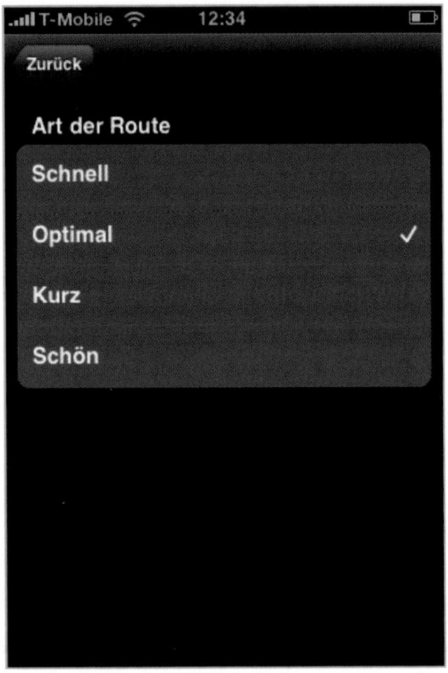

Je nachdem, wie sehr die Zeit drängt, lassen sich unterschiedliche Routenprofile anzeigen.

Standard ist bei Navigon schon lange, dass man Autobahnen, Mautstraßen und Fähren „erlauben", „vermeiden" oder „verbieten" kann. Selbst „Anliegerstraßen" können für die Routenführung freigegeben oder gesperrt werden.

Damit es möglichst wenig Unklarheiten während der Fahrt gibt, werden auch Richtungsschilder am Display angezeigt. So erkennt man auf einen Blick, ob beispielsweise die Autobahn nach Salzburg oder die nach Stuttgart genommen werden soll. Folgen zwei Abbiegungen kurz aufeinander, werden beide gleichzeitig dargestellt. So ist zweifelsfrei zu sehen, welche zuerst kommt und dass gleich im Anschluss noch eine weitere Richtungsänderung folgt.

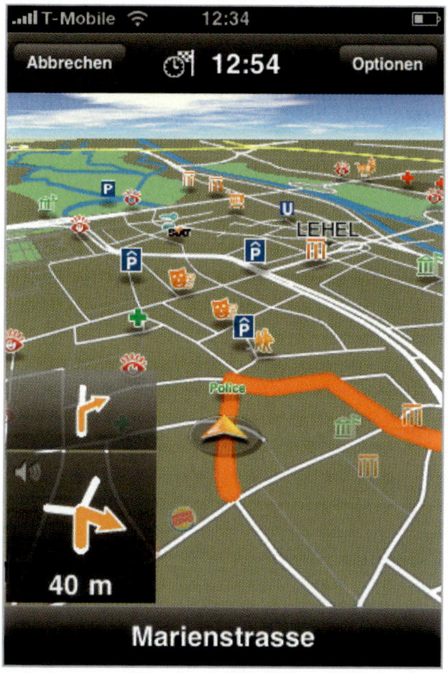

Die Anzeige der Route ist übersichtlich, kritische Abbiegesituationen werden von der Software rechtzeitig angezeigt.

Gut gelungen ist die Zusammenarbeit mit dem iPhone selbst. So können Adressen aus den Kontakten des iPhones direkt in den MobileNavigator eingelesen werden. Wer also gepflegte Kontakte im iPhone, nicht aber im Navigationsgerät hat, muss nicht erst im iPhone nachsehen und die Adressen dann händisch eingeben. Das klappt jetzt einwandfrei. Gibt es für einen Kontakt mehrere Adressen, besteht die Möglichkeit, die richtige auszuwählen.

Geht während der Navigation ein Gespräch ein, wird die Routenführung unterbrochen. Danach springt der MobileNavigator aber wieder an und macht mit der Routenführung weiter.

Die Anzeige klappt auf Wunsch im Hoch- oder Querformat. Der MobileNavigator dreht automatisch das Bild und passt die Anzeige an, wenn man das iPhone dreht.

Das Fazit: Es gibt nicht viele Argumente, die gegen eine Navigationssoftware auf dem iPhone sprechen. Zwar gibt es dort weniger Anzeige- und Konfigurationsmöglichkeiten. Aber das, was die iPhone-Software anbietet, erfüllt den Zweck voll und ganz. Die Sprachausgabe klingt nicht ganz so klasse, das liegt aber nicht an der Software, sondern eher an den nicht allzu guten Lautsprechern des iPhones. Was wirklich fehlt, ist die Möglichkeit, TMC-Verkehrsinformationen abzurufen und damit eine aktive Stauumfahrung zu ermöglichen. Möglicherweise wird diese Funktion aber in einem späteren Update nachgeliefert. IQ Routes, die bei TomTom-Navis abhängig von der Uhrzeit unterschiedliche Routen für ein und dieselbe Strecke anbieten, gibt es ebenfalls nicht.

Den MobileNavigator gibt es in zwei Versionen. Eine mit den Karten für eine Vielzahl von europäischen Ländern und eine für den deutschsprachigen Raum mit Deutschland, Österreich und der Schweiz. Die Preise liegen bei knapp 100 Euro für die Europaversion und 50 Euro für die Software mit Kartenmaterial von Deutschland, Österreich und der Schweiz (Stand: September 2009).

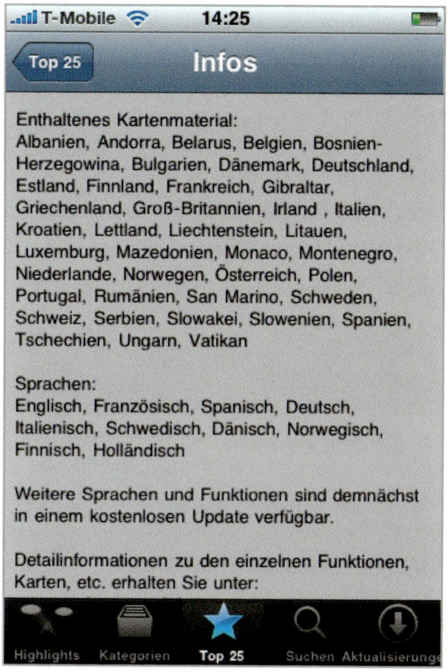

Im App Store ist die Liste der Karten aufgeführt. Hier handelt es sich um die Europaversion.

Der Download ist zwar mit 1,6 GByte (Europa) beziehungsweise 360 MByte (D, A, CH) vergleichsweise umfangreich. Damit hat man aber alle Karten bereits auf dem iPhone. So muss kein Kartenmaterial aus dem Internet nachgeladen werden, was im Heimatland Zeit und im Ausland auch eine Menge Geld spart.

App-Name:	MobileNavigator
Hersteller:	Navigon
Adresse:	www.navigon.com/iphone
Preis:	ab 49,99 Euro

NetNewsWire

Einer der bekanntesten News- und RSS-Reader ist nun auch für das iPhone erhältlich. Die Handhabung ist einfach und als Clou können die abonnierten RSS-Feeds zwischen iPhone und Mac synchronisiert werden. Fügen Sie also am Mac einen Feed hinzu, können Sie automatisch am iPhone darauf zugreifen. Löschen Sie einen am iPhone, können Sie den Feed komplett löschen oder auch nur am iPhone. Am Mac bleibt er so auf Wunsch erhalten.

App-Name: NetNewsWire
Hersteller: NewsGator Technologies, Inc.
Dateigröße: 310 KByte
Preis: kostenlos

Remote

Remote erlaubt die Steuerung einer iTunes-Bibliothek, die auf einem Mac oder PC liegt. Auch Apples Medienzentrale Apple TV lässt sich steuern. Lehnen Sie sich zurück und steuern Sie Playlisten bequem aus der Ferne. Dabei haben Sie vollen Zugriff auf alle Listen und somit auf alle Songs.

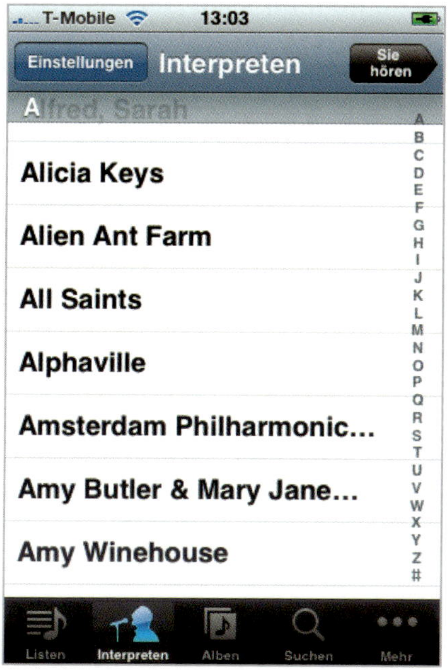

App-Name:	Remote
Hersteller:	Apple
Dateigröße:	1,30 MByte
Preis:	kostenlos

Shazam

Kennen Sie folgendes Problem? Sie haben in Ihrer iTunes-Bibliothek eine Vielzahl an Titeln, die Track01, Track03 oder Rock1 heißen. Sie kommen vielleicht noch auf den Interpreten, Titelname, Album, aber und alle anderen Daten wissen Sie nicht oder sie fallen Ihnen nicht ein. Anderes Beispiel: Sie sitzen im Café oder fahren mit dem Auto. Plötzlich hören Sie ein Lied, das Ihnen gut gefällt. Aber weder die Bedienung noch der Moderator sagen Ihnen, welches Lied das ist. Kein Problem. Starten Sie Shazam, lassen Sie das Programm ein paar Sekunden dem Song lauschen und schon erhalten Sie alle diese Daten. Shazam kennt erstaunlich viele Lieder und nur in den seltensten Fällen bleibt die Suche erfolglos – eines der coolsten Tools für das iPhone. Sie können das Lied anschließend gleich im iTunes Store kaufen oder das Video bei YouTube ansehen.

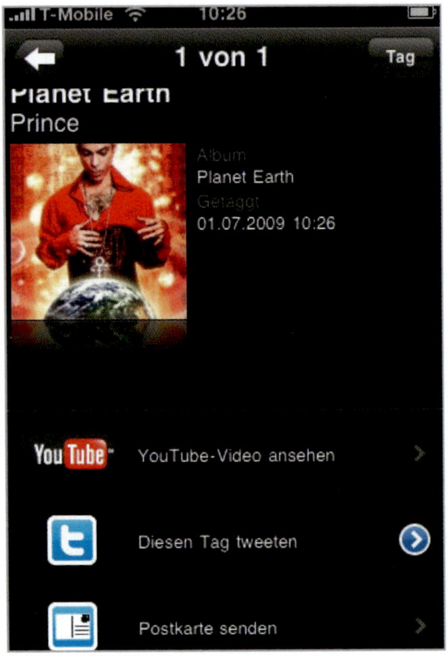

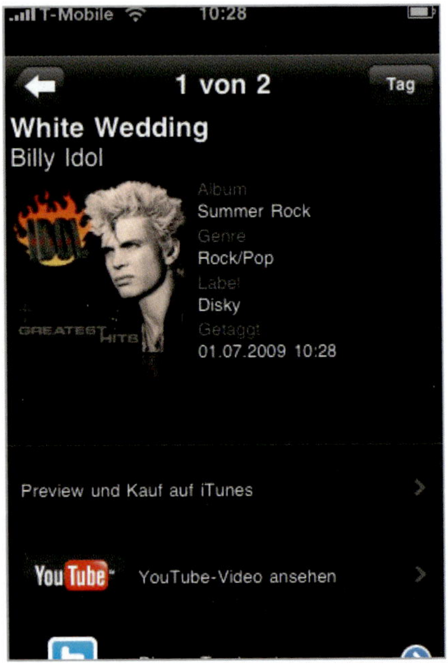

App-Name:	Shazam
Hersteller:	Shazam Entertainment Ltd.
Dateigröße:	545 KByte
Preis:	kostenlos

Skype

Keine Frage, der wohl weltweit am meisten verbreitete Netzwerkdienst hat ebenso einen Client für das iPhone im Portfolio. Genauso wie am Rechner, gibt man seine Userdaten ein, gefolgt vom Kennwort und schon kann per Chat der Kontakt zu anderen Nutzern hergestellt werden.

Skype erlaubt zudem das Telefonieren übers Internet. Dabei hängt es von Ihrem Provider und dessen Vertragswerk ab, ob Sie via UMTS Skype zum Telefonieren verwenden dürfen. In vielen Veträgen ist Voice over IP (Internettelefon) ausdrücklich ausgeschlossen.

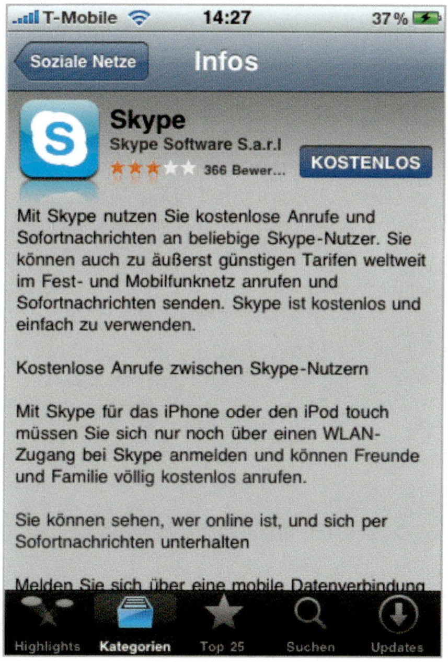

App-Name:	Skype
Hersteller:	Skype Software
Dateigröße:	3,7 MByte
Preis:	kostenlos

Sudoku Unlimited

Sudoku Unlimited bietet fünf Schwierigkeitslevel und eine gute Handhabung. Tippen Sie auf ein leeres Feld und es öffnet sich ein Fenster, in dem Sie die gewünschte Ziffer antippen können. Sie wird eingetragen und gleich farblich als richtig oder falsch markiert. Diese Korrekturhilfe kann auf Wunsch abgeschaltet werden. Die besten Ergebnisse speichert das Spiel in einer High-Score-Liste.

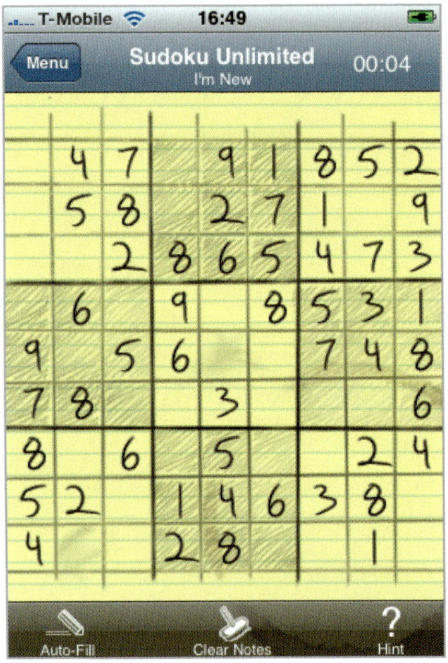

App-Name: Sudoku Unlimited
Hersteller: Phase2 Media
Dateigröße: 1,70 MByte
Preis: 2,39 Euro

Tuner Internet Radio

Tuner ist eine Applikation, mit der sich Tausende Internetradiostationen abspielen lassen. Nach Genres sortiert, findet sich rasch der richtige Sender für jeden Geschmack. Die besten Stationen lassen sich in einer Bookmark-Liste ablegen.

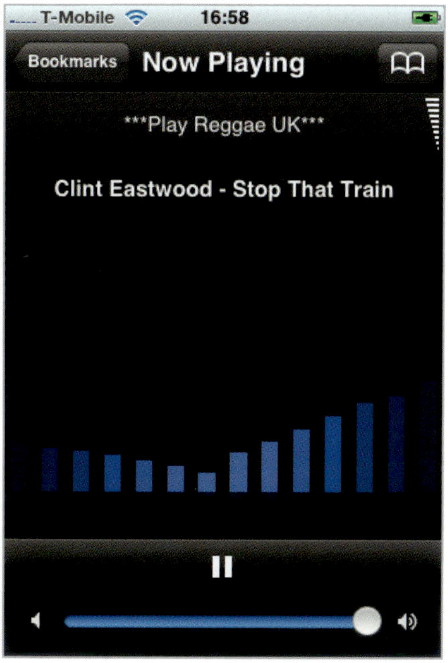

App-Name:	Tuner Internet Radio
Hersteller:	Nullriver, Inc.
Dateigröße:	100 KByte
Preis:	4,99 Euro

Units

Units rechnet im Handumdrehen verschiedene Einheiten um. Für Währungen werden die Kurse einmal pro Tag aus dem Internet aktualisiert. Es können Flächen, Währungen, Energiewerte, Temperaturen, Zeiten, Längen und Gewichte mit je einer Vielzahl an Einheiten verglichen werden. Für die drei wichtigsten Umrechnungen lassen sich Shortcuts anlegen.

App-Name:	Units
Hersteller:	crossroad solutions
Dateigröße:	400 KByte
Preis:	0,79 Euro

UsedBudget

Sie haben ein Gesprächs- und SMS-Budget und wissen meistens nicht, wie viel Sie davon schon verbraucht haben? Klar, T-Mobile stellt diese Daten auf der Kostenkontrolle-Homepage zur Verfügung. Aber: Safari auf, Adresse eingeben, einloggen, Seite suchen, Daten checken dauert schon etwas lange. UsedBudget stellt diese Daten in einer Anwendung übersichtlich zur Verfügung. Es wird nicht nur angezeigt, was schon verbraucht wurde. Sie erfahren auch anhand einer Hochrechnung, ob Sie gut auf Kurs sind oder ob Sie sich bis zum Ende des Monats besser etwas einschränken.

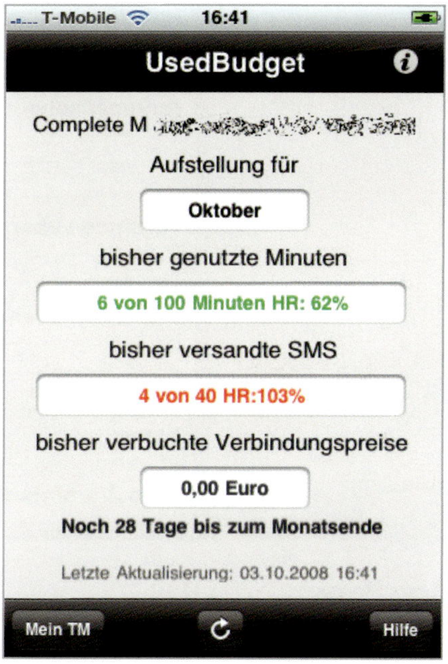

App-Name:	UsedBudget
Hersteller:	CSS IT Consulting
Dateigröße:	150 KByte
Preis:	1,59 Euro

WiFiTrak

WiFiTrak sucht alle verfügbaren WLANs in der Umgebung ab und testet, ob sie frei zugänglich sind. Es zeigt eine Liste der Netzwerke, sortiert von am besten zugänglich bis zum schlechtest benutzbaren. Es kann automatisch den Browser oder Mail verständigen, wenn WiFiTrak ein geeignetes Netzwerk gefunden hat.

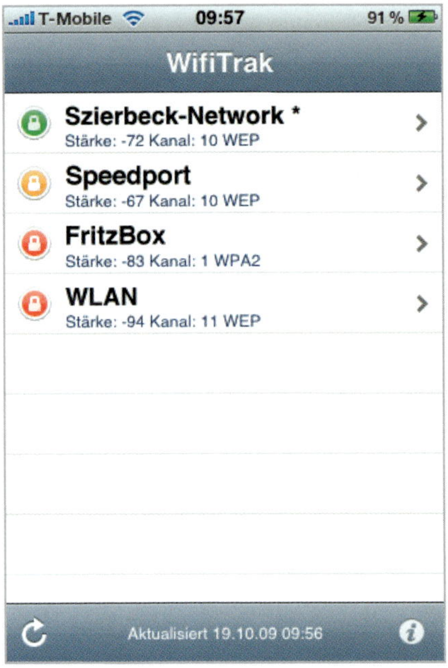

App-Name:	WiFiTrak
Hersteller:	Bitrino Inc
Dateigröße:	200 KByte
Preis:	0,79 Euro

Steve Jobs zur Erfindung des iPhones

*1984 hat Apple den Macintosh erfunden.
Er revolutionierte die gesamte Computerbranche.*

*2001 hat Apple den iPod erfunden.
Er veränderte die komplette Musikindustrie.*

*2007 hat Apple das Mobiltelefon neu erfunden –
das iPhone.*

Desktop individuell anpassen

Wenn Sie Ihr iPhone im Werkszustand starten, befinden sich die Standard-Apps auf der ersten Seite des Bildschirms. Dort gibt es Platz für insgesamt 16 Anwendungen plus die vier Hauptprogramme, die sich auf der silbernen Leiste befinden. Das ist für den Anfang ausreichend. Sobald Sie aber damit beginnen, weitere Anwendungen aus dem App Store herunterzuladen, wird der Platz schnell knapp.

So ähnlich sieht der Homescreen eines neuen iPhones aus. Die 20 Hauptanwendungen sind im oberen und unteren Bereich verteilt.

Aus diesem Grund gibt es die Möglichkeit, insgesamt 10 neue Homescreens mit Icons anzulegen. Dort lassen sich die Icons in beliebiger Reihenfolge ablegen und sortieren.

Haben Sie noch mehr Programme geladen, dann können Sie über die Spotlight-Suche diese auffinden und durch Antippen starten.

Nicht vergessen werden darf an dieser Stelle, dass neben Programmen auch Safari-Webseiten als Icons auf den Homescreens angelegt werden können und so doch sehr rasch der Platz eng werden könnte.

Anwendungen vom Desktop löschen

Um die Icons zu verschieben und zusätzliche Homescreens anzulegen, wechseln Sie in den dafür zuständigen Modus. Tippen Sie auf eines der Icons und halten Sie es gedrückt. Nach etwa zwei Sekunden beginnen die Icons zu wackeln und gekaufte Anwendungen sowie auf dem Homescreen abgelegte Safari-Bookmarks (siehe dazu Kapitel 6 „Safari, Wichtige Webseiten im Blick behalten“) erhalten zusätzlich ein kleines *x* an der oberen linken Ecke. Dieser Wackelscreen ist die Ausgangsposition für das Löschen von Anwendungen und Bookmarks, das Verschieben von Icons und das Hinzufügen von weiteren Homescreens.

Halten Sie eines der Icons für zwei Sekunden gedrückt, wechseln Sie in den Editiermodus des Homescreens.

Über das *x* links oben bei den Icons lassen sich geladene Anwendungen und Lesezeichen löschen. Tippen Sie darauf und bestätigen Sie die folgende Abfrage mit *Löschen*, um es zu entfernen. *Abbrechen* bringt Sie wieder zurück zum Wackelscreen, das Icon und die Anwendung beziehungsweise das Bookmark bleiben in diesem Fall erhalten.

Tippen Sie auf „Löschen", wird die Anwendung vom Homescreen entfernt und ist damit nicht mehr am iPhone zu erreichen. Wenn Sie möchten, können Sie die Applikation noch mit Sternen bewerten.

Haben Sie eine Anwendung entfernt, können Sie darauf nicht mehr zugreifen. Ihr iTunes am Rechner hat die Anwendung aber noch, sie ist lediglich so markiert, dass das Programm nicht mehr automatisch synchronisiert wird. Möchten Sie das Tool unterwegs wider mit dabei haben, setzen Sie in den Synchronisierungseinstellungen des iPhones unter *Programme* ein Häkchen vor dem entfernten Programm. Beim nächsten Abgleich ist es wieder mit an Bord. Sie können es aber auch einfach erneut aus dem App Store laden und müssen nicht noch mal dafür bezahlen.

Icons verschieben und weitere Screens hinzufügen

Wenn Sie sich im Wackelscreen befinden, tippen Sie auf ein Icon und lassen Sie den Finger auf dem Symbol. Jetzt können Sie die Position der Anwendung verschieben. Lassen Sie das Icon los, wenn Sie die gewünschte Position erreicht haben. So können Sie Anwendungen beliebig hin und her schieben. Sie können sogar eines der vier Programme *Telefon*, *Mail*, *Safari* und *iPod* aus der silbernen Leiste unten nach oben verschieben und auf Wunsch eine andere Anwendung an dem frei gewordenen Platz unterbringen. Der Vorteil an der Leiste: Wenn wir gleich mehrere Homescreens erstellen, bliebt die Viererleiste immer eingeblendet.

Um einen neuen Homescreen zu erstellen, gibt es zwei Möglichkeiten: automatisch und manuell. Sie bekommen automatisch einen neuen Screen, wenn Sie eine Anwendung installieren oder ein Lesezeichen auf dem Homescreen ablegen möchten und die vorhandenen Homescreens bereits voll sind. Dann wird das neue Icon das erste auf der neuen Seite. Manuell können Sie einen weiteren Homescreen anlegen, indem Sie im Wackelmodus ein Icon rechts aus dem Bildschirm hinaus schieben. Ihr iPhone erstellt daraufhin einen neuen Bildschirm und Sie können das Icon dort loslassen.

Zwischen den Homescreens wechseln

Wie viele Homescreens Sie im Einsatz haben, sehen Sie an den Punkten über der silbernen Leiste mit den vier Hauptanwendungen. Jeder Punkt steht für einen Homescreen und anhand der weißen und grauen Einfärbung können Sie erkennen, in welchem Homescreen Sie sich gerade befinden. Um zwischen den Homescreens zu wechseln, wischen Sie mit dem Finger nach links oder rechts, um zu dem Screen davor oder danach zu gelangen.

Sie können alternativ auch leicht links oder rechts der kleinen Punkte tippen, um zu wechseln. Wenn Sie mehrere Screens im Einsatz haben und beim Wischen zwar ein kleines Stück nach links oder rechts verschieben können, die Anzeige aber wieder zurückspringt, haben Sie den ersten oder letzten Homescreen erreicht. Dann ist nur ein Wechsel in die jeweils andere Richtung möglich.

Wenn Sie nun z. B. auf dem vierten Screen sind, genügt ein einmaliges Drücken der Home-Taste, um sofort zum ersten Screen zu kommen. Drücken Sie erneut einmal, wird zur Spotlight-Suche gewechselt. Ein erneutes Betätigen der Home-Taste bringt Sie wieder zum ersten Screen zurück.

Desktop mit iTunes 9 anpassen

Seit der Version 9 von iTunes haben Sie die Möglichkeit, den iPhone-Desktop bzw. die einzelnen Screens am Rechner anzupassen. Dazu starten Sie iTunes, wählen Ihr iPhone aus und wechseln in das Register *Programme*.

Das Programme-Fenster ist in zwei Bereiche aufgeteilt: Links sind alle Programme aufgelistet und rechts sehen Sie die einzelnen Homescreens des iPhones. Die Programmliste können Sie nach *Name, Kategorie* und *Datum* sortieren, dazu müssen Sie auf die gleichnamigen Schaltflächen oberhalb der Liste klicken. Dort finden Sie auch eine Suchfunktion, ähnlich der Spotlight-Suche des iPhones.

Um nun ein Programm zu übertragen, müssen Sie zuerst den gewünschten Homescreen auswählen, auf dem das Programm erscheinen soll, und dann aktivieren Sie das Programm durch einen Klick auf das Kontrollkästchen vor dem Programm.

Durch An- und Abklicken des Kontrollkästchens kann ein Programm auf dem gewünschten Homescreen installiert werden.

Mit der gleichen Vorgehensweise lassen sich natürlich Programme wieder entfernen. Für die Installation bzw. das Entfernen von Programmen gibt es allerdings noch eine einfachere Methode.

Wenn Sie mit der Maus in den Homescreens ein Programm anklicken, erscheint links oben im Programmicon ein X-Symbol. Wie auf dem iPhone, können Sie damit das Programm vom Homescreen und damit auch vom iPhone entfernen.

Ein Mausklick auf das X-Symbol des ausgewählten Programms entfernt es vom Home-Screen.

Auch das Anordnen der Programme auf den jeweiligen Homescreens kann mit der Maus durchgeführt werden. Sie nehmen das gewünschte Programm-Icon und schieben es per Drag-and-Drop auf einen der Homescreens. Auf diese Weise können Sie auch mehrere Anwendungen gleichzeitig verschieben. Mit gedrückter Shift-Taste werden mehrere Icons gleichzeitig ausgewählt. Um einen neuen Screen zu erstellen, schieben Sie die ausgewählten Programm-Icons auf den letzten, grau gefärbten Screen.

Die Programme können auch per Drag-and-Drop auf die Homescreens verteilt werden.

Wie Sie sehen, wird das Anordnen bzw. Sortieren der Programme mit iTunes 9 zur einer sehr einfachen Sache. Besonders das leichte Zusammenstellen der verschiedenen Homescreens macht iTunes 9 zu einem wertvollen Helfer für das iPhone.

Wahre Liebe

Früher war ich ein echter Mobiltelefonfetischist.
Ich konnte nie genug bekommen von neuen Modellen.
Sie sollten immer noch besser aussehen, noch mehr
Funktionen haben, noch interessanter klingeln.

So kam es, dass ich jährlich mindestens zweimal
mein Mobiltelefon gegen ein besseres, moderneres
ausgetauscht habe.

Szenenwechsel. Ich sitze vor dem Fernseher.
Es flimmert eine Werbung vom neuesten
„Supergigatelefon" inklusive Internetfunktionen und
allen weiteren Schikanen über den Fernsehschirm.
Ich lächle und stelle amüsiert fest, dass mich kein
anderes Telefon mehr interessiert.

Was lerne ich dabei? Wenn man seine „wahre Liebe"
gefunden hat, ist man wunschlos glücklich.

Daten abgleichen zwischen Computer und iPhone

Ein großer Vorteil des iPhones im Vergleich zu anderen Mobiltelefonen ist die Art, in der Daten abgeglichen werden. Bevor das iPhone erhältlich war, war ich ein großer Freund von SonyEricsson-Geräten. Sie sahen gut aus, hatten eine ordentliche Kamera und die Menüführung leuchtete mir ein. Klar, mit dem iPhone können sie in meinen Augen nicht mehr mithalten, aber damals war ich ein Fan. Alles war gut, solange ich das Telefon nicht mit meinem Rechner synchronisieren wollte. Ich habe vor ein paar Monaten das SonyEricsson-Telefon meiner Frau mit ihrem PC abgeglichen und sofort habe ich mich an meine Zeit mit diesen Geräten erinnert. Es hat alleine zwei Stunden gedauert, bis das Telefonsymbol in der Taskleiste nicht mehr durchgestrichen erschien. Zwei Stunden des Ausprobierens, bis endlich die Verbindung hergestellt war. Das hat mich in meiner Entscheidung bestärkt, dass es für mich in Zukunft nur noch das iPhone gibt. Ich will zwei Stunden für sinnvolle Dinge nutzen und nicht alle erdenklichen Kombinationen aus den Bausteinen Telefon einstecken, Software starten, Beten und Fluchen ausprobieren, bis ich endlich auf einen grünen Zweig komme. Aber das ist jetzt vorbei. In Zukunft übernimmt iTunes über die USB-Verbindung den Datenabgleich.

Als zusätzlichen Service bietet Apple MobileMe an. MobileMe ist ein Internetservice, über den sich kabellos Kontakte, Termine und vieles mehr mit allen Ihren Windows- und Mac-OS-X-Rechnern und dem iPhone abgleichen lassen. Musik, Videos, Podcasts und so weiter lassen sich nicht darüber kopieren. Das geht nach wie vor nur per Kabel. Alle nötigen Informationen zu MobileMe finden Sie in Kapitel 13.

Starten Sie iTunes, stecken Sie das iPhone an und klicken Sie links unter *GERÄTE* auf Ihr iPhone. Sie sehen im rechten Teil des Bildschirms allerhand Daten. Interessant für die Synchronisation ist der untere Abschnitt. Dort können Sie beispielsweise angeben, ob Sie das iPhone automatisch synchronisieren möchten, sobald Sie es anschließen.

Um *Programme, Klingeltöne, Musik, Filme, Fernsehsendungen, Podcasts, iTunes U* oder *Fotos* auf das iPhone zu kopieren, wechseln Sie in den entsprechenden Reiter. Das Vorgehen ist in allen Fällen identisch. Geben Sie erst an, ob der Datentyp überhaupt synchronisiert werden soll. Danach können Sie festlegen, ob beispielsweise alle Lieder auf das iPhone kopiert werden sollen oder nur ausgewählte Wiedergabelisten. Das funktioniert so, wie Sie es schon beim Abgleich von Fotos kennengelernt haben. Lediglich bei *Podcasts* und *Fernsehsendungen* können Sie noch zusätzlich angeben, ob beispielsweise *Alle ungesehenen* oder *Die 5 letzten* Episoden kopiert werden sollen.

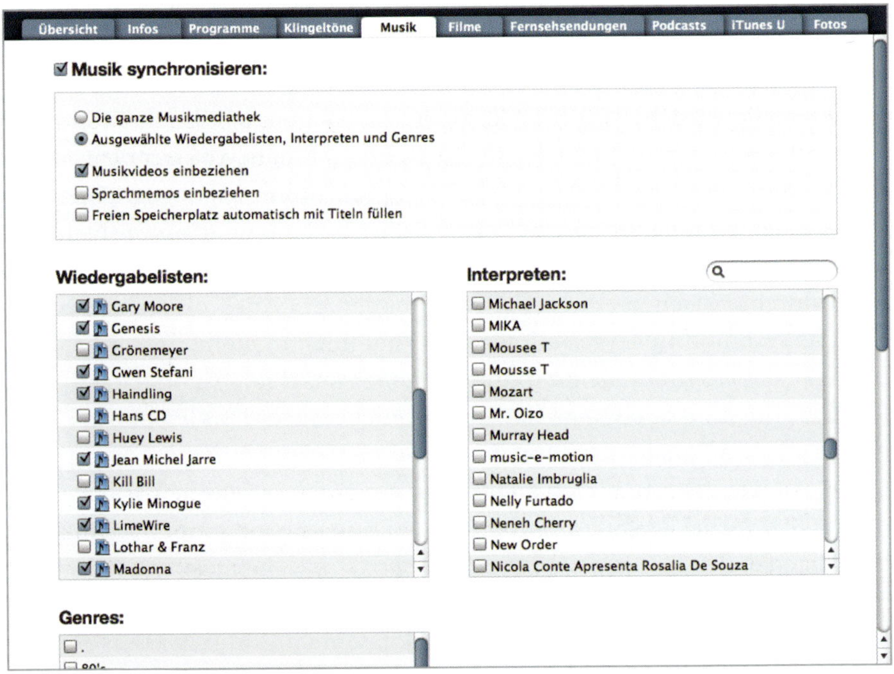

In diesem Fall wird Musik synchronisiert. Allerdings finden nur die ausgewählten Wiedergabelisten den Weg auf das iPhone. Sofern Sie die Sprachmemos ebenfalls synchronisieren, wird in iTunes eine neue Wiedergabeliste namens Sprachmemos erzeugt, in der die Mitschnitte des Sprachmemo-Programms des iPhones landen.

Die Optionen für den Abgleich der *Kontakte, Termine, Mails* und *Lesezeichen* finden Sie im Reiter *Infos*. Auch hier geben Sie zuerst an, was überhaupt synchronisiert werden soll, und danach, aus welchen Programmen und welche Daten.

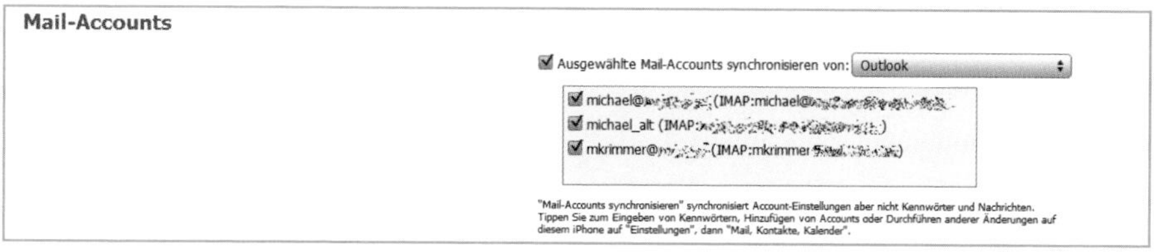

In diesem Fall werden die kompletten Mailaccounts von Outlook auf das iPhone übertragen.

Möchten Sie Medien wie Musik, Filme und Fernsehsendungen manuell verwalten, aktivieren Sie die entsprechende Funktion im Reiter *Übersicht*.

Mit dieser Einstellung werden Titel nicht mehr automatisch, sondern manuell auf das iPhone kopiert. Des Weiteren können Sie für die automatischen Backups der iPhone-Einstellungen (Sicherungskopie) hier noch ein Kennwort zusätzlich angeben.

Von nun an können Sie die Medien aus der Mediathek einfach mit der Maus auf das iPhone unter *Geräte* ziehen. Das klappt mit einzelnen Titeln und gesamten Playlisten. Sobald Sie die Maustaste mit den Inhalten loslassen, werden sie auf das iPhone kopiert.

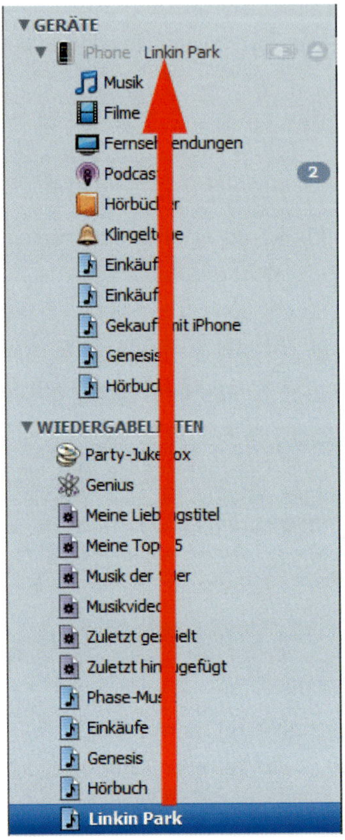

Bei der manuellen Verwaltung von Inhalten ziehen Sie die gewünschten Inhalte, beispielsweise eine Wiedergabeliste, mit der Maus auf den „iPhone"-Eintrag unter „Geräte" und lassen die Taste los.

Kalender und Kontakte abgleichen

Kalenderdaten werden ebenso mit dem Windows-Rechner oder Mac synchronisiert wie Kontaktdaten. Wählen Sie dazu in iTunes unter *GERÄTE* das iPhone aus und dann im Reiter *Infos* unter *Kalender* die Anwendung, mit der der Abgleich stattfinden soll. Am PC kann das Outlook 2003 oder 2007 sein, am Mac Microsoft Entourage 2004 oder 2008 und iCal.

Sie können Kontakte synchronisieren, indem Sie in iTunes unter *GERÄTE* das iPhone auswählen und dann im Reiter *Infos* unter *Kontakte* das Adressbuch angeben, mit dem der Abgleich stattfinden soll. Am Mac lassen sich Kontakte mit dem Adressbuch, Microsoft Entourage und dem Yahoo!-Adressbuch abgleichen. Beim Yahoo!-Adressbuch gibt es nur eine Einschränkung: Kontakte mit einer Messenger-ID, die am iPhone gelöscht werden, werden beim Abgleich mit dem Rechner nicht auch im Yahoo!-Adressbuch gelöscht. Zum Löschen des Eintrags müssen Sie sich online bei Yahoo! anmelden und den Eintrag dort löschen. Unter Windows klappt das mit dem Windows-Adressbuch (Outlook Express) und Outlook 2003 und 2007. Am Mac lassen sich Daten aus mehr als einer Anwendung synchronisieren. Windows akzeptiert nur eine Auswahl.

Automatischen Abgleich unterbinden

Sie können in iTunes in den Einstellungen festlegen, dass das iPhone immer dann automatisch synchronisiert wird, sobald Sie es an den Rechner anschließen. Die Option dafür ist *Automatisch synchronisieren, wenn dieses iPhone angeschlossen wird*. Bevor Sie diesen Punkt deaktivieren können, beginnt iTunes bereits mit dem Abgleich. Möchten Sie das unterbinden, öffnen Sie iTunes und halten Sie die Tasten ⌘ und ⌥ (Mac) beziehungsweise Umschalt und Strg (PC) gedrückt, bis das iPhone links angezeigt wird.

Das iPhone füttern

Das iPhone mit Daten befüllen

Alle in der *MEDIATHEK* befindlichen Medien wie Musik, Filme, Fernsehsendungen und so weiter lassen sich automatisch oder manuell auf das iPhone kopieren. Aber wie kommen die Daten in die *MEDIATHEK*?

Verfügbaren Speicherplatz im Auge behalten

Bevor Sie dem iPhone neue Daten hinzufügen, werfen Sie am besten einen Blick auf die „Füllstandsanzeige" des Geräts. Wählen Sie das iPhone in iTunes aus, sehen Sie rechts unten die entsprechende Anzeige. Dort wird angezeigt, über wie viel Speicherkapazität das iPhone verfügt und welche Datenmenge, aufgeteilt in Datentypen, sich bereits darauf befindet. Klicken Sie mit der Maus auf die Leiste, um zwischen der Anzeige in GByte, der Anzahl und (bei Audio und Video) der Zeit zu wechseln.

Der Balken und die Daten darunter informieren über den belegten und verfügbaren Speicherplatz des iPhones.

Unterstützte Dateitypen

iTunes und das iPhone unterstützen eine Vielzahl an Medientypen. Die verbreitetsten Dateitypen für Audio sind MP3 und AAC. Bei Video sind es MP4 und MOV. Aber es gibt noch viel mehr Dateitypen, die unterstützt werden.

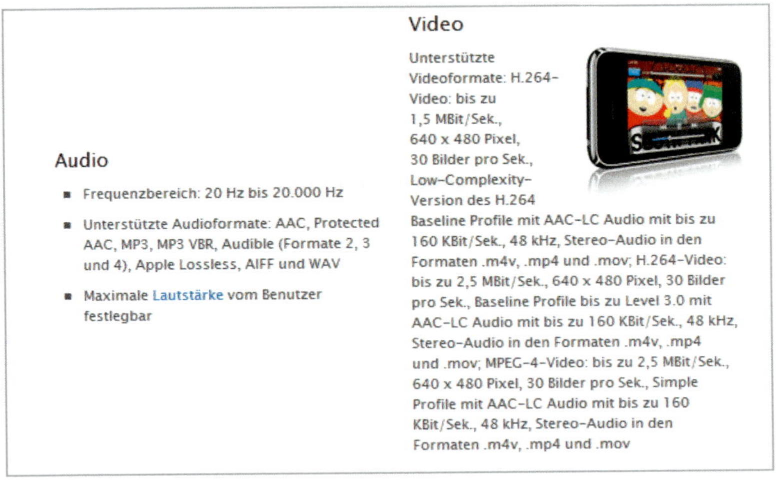

Audio- und Videodateien, die diese Merkmale aufweisen, werden von iTunes unterstützt und können auf das iPhone kopiert werden.

Vorhandene Dateien in iTunes hinzufügen

Wenn Sie beispielsweise eine CD im MP3-Format vorliegen haben, können Sie diese Daten problemlos importieren. Dazu gibt es mehrere Möglichkeiten.

Einzelne Dateien markieren Sie am besten im Explorer des Windows-PCs oder im Finder am Mac. Ziehen Sie die Daten dann mit der Maus im iTunes-Fenster in die Mediathek und lassen Sie die Maustaste los. Die Dateien werden daraufhin der Mediathek hinzugefügt und sind so für das Kopieren aufs iPhone verfügbar.

Per Drag and Drop (Ziehen und Fallenlassen) kopieren Sie Medien in die iTunes-Bibliothek.

Bei vielen Dateien in unterschiedlichen Unterordnern wählen Sie am Windows-PC *Datei –> Ordner zur Mediathek hinzufügen* und wählen den Ordner aus, der die Daten enthält. Am Mac funktioniert das über das Menü *Ablage –> Zur Mediathek hinzufügen*.

Es lassen sich auch komplette Ordner in die Mediathek importieren. Am Mac sieht das entsprechende Fenster so aus.

Musik von CD importieren

Um eine CD in das für iTunes passende Format umzuwandeln, legen Sie sie in das Laufwerk. iTunes erkennt das Medium und versucht bei bestehender Internetverbindung, die Titelinformationen abzurufen. Sie können vorher noch festlegen, in welches Format die Musik umgewandelt werden soll. Diese Einstellungen finden Sie am Windows-Rechner unter *Bearbeiten –> Einstellungen* und dort im Reiter *Allgemein*. Am Mac klicken Sie auf *iTunes –> Einstellungen,* um im Reiter *Allgemein* die *Importeinstellungen* zu finden.

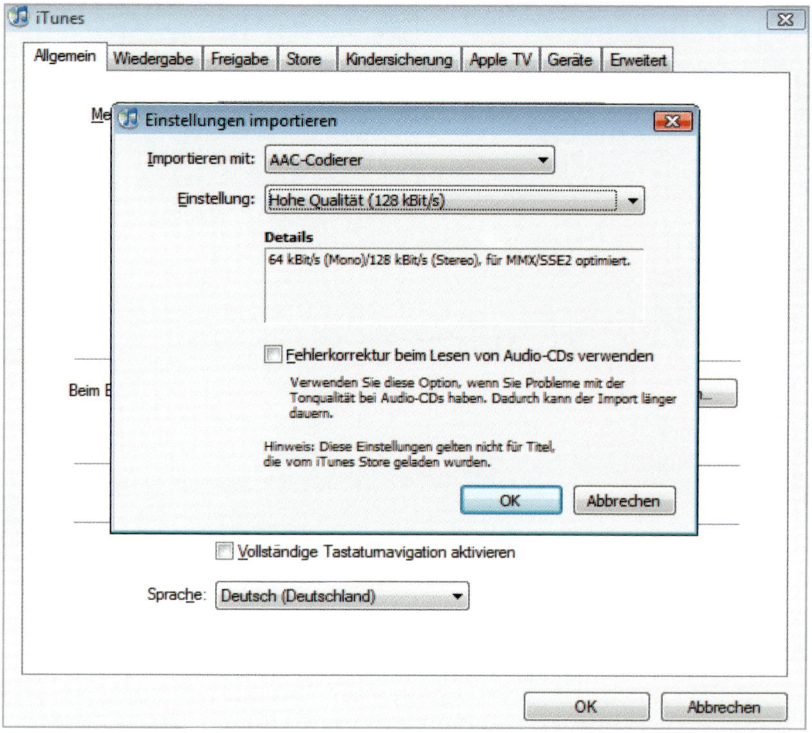

Diese Einstellungen sind ein guter Kompromiss zwischen Größe der Datei und Audioqualität.

Klicken Sie auf *Importeinstellungen*, um zum entsprechenden Menü zu kommen. Hier können Sie zwischen den Encodern AAC, AIFF, Apple Lossless, MP3 und WAV wählen. Grundsätzlich kann man sagen, dass beispielsweise Apple Lossless die Qualität einer Audio-CD hat, aber auf dem iPhone nur rund halb so viel Platz belegt wie Musik im AIFF- oder WAV-Format. Titel im AAC- oder MP3-Format benötigen noch weniger Speicherplatz und sollten vorgezogen werden, wenn kein Grund dagegen spricht. Die Standardeinstellung importiert im AAC-Format.

Mit *CD importieren* starten Sie die Umwandlung. Sobald das erste Lied umgewandelt ist, befindet es sich – sowie nach und nach auch alle darauffolgenden Titel – in der Mediathek.

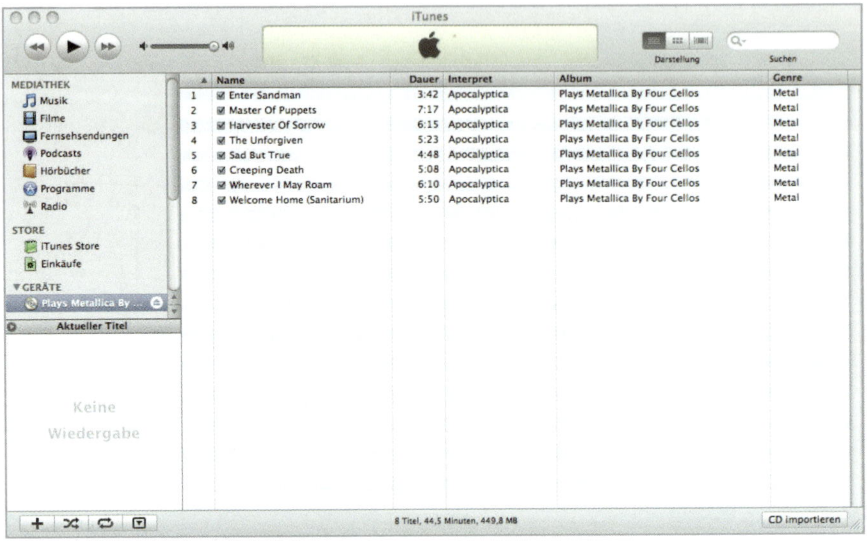

Handelt es sich um eine CD aus dem Handel, sind die Titelinformationen mit hoher Wahrscheinlichkeit im Internet verfügbar und können automatisch übertragen werden.

Möchten Sie eine selbst zusammengestellte CD importieren, wird sie von iTunes sehr wahrscheinlich nicht erkannt. Anstelle der Titelinformationen werden die Tracks fortlaufend nummeriert.

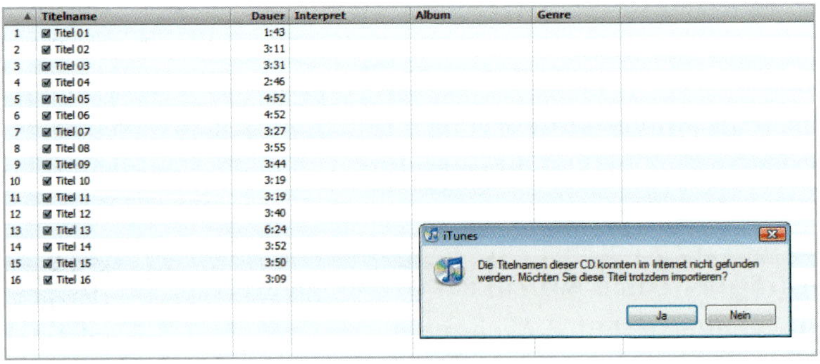

Bei selbst zusammengestellten CDs findet iTunes keinen passenden Eintrag. Die Titelinformationen bleiben leer.

Sie können die Titelinformationen aber manuell eintragen. Wählen Sie dazu das Lied in der Mediathek aus und klicken Sie mit der rechten Maustaste darauf. Wählen Sie *Informationen* und danach den Reiter *Informationen*. Ein Klick auf *OK* speichert die Änderungen ab.

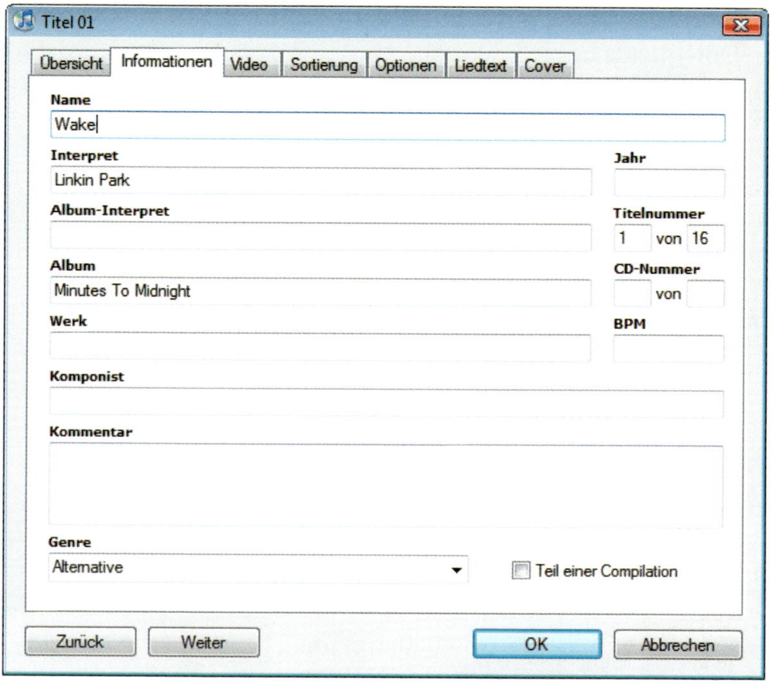

Selbst wenn die CD nicht automatisch erkannt wurde, können die Infos nachträglich manuell eingetragen werden.

Für den Fall, dass sich Ihre Mediathek nach und nach mit unbekannten Titeln füllt und Sie nicht mehr alle Daten im Kopf haben: Probieren Sie doch mal die iPhone-Anwendung Shazam aus. Details dazu finden Sie im Kapitel 7 im Abschnitt „Über ein Dutzend Highlights aus dem App Store“. Damit wird die Songerkennung zum Kinderspiel.

Medien im Store kaufen

Neue Musik erhalten Sie entweder per iTunes Store oder Audio-CD. Wie Sie Musik über das iPhone im Store kaufen, haben Sie bereits im Kapitel der Standard-Apps unter „iTunes“ erfahren. Möchten Sie Musik am Rechner kaufen, besuchen Sie unter *Store* den *iTunes Store*. Dort können Sie wie am iPhone nach Titeln stöbern, suchen oder die Charts ansehen und gegebenenfalls dort zuschlagen. Im Store finden Sie nicht nur *Musik*, es gibt auch *TV-Sendungen*, *Filme*, *Musikvideos*, *Hörbücher*, *Podcasts* und *Spiele*.

Alle Einkäufe im Store werden mit dem iTunes-Account verknüpft, über den die Downloads bezahlt wurden. Das hat zur Folge, dass man die Daten nicht einfach an einem anderen Rechner auf ein fremdes iPhone kopieren kann.

Einkäufe auf den Rechner kopieren

Sie können im iTunes Store gekaufte Musik auf jeden Rechner überspielen, der für die Wiedergabe der gekauften Titel autorisiert ist. Stecken Sie das iPhone an und bestätigen Sie die Abfrage, ob Sie Einkäufe übertragen möchten. Sie können dies später auch nachholen, indem Sie am Mac *Ablage –> Einkäufe übertragen* beziehungsweise am PC *Datei –> Einkäufe übertragen* auswählen.

Einkäufe im iTunes Store sind auch am Mac oder Windows-PC möglich. Neben „Musik“ gibt es unter anderem auch „Filme“ und „TV Sendungen“ .

Podcasts abonnieren

Übrigens: Das Wort *Podcast* setzt sich aus *iPod* und *Broadcast* zusammen. Dabei handelt es sich um Mediendaten (Audio oder Video), die regelmäßig zum Download angeboten werden. Podcast-Serien werden sehr häufig über Feeds (meistens RSS-Feeds) zum (automatischen) Download bereitgestellt.

Einfach beschrieben sind Podcasts Radio- oder Fernsehsendungen, die unabhängig von Sendezeiten abgerufen werden können. Wie Sie Podcasts abonnieren können, erfahren Sie am Beispiel des Videopodcasts der Tagesschau. Dieser Podcast wird einmal täglich im iTunes Store online gestellt und Sie können beispielsweise auf dem Weg zur Arbeit die Tagesschau vom Vortag ansehen.

Es gibt zwei Wege, zu den Podcasts im Store zu gelangen. Klicken Sie entweder in der Mediathek auf *Podcasts* und dann rechts unten auf *Podcast-Verzeichnis* oder starten Sie den iTunes Store und klicken Sie auf Podcasts.

Der iTunes Store bietet eine sehr große Anzahl an kostenlosen Podcasts.

Sie können entweder in Rubriken oder Charts stöbern oder sich konkret nach einem bestimmten Podcast umsehen, wenn Sie den Namen wissen oder nach Inhalten wie *Sport*, *Nachrichten* oder *Radio* suchen möchten. Da Sie den Namen in diesem Fall schon wissen, tippen Sie in die Suchmaske rechts oben „tagesschau“ ein. Die Groß- und Kleinschreibung ist egal.

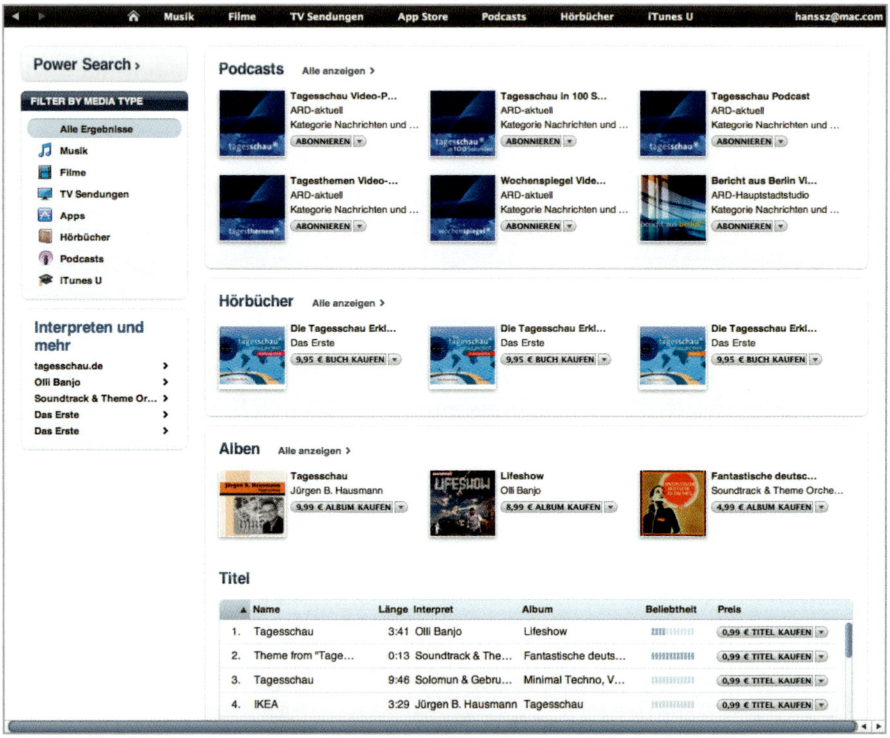

Die Suche hat viele Treffer ergeben, drei davon sind Podcasts.

Klicken Sie nun bei *Tagesschau Video-Podcast* auf *Abonnieren* und bestätigen Sie die folgende Abfrage.

Sobald Sie die Abfrage bestätigt haben, ist der Podcast abonniert.

Nach Bestätigung der Abfrage *Möchten Sie...* wird der Tagesschau-Podcast in der Mediathek unter *Podcasts* eingetragen und der Download der ersten Folge beginnt. Mit *HOLEN* laden Sie gezielt weitere Episoden herunter, *ALLE HOLEN* lädt alle Folgen herunter.

Der Podcast der Tagesschau ist abonniert und kann angesehen oder auf das iPhone kopiert werden.

Hörbücher zusammenfassen und importieren

Ein hervorragendes Beispiel für eine sehr gute Hörbuchumsetzung sind die Harry-Potter-Hörbücher, die der Hörverlag im Programm hat. Rufus Beck hat für alle erschienenen Teile der Harry-Potter-Serie die vollständigen Bücher auf CD gelesen.

Das hat allerdings auch zur Folge, dass die etwa 1500 Minuten des letzten Buchs auf 22 CDs geliefert werden. Das ist kein Problem, hört man die CDs nacheinander im CD-Player an. Möchte man den gesamten Band aber im iPhone mitnehmen, sind die teilweise deutlich über zehn Audiodateien, die jede der CDs umfasst, eine gewaltige Anzahl an Tracks. iTunes bietet aber eine Möglichkeit an, wie man die Anzahl der Dateien reduzieren kann.

Möchten Sie pro CD nur eine Datei haben, gehen Sie so vor:

Legen Sie die CD in das DVD-Laufwerk und warten Sie, bis der Datenträger in iTunes erscheint. Klicken Sie unter *GERÄTE* auf die CD und markieren Sie im rechten Fenster alle Titel, indem Sie entweder auf den ersten und dann bei gedrückt gehaltener *Hochstelltaste* (Shift) auf den letzten Titel klicken. Oder aber Sie klicken auf einen beliebigen Titel und drücken danach *Strg* + *A* (alles markieren) bzw. ⌘ + *A* (Mac).

In beiden Fällen sind jetzt alle Titel markiert. Klicken Sie jetzt auf *Erweitert –> CD-Titel gruppieren* und danach rechts unten auf *CD importieren*. Sie erhalten dadurch eine einzige Datei, die alle Titel der CD enthält. Diese Datei wird von iTunes allerdings noch als Musiktitel behandelt und befindet sich daher mit allen anderen Musikstücken in der Mediathek. Wechseln Sie dorthin und markieren Sie die gerade erstellte Datei.

Rufen Sie nun mit einem Rechtsklick die *Informationen* auf und wechseln Sie zum Reiter *Optionen*. Unter *Medienart* wählen Sie *Hörbuch* aus. iTunes verschiebt nach der Bestätigung durch *OK* die Datei in den Ordner *Hörbücher*. Nachdem Sie die Datei per Synchronisation auf das iPhone kopiert haben, finden Sie es auch dort unter *Hörbücher*.

Hörbücher, die auf vielen CDs geliefert werden, wie „Harry Potter und die Heiligtümer des Todes", lassen sich durch einen Trick auf eine überschaubare Anzahl von Tracks zusammenfassen. (Fotos: Der Hörverlag)

Der Hörbuchverlag geht mit der Zeit und hat die Potter-Bücher auch als MP3-CDs veröffentlicht. Das reduziert die Anzahl der Datenträger auf zwei CDs.

Videos für das iPhone konvertieren

Viele der Videos, die beispielsweise eine Videokamera erzeugt, liegen schon in einem Format vor, das iTunes verarbeiten kann. Dann ist es nicht erforderlich, dass Sie die Datei umwandeln. Viele Programme bieten bereits vordefinierte Einstellungen für das iPhone. Für den Fall, dass Sie manuell beispielsweise eine Auflösung eingeben müssen, denken Sie bitte daran, dass das iPhone am liebsten mit 640 x 480 Pixel bei 30 Bildern pro Sekunde arbeitet. Alles darüber verbessert die Qualität nicht und kostet nur Speicherplatz.

iTunes konvertiert für das iPhone

Wenn Sie ein Video bereits in iTunes vorliegen haben, es aber nicht auf das iPhone kopiert werden kann, hat es sehr wahrscheinlich das falsche Format. Nachdem iTunes das Video aber bereits akzeptiert, können Sie es auch mit iTunes umwandeln. Markieren Sie das Video, klicken Sie auf *Erweitert* und dann auf *Version für iPod oder iPhone erstellen*. Nach der Konvertierung können Sie die neu erstellte Datei auf das iPhone kopieren.

QuickTime spricht iPhone

Wenn Sie bereits mit Apples QuickTime arbeiten und die Pro-Version besitzen, können Sie damit Videos für das iPhone konvertieren. Die passende Option finden Sie unter *Exportieren*. Für den Mac und Windows stelle ich Ihnen je ein weiteres Tool vor, mit dem Sie problemlos ans Ziel kommen.

QuickTime Pro gibt es für ca. 30 Euro im Apple Store (www.apple.com/de/quicktime/buy/).

Wer mit QuickTime vertraut ist, kann auch damit Videos für das iPhone umwandeln. Ebenso können die Apple-Programme, wie z. B. iMovie, die Daten in passender Qualität ausgeben.

Für den Mac: iSquint

Am Mac lege ich Ihnen iSquint (www.iSquint.org) ans Herz. Das Tool ist sehr einfach aufgebaut, und wenn man nichts einstellen will, zieht man nur den Quellfile in das Fenster und drückt auf *Start*. Heraus kommt ein Filmchen, das sowohl von iTunes als auch vom iPhone akzeptiert wird. Auf Wunsch können aber noch viele Optionen eingestellt werden. Das ist nicht immer nötig, aber wer möchte, kann sich dort austoben. iSquint ist kostenlos!

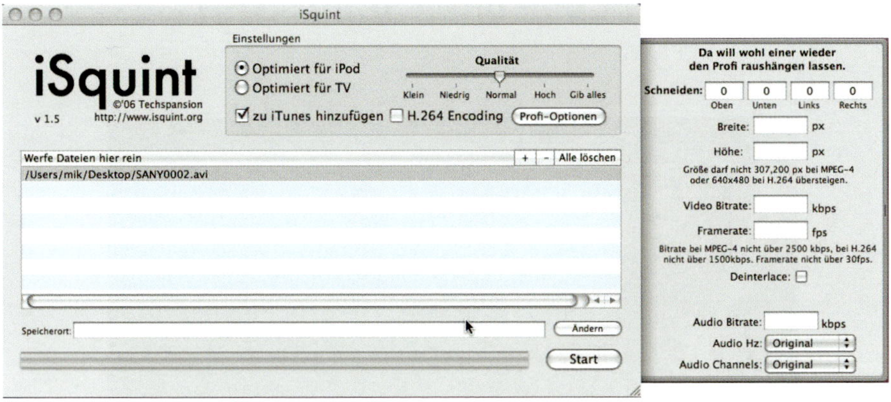

Am Mac lässt sich eine Vielzahl an Videoformaten sehr flott umwandeln. Das Tool dafür heißt iSquint.

Für den Windows-PC: Free Video to iPod Converter

Das Programm Free Video to iPod Converter (www.dvdvideosoft.com) erledigt die Arbeit zuverlässig am PC. Auch hier wird lediglich die zu konvertierende Datei geöffnet, eine der voreingestellten Konvertierungsoptionen (etwa *iPhone High Quality*) ausgewählt und das war's auch schon. Ein Klick auf *Konvertieren* startet den Vorgang, iTunes akzeptiert den Dateityp danach. Auch diese Software ist kostenlos.

Probieren Sie es mal ohne Stylus-Stift

Hilfe, mein iPhone streikt!

Das iPhone arbeitet sehr zuverlässig. Ab und zu kann es aber trotzdem vorkommen, dass das Gerät abstürzt oder beispielsweise während eines Programmstarts hängen bleibt. Dann verweigert es den Dienst. Wenn man nicht weiß, was zu tun ist, geht gar nichts mehr. Und es könnte noch schlimmer kommen. Deshalb erfahren Sie im folgenden Kapitel, wie Sie im iTunes Store gekaufte Lieder und heruntergeladene Software sichern. Selbst wenn der Rechner mal den Dienst komplett verweigert und eine Neuinstallation notwendig ist, sind die Daten nicht verloren.

Hier hilft nur noch der Gang zum Händler und ein Austausch des Telefons.

Das iPhone reagiert nicht mehr

Das kann schon mal vorkommen: Sie starten eine Anwendung, egal ob von Apple oder einem Drittanbieter, und das iPhone lädt und lädt und lädt ...

Kurz: Es ist abgestürzt. Normalerweise drückt man die Home-Taste. Schließlich hat der Autor dieses Buches versprochen, dass sie zu jeder Zeit wieder zum Home-Bildschirm führt. Das tut sie auch. Aber nur dann, wenn das Betriebssystem des iPhones läuft und es sich nicht „aufgehängt" hat. Aber keine Angst. Es gibt eine Tastenkombination, die das iPhone auch in diesem Notfall neu startet.

Als erster Versuch bietet es sich an, die Home-Taste für etwa sechs Sekunden gedrückt zu halten. Dieser Vorgang beendet die aktuell laufende Anwendung. Wenn sie der Grund für den Hänger war, läuft das iPhone hinterher wieder weiter.

Wenn das nicht zum Erfolg führt, schalten Sie das iPhone aus, indem Sie die Standby-Taste einige Sekunden lang gedrückt halten. Es erscheint ein *Ausschalten*-Schieberegler, den Sie nach rechts schieben, um das Gerät auszuschalten. Wenn das Display nicht mehr leuchtet, drücken Sie die Standby-Taste erneut und halten sie gedrückt, bis das iPhone neu startet. Funktioniert auch das nicht, hilft nur noch ein Reset des Geräts.

Halten Sie dazu die Home- und Standby-Taste gleichzeitig gedrückt. Nach spätestens rund zehn Sekunden schaltet sich das iPhone aus. Starten Sie es neu, indem Sie die Standby-Taste drücken und gedrückt halten. Danach können Sie das iPhone wieder benutzen.

Die Software muss neu aufgespielt werden

Wenn Ihr iPhone ständig abstürzt oder sich sonst schon seit einiger Zeit seltsam verhält, sollten Sie die Software des iPhones neu installieren. Das löst Probleme, die beispielsweise bei der Installation von Programmen oder nach einem Absturz auftreten können.

Um die Software neu zu installieren, wechseln Sie in iTunes auf das iPhone und klicken im Reiter *Übersicht* auf *Wiederherstellen*. Folgen Sie den Anweisungen auf dem Bildschirm. Bedenken Sie bitte, dass dieser Vorgang sehr lange dauert und das Telefon hinterher leer ist. Sichern Sie daher gegebenenfalls noch die Fotos vom Speicher oder gleichen Sie Termine und Kalender ab.

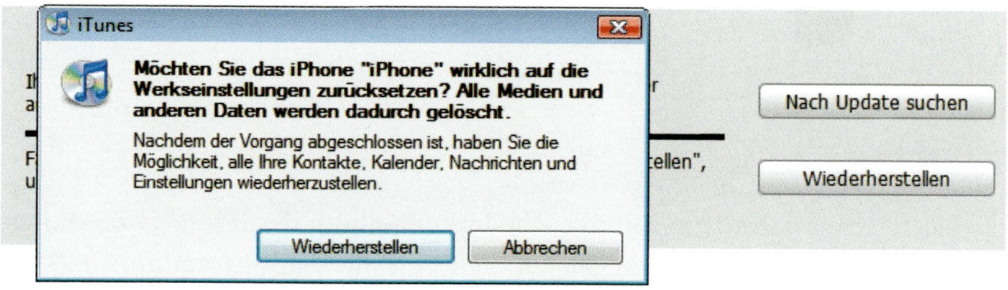

Das Wiederherstellen der Software behebt oft Probleme, ist aber verbunden mit einer kompletten Löschung des iPhones.

Bei jedem Anschluss an den Rechner kopiert iTunes eine Sicherungskopie auf den Rechner. Diese Sicherungskopie kann nach dem Wiederherstellen der Software und der damit verbundenen Zurücksetzung auf die Werkseinstellungen zurück auf das iPhone kopiert werden. Dann ist das iPhone so, wie es vorher war. Nur eben mit frisch installierter Systemsoftware.

Wiederherstellen: Wenn Sie ein frisches Backup des iPhones haben, können Sie das Gerät hinterher wieder in den Zustand bringen, den es vor der Wiederherstellung hatte.

Wählen Sie aus der Liste das aktuellste Backup aus und klicken Sie auf *Fortfahren*.

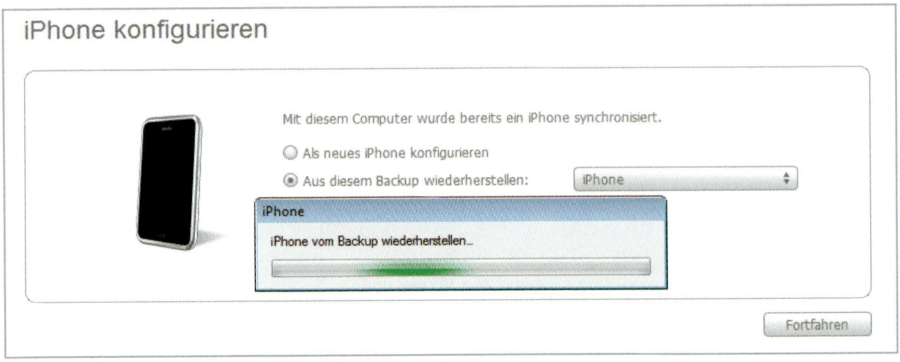

iTunes beginnt daraufhin mit der Wiederherstellung des iPhones. Zu diesen gesicherten Informationen im Backup gehören die Mail-Einstellungen, SMS-Nachrichten, Notizen, Anrufstatistik, Kontaktfavoriten, Audioeinstellungen und Widget-Einstellungen.

Im Anschluss an diesen Vorgang synchronisieren Sie das iPhone, um sicherzugehen, dass alle anderen Daten wieder auf das iPhone übertragen werden.

Zurück zu einer vorherigen Softwareversion

Es kommt nicht oft vor, aber manchmal möchte man nach der Installation eines iPhone-Updates zurück zur alten Version. Das kann beispielsweise dann der Fall sein, wenn das Update ein Problem hat und das iPhone mit der neuen Version sehr instabil läuft. Zwar schiebt Apple dann immer ein Bugfix der Software nach und löst das Problem damit. Die Schwierigkeiten müssen aber erst einmal bis zu Apple durchdringen und die Softwareentwickler ein Update schreiben.

Leider gibt es bei Apple derzeit keine Übersicht der alten Softwareversionen. Da hilft meistens nur Google weiter. Die Suche nach „iphone 3.0 download" führt beispielsweise zum Erfolg. So liegt die Softwareversion 3.0 unter der Adresse

http://appldnld.apple.com.edgesuite.net/content.info.apple.com/iPhone/061-6578.20090617.VfgtU/iPhone1,2_3.0_7A341_Restore.ipsw

auf den Apple-Servern. Mithilfe dieser Datei kann die Vorversion manuell installiert werden. Es gibt auch Seiten, auf denen alle bisherigen Versionen beziehungsweise die Links dazu zu sehen sind. Aber wenn Sie gezielt eine Version suchen, hilft Google weiter. Die bisherigen Versionsnummern lauten: 1.0.0, 1.0.1, 1.0.2, 1.1.1, 1.1.2, 1.1.3, 1.1.4, 2.0, 2.01, 2.02, 2.1, 3.0, 3.01 und 3.1.

Laden Sie die Datei herunter, im Falle der Version 3.0 ist sie 312 MByte groß. Das dauert also eine Weile.

Um das iPhone mit der aktuellsten Version der Firmware wiederherzustellen, klicken Sie im Reiter *Übersicht* auf *Wiederherstellen*.

Wenn Sie am Mac die *Alt-Taste* gedrückt halten, während Sie auf *Wiederherstellen* klicken, können Sie eine Datei auf dem Rechner auswählen, unter Windows verwenden Sie die *Hochstelltaste (Shift)*. Wählen Sie im darauffolgenden Dialog die heruntergeladene Datei aus. Es kann vorkommen, dass die ipsw-Datei nicht in der Liste auftaucht. Geben Sie dann als Dateiname *.* ein, damit alle Dateien angezeigt werden, und wählen Sie die .ipsw-Datei aus.

Daraufhin startet die Installationsroutine und die frühere Version wird installiert.

Programme aus dem App Store sichern

Normalerweise ist es nicht erforderlich, dass Sie Software aus dem App Store sichern. Egal, was passiert, Sie haben jederzeit die Möglichkeit, die Programme erneut herunterzuladen. Das gilt auch für kostenpflichtige Tools: Sie müssen kein zweites Mal dafür bezahlen. Wozu dann der Aufwand, werden Sie sich fragen. Ganz einfach: Von Zeit zu Zeit verschwinden Programme aus dem App Store. Dann sind sie nach wie vor auf den iPhones dieser Welt installiert. Gehen die Programme aber verloren, etwa durch einen Systemcrash, sind Sie im App Store nicht mehr zu finden.

Tris und PhoneSaber: aus rechtlichen Gründen aus dem App Store verschwunden.

Gut, dass die Apps Programme wie jedes andere sind und sie bereits zur Sicherung auf der Festplatte liegen. So finden Sie die Programme: Öffnen Sie in iTunes unter *MEDIATHEK* die *Programme*. Dort sind alle Apps aus dem Store aufgelistet. Klicken Sie mit der rechten Maustaste auf das Icon der zu sichernden Datei und wählen Sie *Im Windows-Explorer zeigen* (Windows) oder *Im Finder anzeigen* am Mac. Daraufhin öffnet sich ein Fenster mit dem Ordner, in dem sich das Programm befindet.

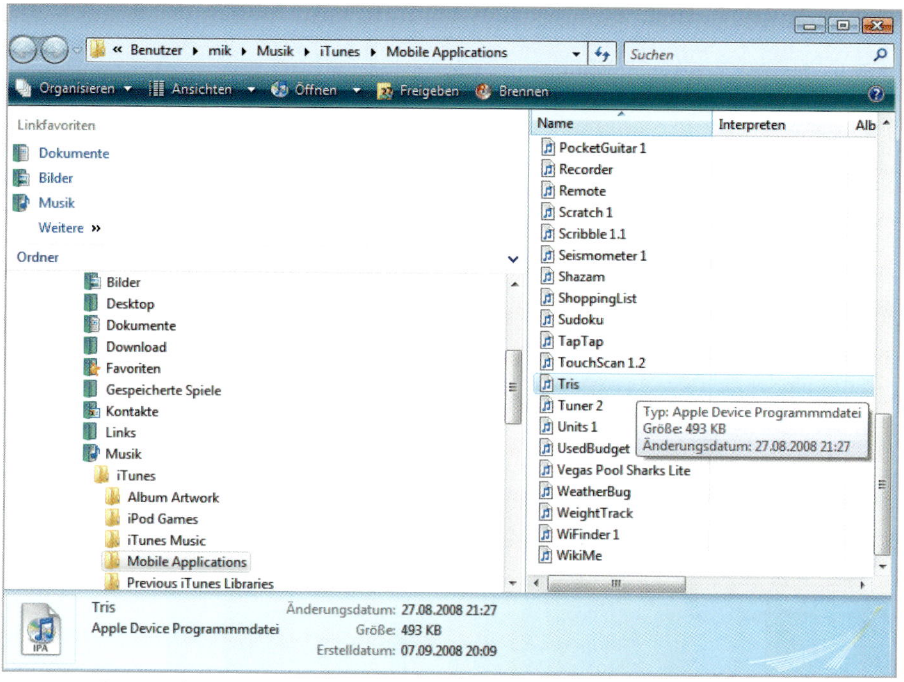

Hier sehen Sie alle Apps, die in iTunes verwaltet werden. Jetzt können Sie beispielsweise Tris auf einem USB-Stick sichern.

Klicken Sie nun mit der rechten Maustaste auf die Datei, in diesem Fall „Tris", und wählen Sie *Kopieren*, wechseln Sie auf ein anderes Laufwerk oder einen anderen Ordner – ein USB-Stick bietet sich hier an –, klicken Sie rechts in den Ordner und wählen Sie *Einfügen*. Jetzt ist diese Datei sicher vor versehentlichem Löschen. Sollten Sie das Programm einmal verlieren, können Sie es einfach wieder in den *Programme*-Ordner von iTunes ziehen und weiterhin verwenden.

Einkäufe aus dem iTunes Store sichern

Sie haben viele Lieder aus dem iTunes Store geladen? Im Gegensatz zu den Apps aus dem App Store können Sie die Lieder nicht beliebig oft kostenlos herunterladen. Auch wenn Sie schon einmal dafür bezahlt haben, ist beim nächsten Download eine erneute Zahlung fällig. Daher ist es wichtig, dass Sie von Zeit zu Zeit Ihre Einkäufe sichern.

Sie können zwar die Dateien wie bei den Apps einzeln und manuell sichern. Da sich aber im *Einkäufe*-Ordner sehr schnell mehrere Hundert Lieder tummeln, ist das eine sehr langwierige Angelegenheit. iTunes bietet einen bequemeren Weg zur Sicherung der gesamten Bibliothek oder der Einkäufe.

Klicken Sie in iTunes unter Windows auf *Datei –> Mediathek* und *Sicherheitskopie auf Speichermedium*. Am Mac lauten die Schritte *Ablage –> Mediathek –> Auf Sicherungsmedium sichern*. Danach werden Sie auf beiden Systemen gefragt, ob Sie *Die gesamte iTunes-Mediathek und die Wiedergabelisten sichern* oder *Nur gekaufte Artikel aus dem iTunes Store sichern* möchten. Beim nächsten Mal können Sie dann angeben, dass Sie nur die Artikel sichern möchten, die seit dem letzten Backup dazugekommen sind.

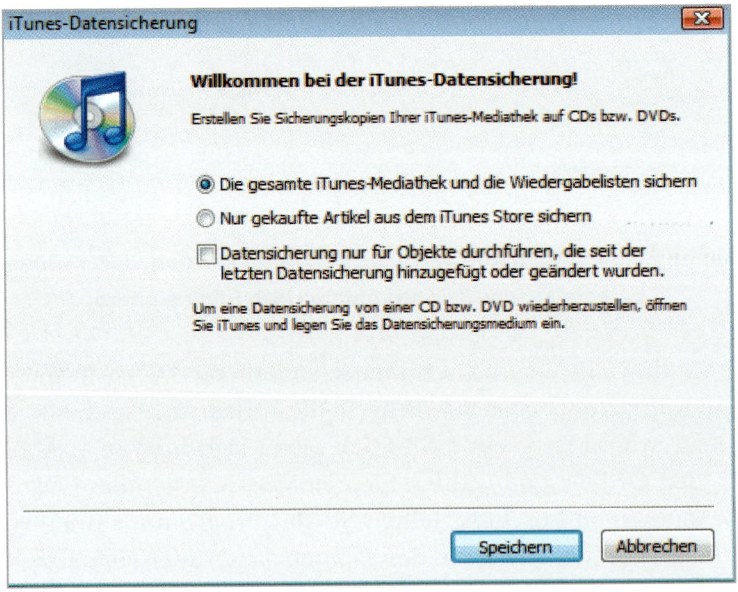

iTunes bietet ein Backup der Mediathek oder der gekauften Artikel an. So geht im Falle eines Falles nichts verloren.

Ein Klick auf *Speichern* startet den Vorgang. Übrigens: Wenn Sie diese Art des Backups wählen, werden die Apps gleich mitkopiert. Das zusätzliche Sichern der Anwendungen für das iPhone können Sie sich dann sparen.

Löschen Sie niemals alle Daten

Sie sollten am Rechner niemals alle Kontakte oder Termine löschen. Beim nächsten Abgleich wird iTunes das als reguläre Wartung Ihrer Daten werten und auch am iPhone alles löschen. Das gilt auch für den Abgleich per MobileMe. Aber dort lässt sich eine Sicherung einbauen, die dafür sorgt, dass es eine zu bestätigende Meldung gibt, wenn ein bestimmter Anteil an Daten geändert oder gelöscht wird. Notfalls kann über MobileMe auch ein Backup der Daten erzwungen werden. Das alles erfahren Sie in Kapitel 13.

Wenn Sie nicht über MobileMe arbeiten wollen, sollten Sie anderweitig ein Backup Ihrer wichtigen und sensiblen Daten erstellen. Am Mac gelingt das problemfrei über die Software Time Machine. Dort kann eine externe Festplatte über USB oder FireWire automatisch im Stundenraster mit aktuellen Daten beschrieben werden.

Sollten Sie mit einem Windows-Rechner arbeiten, so empfiehlt sich ebenfalls der Einsatz von Software, um Backups schnell und unkompliziert erstellen zu können. Dafür stehen eine ganze Fülle von Freeware- und Shareware-Lösungen zur Verfügung.

Eine Sicherungskopie der Daten eines Computers bewahrt Sie vor versehentlichem Datenverlust und ist sogleich ein effektiver Schutz vor Hardware-Problemen, wie z. B. einem Festplattenausfall.

Meine Einstellung

Das iPhone ist zweifelsohne das coolste Gerät, das ich je besessen habe. Technik hin oder her, man muss es einfach lieben, allein deshalb, weil es so viel kann.

Aber bei aller Liebe sollte man natürlich nicht vergessen, dass es auch ein Leben neben dem iPhone gibt. Vorsicht, Suchtgefahr!

Ich erinnere mich da an ein Geschäftsessen mit zwölf Kollegen in Köln. Wir saßen gemeinsam an einem Tisch und alle hatten ihr eigenes iPhone dabei. Können Sie sich vorstellen, wie viel wir den ganzen Abend miteinander geredet haben?

Genau! Nicht ein Wort! Jeder tippte auf seinem iPhone herum und prüfte, ob das GPS funktioniert, was es im Internet Neues gibt und ob neue E-Mails zu verzeichnen sind. Ein skurriler Abend.

Alles Einstellungssache

Einige der Einstellungsmöglichkeiten haben Sie bereits kennengelernt. Aber es gibt noch mehr davon. Hier finden Sie die weiteren Konfigurationsoptionen Ihres iPhones. Am Ende des Kapitels bekommen Sie noch Tipps, mit welchen Einstellungen sich die Laufzeit des Akkus deutlich verlängern lässt.

Kleiner Tipp am Rande: Seit dem Update auf die Version 2.0 der iPhone-Software hat man die Möglichkeit, durch gleichzeitiges Drücken der Home- und der Standby-Taste einen Screenshot der aktuellen Bildschirmanzeige zu erstellen. Der Screenshot findet sich anschließend innerhalb der Fotos wieder und kann bei Bedarf via USB-Kabel auf den Computer übertragen werden.

Tippen Sie auf *Einstellungen*, um zu den besprochenen Möglichkeiten zu kommen. Die Wege zu den Menüpunkten sind immer von hier aus beschrieben.

Übrigens werden an dieser Stelle lediglich die Standardeinstellungen des iPhones besprochen. Haben Sie über den App Store weitere Programme geladen, so können unter Umständen hierfür ebenfalls Einstellungsoptionen erscheinen. Um dort die gewünschten Funktionen anwenden zu können, sollten Sie die Webseite des Programmherstellers besuchen.

Flugmodus

Aktivieren Sie diesen Punkt, werden Mobilfunk-, Funk-, WLAN-, Bluetooth- und GPS-Funktionen ausgeschaltet. Diese Optionen bietet sich beispielsweise im Flugzeug an.

Ist der Flugmodus aktiviert, sind Mobilfunk- und WLAN-Funktionen deaktiviert.

Ist der Flugmodus aktiviert, können Sie diese Funktionen nicht mehr nutzen: Mails empfangen, telefonieren, surfen, SMS senden oder empfangen, YouTube-Videos ansehen, Aktienkurse abrufen, Karten nutzen und Wettervorhersagen ansehen.

Alle anderen Funktionen sind weiterhin verfügbar und können genutzt werden, wenn es die Airline erlaubt.

Wi-Fi

Unter *Wi-Fi* finden Sie die WLAN-Einstellungen. Der Schalter oben aktiviert und deaktiviert die WLAN-Funktion des iPhones. Unter *Netzwerk wählen* werden alle sichtbaren drahtlosen Netzwerke angegeben. Erst kommt der Name des Netzwerks, dann gegebenenfalls die Info, ob es mit einem Passwort versehen ist. Rechts daneben sehen Sie die Signalstärke und der Pfeil rechts führt zu weiteren Informationen. Tippen Sie auf eines der drahtlosen Netzwerke, um eine Verbindung herzustellen. Wenn ein Passwort erforderlich ist, werden Sie anschließend aufgefordert, es einzugeben. Wählen Sie *Verbinden*. Netzwerke, die das iPhone schon kennt, werden automatisch aktiviert. Ist der Schalter *Verbinden bestätigen* aktiv, werden unbekannte WLANs angezeigt, sie müssen aber manuell bestätigt werden, bevor die Verbindung zustande kommt.

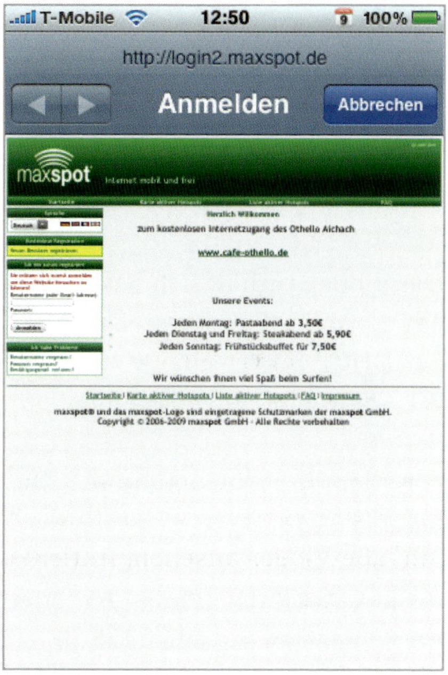

Das iPhone zeigt auf dem Screen sofort alle verfügbaren Wi-Fi-Netzwerke inklusive Signalstärke und Verschlüsselung an. Bei anderen Wi-Fi-Netzwerken kann zuerst die Startseite erscheinen, bei der dann die Zugangsdaten einzutragen sind.

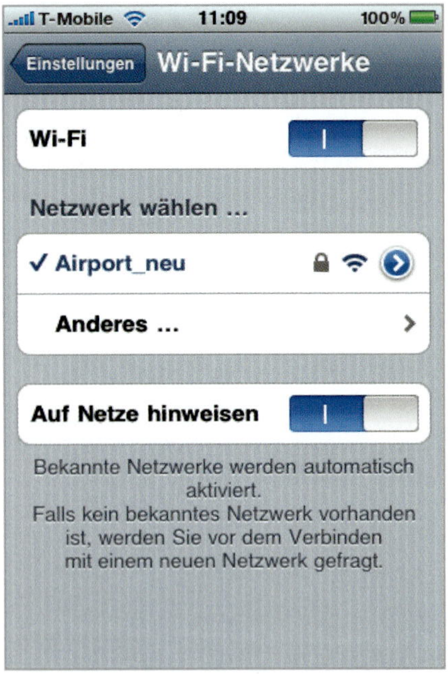

Hier werden alle sichtbaren WLANs angezeigt. Die Pfeile neben den Einträgen ermöglichen den Zugriff auf weitere Informationen.

Das iPhone verhält sich bei der Anmeldung an ein kabelloses Netzwerk wie ein normaler Computer. Das bedeutet beispielsweise, dass sich das iPhone per DHCP-Server eine IP besorgt. Wenn Sie eine feste IP für das Gerät im WLAN-Router eingetragen haben, funktioniert auch das.

Vor allem in Firmen kann der drahtlose Netzzugang durch Software reglementiert sein. So ist es häufig der Fall, dass ein Router eine Liste mit MAC-Adressen besitzt, auf der alle Computer verzeichnet sind, die Zugang haben dürfen. Auch das iPhone hat eine MAC-Adresse (Wi-Fi-Adresse), die, wie im Screenshot zu sehen ist, in den allgemeinen Einstellungen ausgelesen werden kann.

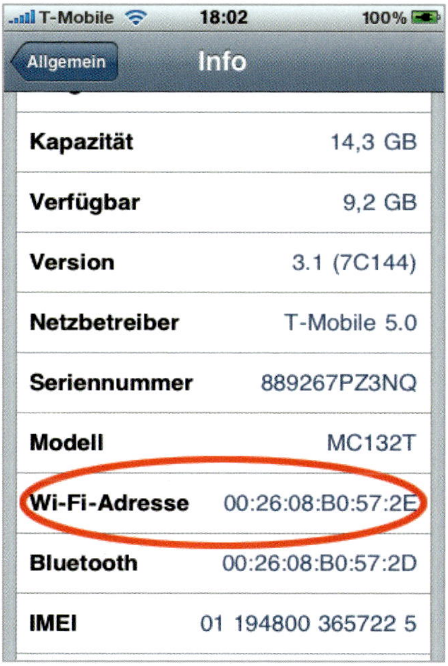

In den allgemeinen Einstellungen finden interessierte Benutzer unter Info die MAC-Adresse des iPhones (Wi-Fi-Adresse).

Netzbetreiber

Die manuelle Auswahl eines Netzbetreibers ist dann sinnvoll, wenn der eigene Anbieter in einem Gebiet keine gute Netzabdeckung hat oder wenn man im Ausland einen günstigeren Provider wählen möchte. In beiden Fällen sollte nicht außer Acht gelassen werden, dass dadurch zusätzliche Kosten entstehen. Wenn Sie manuell einen Netzbetreiber auswählen, wird auch nur dieser verwendet. Ist er nicht verfügbar, erhalten Sie die Meldung *Kein Dienst*. *Automatisch* lässt das iPhone nach einem Betreiber suchen.

Ein Gespräch aus dem Ausland kostet möglicherweise 46 Cent pro Minute. Je nach Entfernung können es bis zu 2,51 Euro pro Minute werden (Quelle: T-Mobile Weltweit).

Unter Netzbetreiber lassen sich auch die Mobilfunknetze der anderen Provider auswählen. Das kostet aber extra.

Datenabgleich

Unter *Einstellungen –> Mail, Kontakte, Kalender* und dort unter *Datenabgleich* können Sie angeben, ob aktualisierte Informationen wie E-Mails, aktualisierte Kontakte- oder Kalendereinträge sofort (*Push*) oder in festgelegten Intervallen (*Alle 15 Minuten*, *Alle 30 Minuten*, *Stündlich*) oder *Manuell* geladen werden sollen. *Push* gilt nur für Dienste, die diese Funktion auch anbieten. Ein Beispiel dafür ist Apples Service *MobileMe*, auf den wir in Kapitel 13 noch detailliert eingehen. Ist *Push* angegeben, werden die Daten sofort übertragen, sobald sie verfügbar sind.

Hier können Sie festlegen, in welchen Abständen neue Daten auf das iPhone geladen werden.

Töne

Töne regelt alle Ereignisse, bei denen sich das iPhone bemerkbar machen kann. Zuerst legen Sie fest, ob das iPhone während des Klingelns auch vibrieren soll. Es gibt eine Einstellung für den Fall, dass das iPhone auf lautlos gestellt ist, und eine für die Vibration in Verbindung mit einem Klingelton.

Danach lässt sich die Klingellautstärke einstellen. Während Sie den Regler nach links oder rechts bewegen, hören Sie auch gleich, wie sich die Einstellung auswirkt.

Jetzt können Sie die Klingeltöne für das Telefon und den Eingang einer SMS festlegen. Tippen Sie auf einen der beiden Einträge, um in eine Auswahlliste zu gelangen.

Ergänzt wird diese Einstellung durch die Möglichkeit, die Benachrichtigung bei gewissen Ereignissen wie den Eingang einer neuen Sprachnachricht oder SMS bzw. MMS zu aktivieren und wieder zu deaktivieren. Diese Ereignisse sind eingehende Anrufe, Voicemail-Nachrichten, Kurznachrichten, ein- und ausgehende Mails, Termine sowie das Sperren des iPhones und das Tippen auf der Tastatur. Schalten Sie die Optionen einmal aus und wieder ein, damit Sie den entsprechenden Ton ausprobieren können.

Diese Möglichkeit gibt es aber nur dann, wenn das iPhone nicht auf lautlos gestellt ist. Sonst hören Sie nichts.

Alle Klänge und deren Verknüpfung mit Ereignissen werden hier festgelegt.

Eigene Klingeltöne erstellen

Einen unproblematischen Weg zu den eigenen Klingeltönen bietet der Service myxer (www.myxer.com) an. Besuchen Sie die Webseite und klicken Sie auf *MAKE YOUR OWN*. Laden Sie dann eine MP3-Datei hoch, die Sie zum Klingelton umwandeln möchten. Möchten Sie die Datei so wie sie ist umwandeln, klicken Sie auf *Download for iPhone*. Möchten Sie die Datei bearbeiten, wählen Sie *CUSTOMIZE*.

Sie können im folgenden Menü einen Ausschnitt festlegen, die Datei benennen, die Lautstärke anpassen, Ein- und Ausfaden aktivieren.

Download for iPhone startet den Download der bearbeiteten Datei.

Speichern Sie sie ab und ziehen Sie sie in die Rubrik *Klingeltöne* in iTunes. Wenn Sie in der Rubrik *MEDIATHEK* keinen entsprechenden Eintrag finden, aktivieren Sie ihn wie folgt:

Klicken Sie in iTunes unter Windows auf *Bearbeiten –> Einstellungen* (Mac: *iTunes –> Einstellungen*). Im Reiter *Allgemein* setzen Sie das Häkchen vor *Klingeltöne*. Bestätigen Sie die Änderung mit *OK*.

Legen Sie noch in den iPhone-Einstellungen fest, dass die Klingeltöne übertragen werden sollen (*Klingeltöne*), und die neu erstellten Ringtones werden kopiert und sind am iPhone verfügbar.

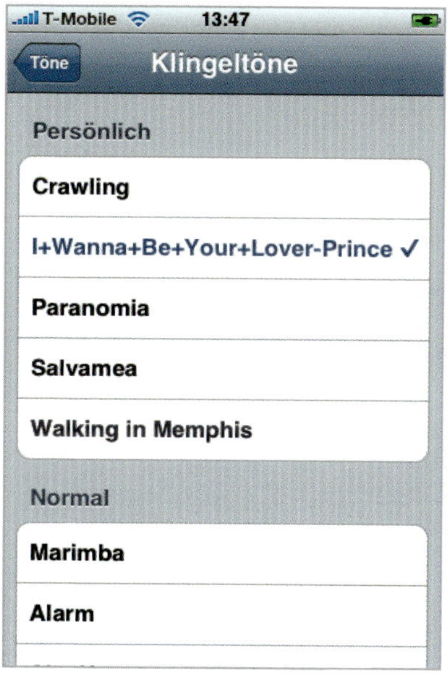

Auch selbst erstellte Klingeltöne lassen sich in der Einstellung auswählen.

Weiterhin gibt es Programme, mit denen eigene Klingeltöne für das iPhone im Handumdrehen erstellt werden können, z. B. GarageBand von Apple. Für den Mac empfehlen wir hier die Software iToner von der Firma Ambrosia (http://www.ambrosiasw.com/utilities/iToner). Windows-Anwender können auf den iPhoneRingToneMaker (http://www.efksoft.com/products/iphoneringtonemaker/index.htm) zurückgreifen.

Helligkeit

Hier lässt sich lediglich die Helligkeit einstellen. Je heller der Bildschirm, desto kürzer die Akkulaufzeit. Der Schalter unter dem Schieberegler legt fest, ob das Umgebungslicht vom iPhone bei der Einstellung der Helligkeit berücksichtigt werden soll. Diese Option ist sehr empfehlenswert.

Wenig spektakulär, aber wichtig für Darstellung und Akkulaufzeit: die Einstellung der Helligkeit.

Hintergrundbild

Hier können Sie einstellen, welches Bild angezeigt wird, wenn Sie das iPhone aus dem Ruhezustand zurückholen und wenn Sie mit jemandem telefonieren, für den kein Foto in den Kontakten hinterlegt ist. Neben den iPhone-Bildern haben Sie auch Zugriff auf die Fotos, die Sie mit der Kamera gemacht haben.

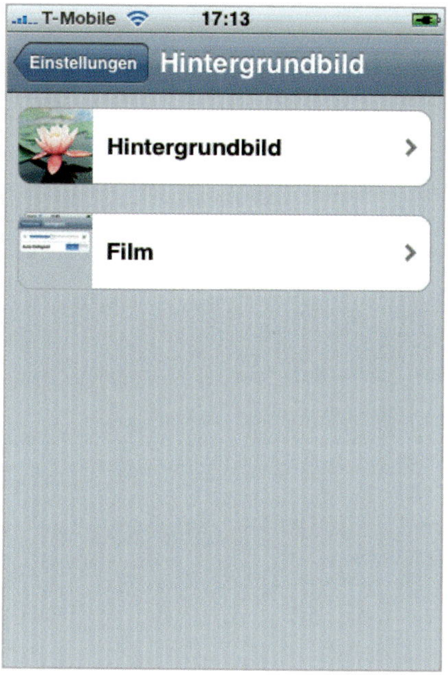

Sowohl vorgefertigte Hintergrundbilder als auch die selbst gemachten Fotos können verwendet werden.

Allgemein -> Info

Hinter *Allgemein -> Info* verbergen sich Informationen zum Netzwerk, zu den Inhalten auf dem Gerät und zum iPhone selbst. Hier sind auch Seriennummer, Wi-Fi-Adresse und die International Mobile Equipment Identity (IMEI) aufgelistet. Seriennummer und IMEI sind wichtig, wenn das Gerät zum Service eingeschickt werden muss oder gestohlen wird.

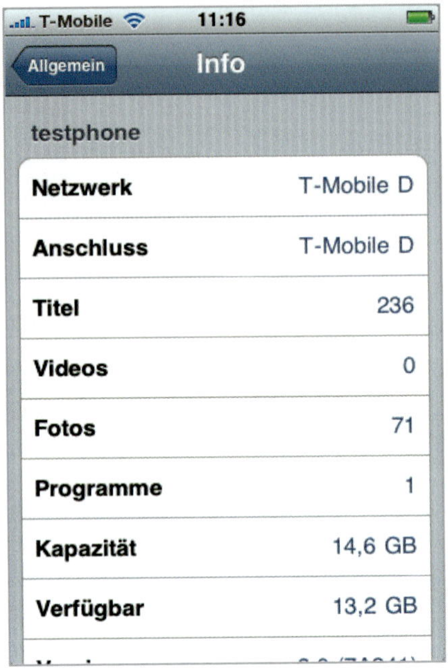

Allerhand Informationen zum und über das Gerät finden Sie in den Infos.

Allgemein -> Benutzung

Sie möchten wissen, wann Ihr iPhone das letzte Mal vollständig geladen wurde? Oder wie lange Sie bereits telefoniert haben oder wie viele Daten Sie heruntergeladen haben? Das alles finden Sie in den Einstellungen *Allgemein -> Benutzung*. Tippen Sie auf *Statistiken zurücksetzen*, um die Werte auf null zu stellen.

Wann, wie lange und wie viel? Diese Fragen beantwortet „Benutzung".

Allgemein -> Netzwerk

Alle netzwerkrelevanten Daten lassen sich hier konfigurieren. Ganz oben können Sie einstellen, ob Ihr iPhone 3G den Mobilfunkstandard UMTS nutzen soll. Wenn UMTS verfügbar und aktiv ist, können Sie Daten aus dem Internet viel schneller laden als mit EDGE. Allerdings geht 3G/UMTS auch zulasten der Akkulaufzeit. Wenn Sie also für eine Weile nicht surfen möchten, schalten Sie es lieber aus. Dann haben Sie länger was von Ihrem iPhone, bevor es wieder an die Steckdose muss.

Daten-Roaming ist dann wichtig, wenn Ihr Stammprovider, in meinem Fall T-Mobile, nicht verfügbar ist. Ist diese Option deaktiviert, werden keine Daten über das Fremdnetz heruntergeladen. Ist die Option aktiviert, können Sie im Ausland schnell mehrere Hundert Euro loswerden. Haben Sie eingestellt, dass Ihr iPhone alle 15 Minuten Mails abruft, dann kommen Sie in zwei Wochen auf über 1300 Verbindungen ins Internet. Die lassen sich die Fremdprovider richtig gut bezahlen.

Teltarif.de berichtet beispielsweise von einer Familie, die ihre drei iPhones auf eine Mittelmeerreise mitgenommen hatte. Nach ihrer Rückkehr in die Vereinigten Staaten erhielten Sie eine 54-seitige Rechnung ihres Providers AT&T über knapp 4800 Dollar.

In Deutschland bietet T-Mobile den Tarif „T-Mobile Weltweit“ an. Dort kosten 100 KByte im EU-Ausland 16 Cent. Grob gerechnet kostet der Download eines 5-MByte-Programms 8 Euro. In den anderen Ländern Europas sowie in den USA und Kanada kostet jedes angefangene Paket mit 50 KByte 42 Cent, in allen anderen Ländern sogar 67 Cent. Die 5 MByte kommen dann schon auf 6,70 Euro. Auf diesem Wege kommen pro Woche Urlaub mit permanentem Mailcheck und gelegentlichem Surfen mehrere Hundert Euro Extrakosten auf die Rechnung (Stand der Tarife: Oktober 2008).

VPN-Zugang

In den Netzwerkeinstellungen können Sie auch eine VPN-Verbindung einrichten. Das VPN oder Virtual Private Network ist ein reines Softwarenetzwerk und dient der Einbindung von Geräten eines fremden Netzes in das eigene Netzwerk. Die Netzwerke müssen dabei nicht kompatibel sein. Ein geläufiges Einsatzgebiet ist die Einbindung eines Homeoffices in das entfernte Netzwerk in den Firmenräumen. Tippen Sie auf VPN und konfigurieren Sie es in den daraufhin angezeigten Schritten.

Neben Einstellungen zu 3G und Daten-Roaming kann unter „Netzwerk“ auch VPN konfiguriert werden.

VPN konfigurieren: Zugang zum Firmen- oder Hochschulnetzwerk

Tippen Sie in *Einstellungen –> Allgemein –> Netzwerk* auf *VPN*, um zu der entsprechenden Konfiguration zu gelangen. Ein sehr verbreitetes Protokoll ist *IPSec* (Cisco), das für *Internet Protocol Security* steht. Wir verwenden in der Beschreibung exemplarisch diese Netzwerkart. Sie können aber auch VPN über die Protokolle L2TP oder PPTP einrichten. Wählen Sie dazu lediglich den entsprechenden Punkt neben IPSec.

Geben Sie zuerst alle Daten ein, die in Schritt eins abgefragt werden. Das sind *Beschreibung*, *Server*, *Account* und das *Kennwort*. Wenn Sie diese Daten noch nicht zur Verfügung haben, bringen Sie sie vom Administrator des VPN-Netzwerks in Erfahrung.

Geben Sie danach die weiteren Informationen an. Diese sind der *Gruppenname* und das entsprechende Passwort (*Shared Secret*).

Geben Sie alle nötigen Daten ein und sichern Sie mit „Speichern".

Haben Sie alle Daten eingegeben, speichern Sie die Daten mit *Sichern* ab. Danach ist das neu erstellte Profil verfügbar.

Sobald Sie ein VPN konfiguriert haben, ist es als Konfiguration verfügbar.

Wenn Sie auf das blau hinterlegte Dreieck neben dem VPN-Profil tippen, lassen sich die Einstellungen ändern. Dort können Sie den Eintrag auch komplett löschen. Schalten Sie jetzt VPN in den *Einstellungen* an.

VPN schalten Sie in den Einstellungen zwischen „Wi-Fi" und „Netzbetreiber" an. Ist es aktiviert, erscheint links neben der Uhr ein VPN-Zeichen.

Wi-Fi bringt Sie wieder zu den WLAN-Einstellungen, die Sie bereits unter *Einstellungen –> Wi-Fi* kennengelernt haben.

VPN-Zugang am Beispiel des LRZ in München

Studierende an den Hochschulen in München erhalten bei Studienbeginn ihren Internetzugang. Dieser beinhaltet zudem einen VPN-Zugang über das sogenannte Leibniz-Rechenzentrum München.

Der Zugang kann mit einem Computer oder eben auch mit einem iPhone oder iPod touch verwendet werden. Die Installation ist sehr einfach. Zunächst steuert man in diesem Fall die Internetseite des LRZ an, auf der sich die VPN-Dateien befinden:

https://www.lrz-muenchen.de/services/netz/mobil/vpnclient

Internetseite des LRZ mit Informationen zum VPN-Zugang.

Die folgende Seite klärt dann auf, dass die Profildatei entweder direkt auf das Gerät oder via E-Mail zum iPhone transportiert werden sollte.

Laden der Profildatei.

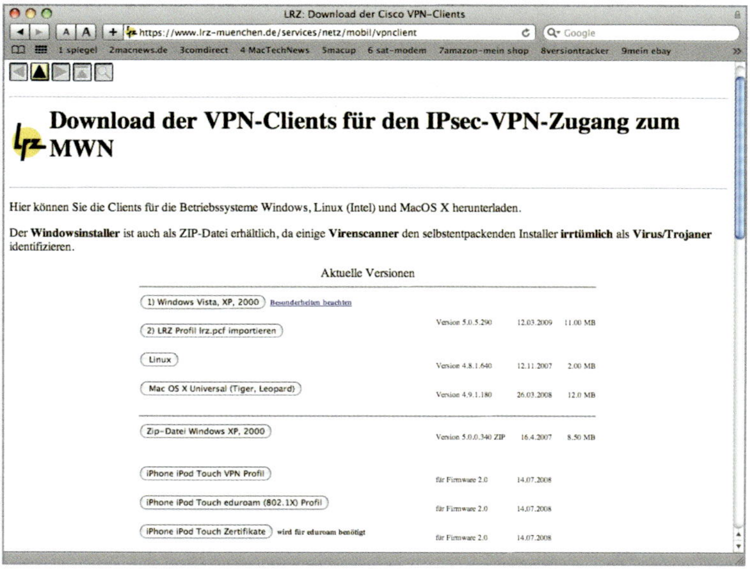

Downloadseite der VPN-Dateien.

Nach Eingabe der User-Daten gelangt man in den Downloadbereich und wählt dort die entsprechende Datei aus. Holt man diese über einen Rechner, ist sie hernach per E-Mail noch an das iPhone zu übersenden.

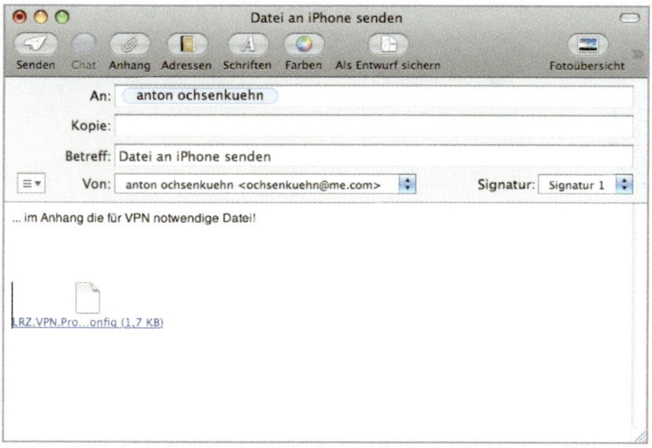

VPN-Datei ans iPhone senden.

Da möglicherweise das iPhone ohne VPN keinen Internetzugang aufweist, muss die Datei woanders (z. B. zu Hause) geladen werden. Besser ist es also, mit dem iPhone über den Safari-Browser die Downloadseite unmittelbar anzusteuern.

Die Profildatei muss nun installiert werden.

Sobald die Profildatei angeklickt ist, erscheint der Dialog, in dem nun *Installieren* auszuwählen ist. Anschließend bestätigen Sie noch, dass Sie sie tatsächlich installieren wollen. Es erfolgt nun die Abfrage des Usernamens und Kennworts.

Eintrag des Usernamens und Kennworts.

Das Profil wurde erfolgreich installiert.

Damit ist die Installation erfolgreich abgeschlossen. Wollen Sie zu einem späteren Zeitpunkt das Profil einsehen, dann gehen Sie zu *Einstellungen –> Allgemein –> Netzwerk –> VPN* oder zu *Einstellungen –> Allgemein –> Profile.* Bei Ersterem können Sie die Profileinstellungen einsehen und bei Zweiterem zum Beispiel das Profil wieder vom iPhone entfernen.

Übersicht über alle installierten Profile.

Tethering: Das iPhone wird zum Modem

Wer noch einen iPhone-Vertrag der ersten Generation hat, darf die SIM-Karte dazu nutzen, per USB-Adapter mit einem Computer ins Internet zu gehen. Das ist beispielsweise dann sinnvoll, wenn man mit dem Notebook unterwegs ist und kein WLAN zur Verfügung steht.

Neuere Verträge sehen diese Option jedoch oftmals nicht mehr vor. Fragen Sie also in diesem Fall bei Ihrem Telefonprovider nach, ob die Verwendung des iPhones als Modem Bestandteil Ihres Vertrages ist. Andernfalls kann es illegal sein oder zu hohen Zusatzkosten führen.

Seit Version 3.0 der iPhone-Software hält diese Funktion nun Einzug in das Leistungsverzeichnis des iPhones. Das Zauberwort lautet: Tethering.

Mit Tethering wird eine Verbindung zwischen Computer und iPhone hergestellt. Das kann wahlweise über das USB-iPhone-Kabel oder über Bluetooth geschehen.

Ist die Verbindung hergestellt, können Sie am Computer den Browser oder das E-Mail-Programm Ihrer Wahl starten und via iPhone werden die Daten aus dem Internet angefordert.

Sie beenden das Tethering, indem Sie entweder

- das USB-Kabel lösen
- oder bei einem der beiden Geräte Bluetooth deaktivieren
- oder noch einfacher: am iPhone das Tethering wieder ausschalten.

Vorraussetzung für erfolgreiches Tethering bis OS 3.0 ist die Installation der dazugehörigen Profildatei (Stand Juli 2009). Seit der iPhone OS-Version 3.1 wird bei T-Mobile-Kunden die Tethering-Funktion automatisch über iTunes 9 installiert und die Anwender erhalten das Tethering-Menü in den Einstellungen.

OS 3.0: Ohne die dazugehörige Datei mit den Einstellungen des Providers wird Tethering nicht funktionieren. Seit iPhone OS 3.1 wird dies automatisch über iTunes geregelt und die Profildatei ist nicht mehr sichtbar.

Fragen Sie bei Ihrem Provider nach, ob das Tethering Bestandteil Ihres Vertrages ist und klären Sie im Zweifelsfall, wie die Einstellungen vorzunehmen sind.

Tethering am iPhone aktivieren

Tethering muss wie auch der WLAN-Zugang erst einmal am iPhone aktiviert werden. Tippen Sie auf *Einstellungen, Allgemein, Netzwerk* und dann auf *Internet-Tethering*.

Internet-Tethering wird in den Netzwerkeinstellungen konfiguriert.

Aktivieren Sie das Internet-Tethering, indem Sie den Schalter ganz oben umlegen. Jetzt werden die beiden Möglichkeiten angezeigt, über die eine Verbindung hergestellt werden kann. Tippen Sie jetzt auf *Bluetooth aktivieren* oder *Nur USB* – je nachdem, welche Art von Verbindung Sie herstellen möchten.

Das iPhone informiert darüber, wie es mit dem Rechner verbunden werden kann.

Kabelverbindung mit dem Windows-PC herstellen

Solange das iPhone per Kabel mit dem Windows-XP-PC verbunden war, ging im Test alles reibungslos. Die Verbindung ist zwar meist langsamer als über DSL, aber es klappt.

Windows XP identifiziert das Tethering-iPhone als Apple Mobile Device Ethernet.

Ebenso automatisch meldet sich das iPhone als neues Netzwerk in Windows Vista oder Windows 7.

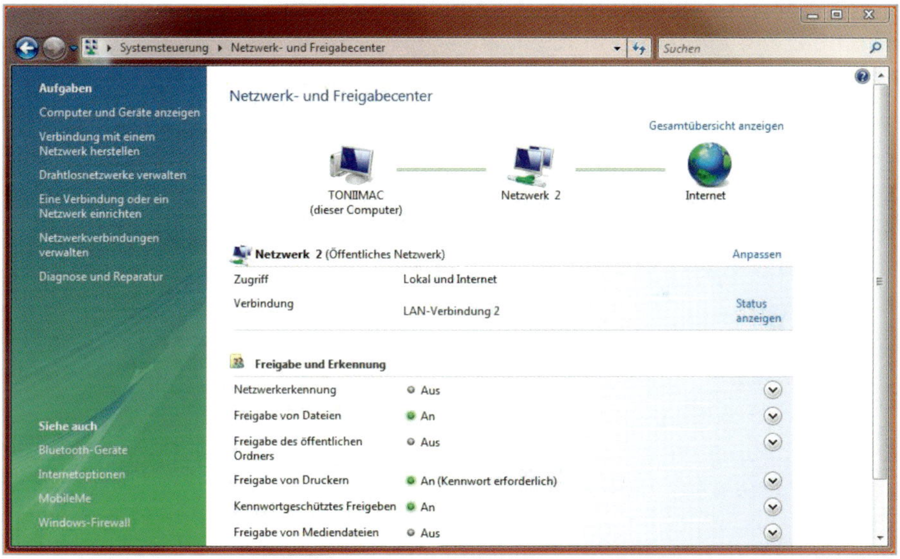

Das via USB verbundene iPhone gibt sich im Netzwerk- und Freigabecenter als Netzwerk 2 zu erkennen und funktioniert sofort ohne jegliche manuelle Nachbearbeitung.

Die Verbindung via Bluetooth hingegen benötigt einen Treiber, um mit dem iPhone vernünftig arbeiten zu können. Diese Zusatzsoftware war im Juli 2009 noch nicht final fertig, so dass Bluetooth-Tethering mit Windows eher unzuverlässig funktioniert hat.

Kabelverbindung mit dem Mac herstellen

Ist Tethering am iPhone aktiviert und stecken Sie das Kabel an einem Mac-Rechner an, erscheint sofort die Meldung, dass ein neuer Netzwerkanschluss verfügbar ist.

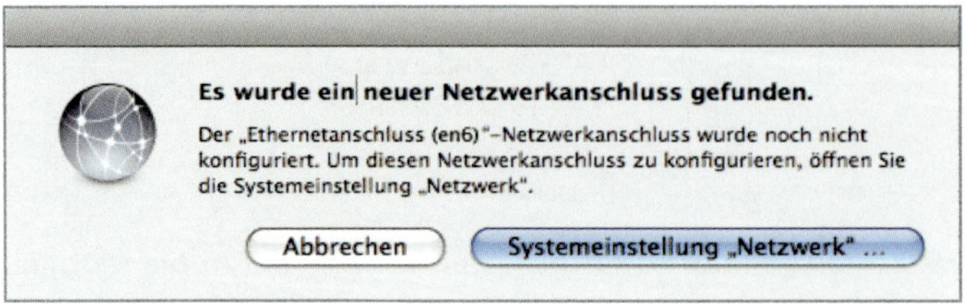

Mac OS bemerkt sofort, dass ein neues Modem verfügbar ist und zeigt es an. In diesem Fall ist es der Netzwerkanschluss en4.

Merken Sie sich die Bezeichnung des Netzwerkanschlusses, damit Sie ihn anschließend eindeutig in der Liste aller Netzwerkanschlüsse Ihres Rechners identifizieren können. Das iPhone-Modem gibt sich als Ethernetanschluss zu erkennen und bekommt automatisch eine zusätzliche Nummer zugewiesen. Das ist die nächst höhere Zahl als bisher vorhanden.

Wechseln Sie dann in die Netzwerkeinstellungen, indem Sie auf *Systemeinstellung –> Netzwerk* klicken.

Wählen Sie im nächsten Schritt die richtige Schnittstelle an und klicken Sie auf *Anwenden*.

Die Verbindung wird hergestellt. In den Netzwerkeinstellungen sehen Sie auch alle Daten zur Verbindung wie etwa die IPs.

Die Verbindung zum Mac ist hergestellt.

Sobald die Verbindung hergestellt ist, werden Sie auch vom iPhone darauf hingewiesen. Sie erkennen das an der blauen Einfärbung am oberen Rand des iPhone-Displays und dem Hinweis *Internet-Tethering*.

Verbindung zum iPhone ist hergestellt.

Verbinden per Bluetooth

Damit diese Art der Verbindung klappt, müssen Sie das iPhone als Bluetooth-Gerät mit Ihrem Rechner koppeln. Am Mac funktioniert das so, wie im folgenden Abschnitt beschrieben. Das Koppeln am Windows-Rechner läuft analog der Windows-Systemeinstellungen.

Starten Sie die *Systemeinstellungen* und klicken Sie dort auf *Bluetooth*. Wählen Sie jetzt *Neues Gerät konfigurieren* und *Fortfahren*. Da Sie ein *Mobiltelefon* koppeln möchten, wählen Sie diesen Punkt aus und klicken erneut auf *Fortfahren*. Jetzt wird das Gerät gesucht, gefunden und in der Liste angezeigt.

Das iPhone wird von Mac OS erkannt.

Klicken Sie auf *Fortfahren*, bis ein Zahlencode angezeigt wird. Den geben Sie am iPhone genauso ein. Tippen Sie am iPhone auf *Verbinden* und am Mac auf *Fortfahren* – die Option *Gerät als Netzwerkanschluss verwenden* sollte bereits aktiv sein – und *Beenden*. Jetzt sind iPhone und Mac gekoppelt.

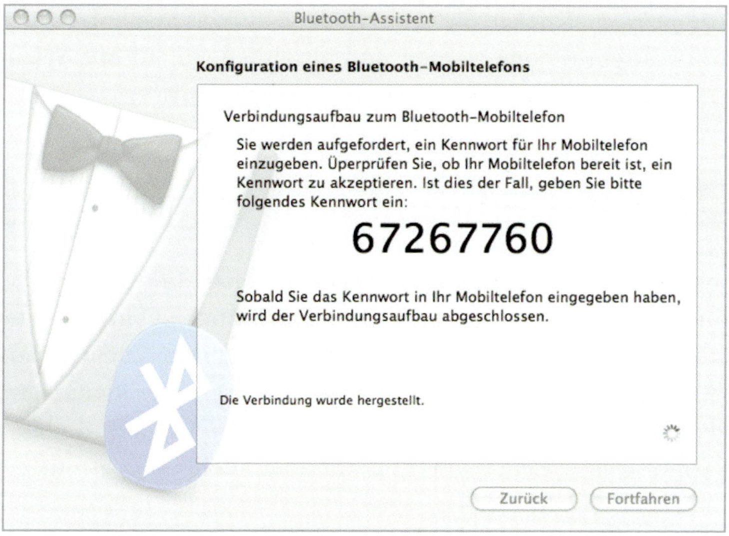

Die Eingabe des Zahlencodes ist am iPhone erforderlich.

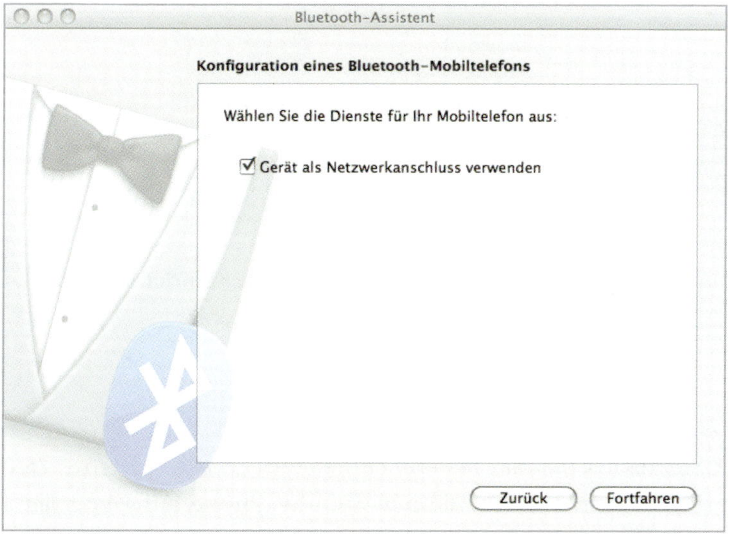

Nach diesem Schritt kann das iPhone als Modem verwendet werden.

Falls die Verbindung nicht automatisch hergestellt wird, wenn also am iPhone nicht die Tethering-Banderole erscheint, können Sie die Verbindung auch manuell aktivieren: Wenn Sie in der Menüleiste Ihres Mac-Rechners noch kein Bluetooth-Symbol haben, aktivieren Sie diese Möglichkeit in den *Systemeinstellungen –> Bluetooth*. Der Punkt heißt hier *Bluetooth-Status in der*

Menüleiste anzeigen. Klicken Sie anschließend auf das Symbol, dann auf den Eintrag mit Ihrem iPhone-Namen und abschließend auf *Mit Netzwerk verbinden*.

Allgemein -> Bluetooth

Sie möchten ein Bluetooth-Gerät, beispielsweise eine Freisprecheinrichtung, mit Ihrem iPhone verbinden? Die dafür nötigen Optionen finden Sie hier. Ist Bluetooth aktiviert, erscheint rechts oben neben dem Akkusymbol ein Bluetoothsymbol. Das Symbol ist weiß, wenn ein Gerät mit dem iPhone verbunden ist. Ist Bluetooth aktiviert, aber kein Gerät verbunden, ist das Symbol grau. Das iPhone benötigt dann aber auch mehr Strom. Also ausschalten, wenn es nicht benötigt wird.

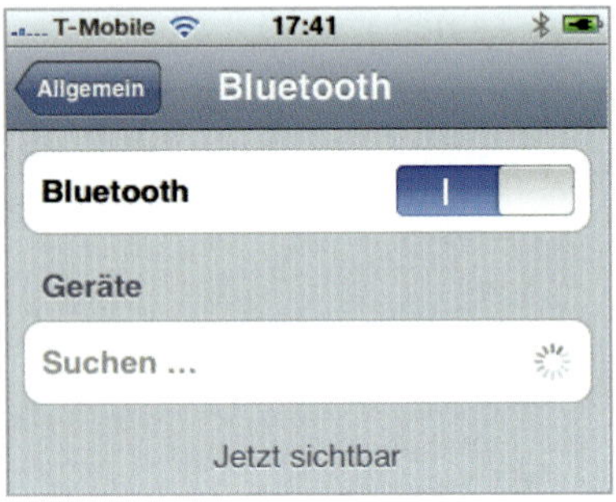

Die Anlaufstelle für das Verbinden einer Freisprecheinrichtung oder anderer auf Bluetooth basierender Geräte.

Headset mit dem iPhone verbinden

Um ein Headset mit dem iPhone zu verbinden, bringen Sie es in den Pairingmodus. Sobald es unter *Geräte* erscheint, wählen Sie es aus. In den meisten Fällen ist es erforderlich, dass Sie einen Pin-Code eingeben. Der ist häufig auf den Wert 0000 eingestellt. Die Information über den Code finden Sie aber auch in der Dokumentation des Headsets.

Besitzen Sie ein Bluetooth-Headset von Apple, müssen Sie es nicht erst „pairen“. Das machen beide Geräte automatisch. Zusätzlich wird der Ladestatus des Headsets während des Standby-Modus auch im Display angezeigt.

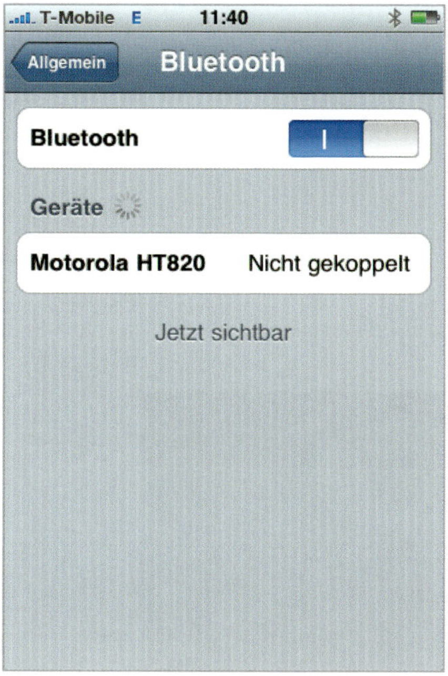

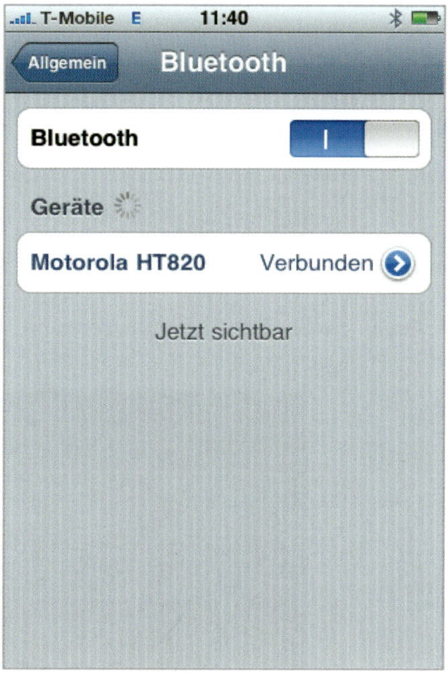

Bei Headsets anderer Hersteller können Sie bei Verwendung des 3G oder 3G S nunmehr sogar ein Stereo-Bluetooth-Headset mit Ihrem iPhone verwenden.

Freisprecheinrichtung im Auto mit dem iPhone verbinden

Viele Fahrzeuge haben mittlerweile eine Bluetooth-Schnittstelle im Funktionsumfang integriert. Oftmals ist die Verbindungsaufnahme schnell und unkompliziert erledigt.

Wir haben die Kontaktaufnahme mit einem BMW dargestellt.

1. Im Fahrzeug die Kopplung via Bluetooth einschalten.

Das Koppeln wird vorbereitet.

2. Nachdem die Bluetooth-Funktion im Pkw aktiv ist, gibt der BMW seinen Namen preis.

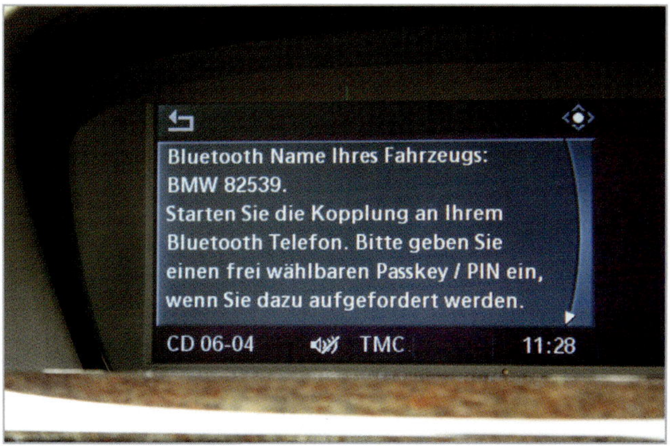

Jedes Bluetooth-Gerät meldet sich mit einem bestimmten Namen.

3. Das iPhone erkennt nun die Bluetooth-Schnittstelle des Fahrzeugs.

Das iPhone hat den BMW erkannt.

4. Auf dem iPhone kann nun ein beliebiger PIN eingetragen werden, der hernach am Armaturenbrett des BMW identisch einzustellen ist. Bei anderen Fahrzeugtypen kann es durchaus eine vorgegebene Zahlenkombination geben, die in den Fahrzeugunterlagen zu finden sein sollte.

Zum Fertigstellen der Verbindung muss auf beiden Seiten die identische PIN eingetragen werden.

5. Die Kopplung war erfolgreich. Sowohl das iPhone als auch die Anzeige im Fahrzeug geben darüber Auskunft. Nunmehr kann in Zukunft ohne erneutes Zutun über die Freisprecheinrichtung des Autos telefoniert werden. Selbst die Kontaktliste des iPhones wird bei den BMW-Fahrzeugen im Display dargestellt.

Die Verbindungsaufnahme war erfolgreich.

Allgemein –> Ortungsdienste

Diese Option erlaubt es den Anwendungen *Karten* und *Kamera*, Informationen über den aktuellen Standort zu verwenden. Die Ortung des iPhones geschieht über drei Systeme. Zuerst wird anhand von (Telefon-)Funknetzen die grobe Position bestimmt. Ist WLAN aktiviert, sucht das iPhone nach bekannten WLANs, die mit ihrer Adresse in einer Datenbank hinterlegt sind. Beim iPhone 3G bzw. 3G S kommt zusätzlich noch der GPS-Chip ins Spiel und vervollständigt die Suche. Bei allen drei Faktoren ist das Vorhandensein von Netzwerken oder freie Sicht zu den Satelliten erforderlich.

Sind die Ortungsdienste deaktiviert, fragen die darauf zurückgreifenden Anwendungen beim nächsten Start noch einmal nach.

Allgemein –> Automatische Sperre

Geben Sie hier an, ob und nach welchem Zeitraum das Telefon in den stromsparenden Standby-Modus fällt. Die möglichen Einstellungen sind *1 Minute*, *2 Minuten*, *3 Minuten*, *4 Minuten*, *5 Minuten* und *Nie*.

Wird diese Option schlau genutzt, sparen Sie Strom und Nerven.

Allgemein –> Code-Sperre

Hier können Sie den Passwortschutz des iPhones aktivieren. Geben Sie einen vierstelligen Code ein, um das iPhone vor unbefugten Zugriffen zu schützen. Sie können den *Code deaktivieren*, *Code ändern* und einstellen, nach welchem Zeitraum eine Codeeingabe nötig wird. In fünf Schritten kann das zwischen einer Minute und vier Stunden dauern.

Wichtig für Personen, die ihre sensiblen Daten besonders gut vor falschen Blicken schützen wollen: Auf Wunsch löscht das iPhone alle Daten, wenn der Code zehn Mal falsch eingegeben wurde.

Sogar das automatische Löschen der iPhone-Inhalte kann mit der Code-Sperre verknüpft werden.

Allgemein –> Einschränkungen

Hat hier jemand „Kindersicherung“ gesagt? Ja, die Einschränkungen gehen schon in diese Richtung. Starten Sie hierzu die *Einstellungen, Allgemein, Einschränkungen* und vergeben Sie einen vierstelligen Code. Diesen Code brauchen Sie später immer wieder zum Aufheben oder Aktivieren der Sperren. Danach sind die eigentlichen Einschränkungen an der Reihe. Im oberen Teil können Sie festlegen, welche der Programme auf diesem Gerät genutzt werden können. Soll beispielsweise das Surfen erlaubt sein, nicht aber die Installation von Programmen sowie das Betrachten von YouTube-Videos, dann lassen Sie den Schalter nach Safari aktiv, legen jedoch die von SW-Installationen und YouTube um. Damit schalten Sie diese Funktionen aus.

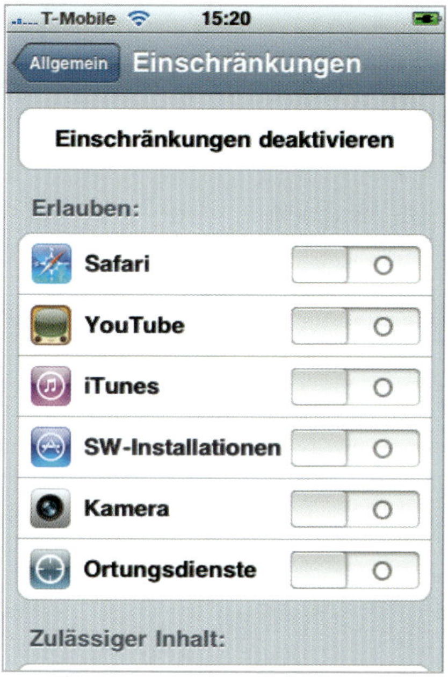

Sind alle Einschränkungen aktiv (links), wird auch der ehemals volle Homescreen sehr überschaubar. Keine Spur mehr von YouTube, Safari und Co. Aber auch Einstellungen wie die Ortungsdienste sind nicht mehr verfügbar.

Legt der obere Teil der Einschränkungen mehr die Funktionen des iPhones fest, geht es in der zweiten Hälfte eher um die Inhalte. Dort können Sie festlegen, ob innerhalb gekaufter Programme sogenannte *In-App-Käufe*, also das Nachkaufen weiterer Funktionen, erlaubt sein soll.

Altersfreigaben für Deutschland legt fest, dass in den folgenden Optionen die für Deutschland gültigen Optionen zur Verfügung stehen. Ein Beispiel dafür sind die in Deutschland üblichen Altersfreigaben. Geben Sie für *Filme, Sendungen* und *Programme* entweder ein gewisses Alter ein oder geben Sie alle Inhalte frei beziehungsweise sperren Sie alle. Bei *Musik & Podcast* können Sie einstellen, ob anstößiges Material, die Explicit Lyrics und andere Inhalte erlaubt sind.

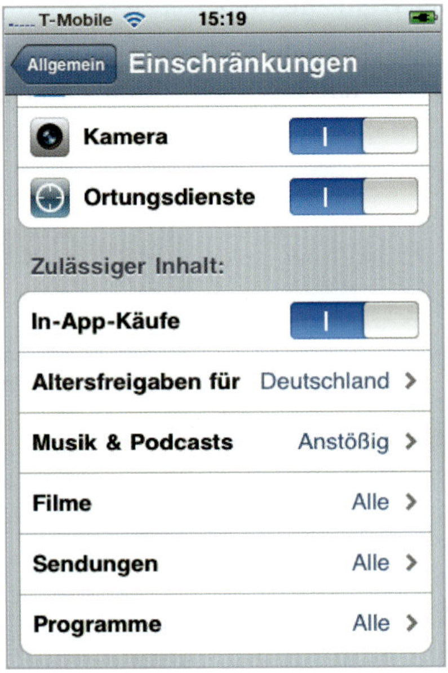

Der untere Teil der Einschränkungen kümmert sich um den Jugendschutz.

Einschränkungen wieder aufheben

Sie können entweder wieder einzelne Funktionen freigeben oder die Einschränkungen komplett aufheben. Geben Sie dazu Ihren Code ein und tippen Sie auf *Einschränkungen deaktivieren*. Sollten Sie den Code einmal vergessen, müssen Sie die Software Ihres iPhones per iTunes wieder komplett neu aufspielen.

Allgemein –> Home-Taste

Die Home-Taste haben Sie eingangs schon kennengelernt. Drücken Sie sie einmal, springen Sie immer wieder zurück in den Home-Bildschirm. Diese Taste verfügt aber auch über eine Art Doppelklick, der sich programmieren lässt. Sie finden die entsprechenden Einstellmöglichkeiten unter *Einstellungen –> Allgemein –> Home-Taste*. Dort lässt sich einstellen, was nach dem doppelten Drücken der Home-Taste passieren soll. Die Möglichkeiten sind: *Home*, *Suchen*, *Telefon-Favoriten*, *Kamera* und *iPod*. *Home* führt analog zum einmaligen Drücken der Taste zum Hauptbildschirm, *Suchen* bringt Sie direkt zu Spotlight, *Telefon-Favoriten* öffnet die Liste mit den Kurzwahlen und *iPod* bzw. *Kamera* starten die dazugehörigen Programme.

Die Einstellung *iPod-Bedienelemente* sorgt dafür, dass Sie während der iPod-Wiedergabe die Elemente für Zurück, Vor, Play/Pause und einen Shortcut zum iPod eingeblendet bekommen. Auch die Lautstärke lässt sich dort anpassen.

Was passieren soll, wenn die Home-Taste zwei Mal gedrückt wird, lässt sich hier einstellen.

Zudem kann hier noch die Reihenfolge der Spotlight-Suchergebnisse bzw. die Suchbereiche definiert werden.

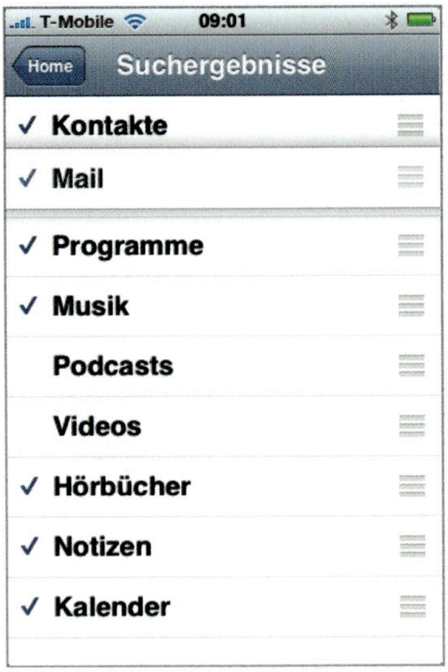

Spotlight-Suchergebnisse definieren.

Entfernen Sie die Häkchen bei nicht erwünschten Positionen und ziehen Sie die Begriffe an die gewünschte Position.

Allgemein -> Datum & Uhrzeit

Der Name sagt's schon: Hier geht es um Tage und Stunden. Die Einstellung *24-Stunden* macht aus „18:10" „6:10 nachm." und umgekehrt. Sie können eine *Zeitzone* angeben und die Uhrzeit sowie das Datum manuell einstellen. Haben Sie eine Zeitzone gewählt, zeigt der Kalender Datum und Uhrzeit der eingetragenen Termine in der Zeitzone der ausgewählten Stadt an. Das ist dann sinnvoll, wenn Sie in München einen Termin in New York für 9:00 Uhr vormittags eintragen. Dann ist es erforderlich, dass das iPhone weiß, dass der Termin nicht an dem Ort in Deutschland stattfindet, an dem Sie ihn eingetragen haben, sondern an einem Ort in einer anderen Zeitzone. Sie erhalten die Erinnerungen für Termine somit immer in Ortszeit.

Ist die Anzeige der 24-Stunden-Uhrzeit deaktiviert, gibt es zwar keine Stunden über 12, dafür aber die Angaben „vorm." und „nachm.".

Allgemein -> Tastatur

Stellen Sie hier alles ein, was das Schreiben mit der Softwaretastatur erleichtert.

- *Auto-Korrektur* kümmert sich wie schon besprochen um die korrekte Eingabe Ihres Textes und erzeugt währenddessen Vorschläge.
- *Auto-Großschreibung* sorgt dafür, dass an Textanfängen und am Anfang von Sätzen automatisch mit einem Großbuchstaben begonnen wird.
- *Feststelltaste* bewirkt, dass ein doppeltes Tippen auf die Hochstelltaste eine Art Caps-Lock aktiviert. Danach werden alle Buchstaben GROSS geschrieben. Die Hochstelltaste ist währenddessen blau hinterlegt.
- Der vierte Punkt, *.-Kurzbefehl*, fügt automatisch einen Punkt und ein Leerzeichen ein, wenn die Leertaste doppelt gedrückt wird.
- *Internationale Tastaturen* ermöglichen den Zugriff auf über 40 Tastaturlayouts, selbst Japanisch und das traditionelle sowie das vereinfachte Chinesisch werden unterstützt.

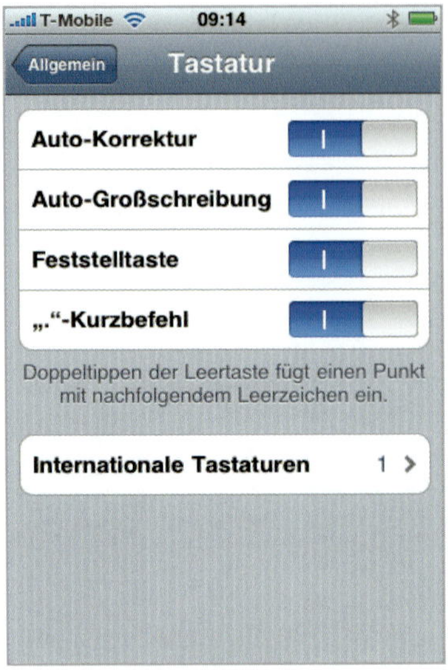

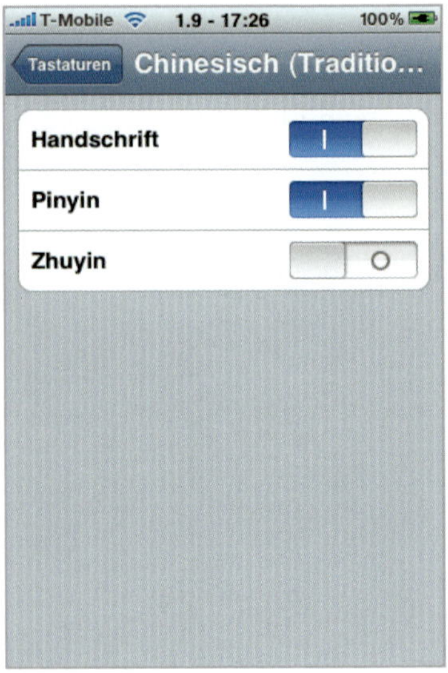

Außer einigen Einstellungen können auch „Internationale Tastaturen" aktiviert werden.

Haben Sie mehrere Tastaturen aktiviert, so finden Sie bei der Tastatur stets ein Globus-Icon links neben der Leertaste, so dass Sie einfach auf die andere Tastatur umschalten können.

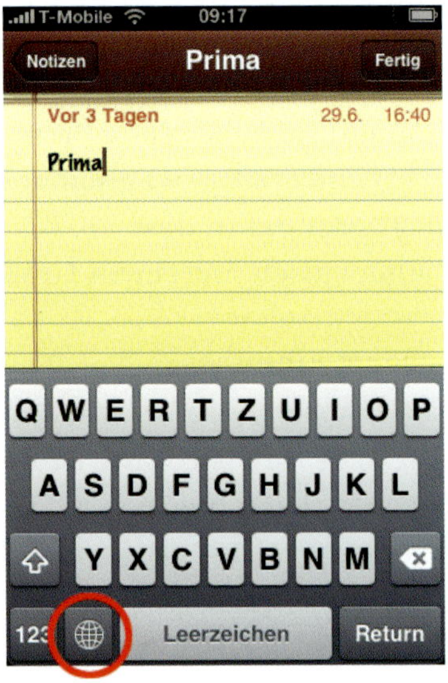

Das Globus-Icon erlaubt das rasche Wechseln der Tastatur.

Allgemein –> Landeseinstellungen

In diesem Menü können Sie die *Sprache* des iPhones ändern und noch einmal internationale *Tastaturen* wie im Menü *Allgemein –> Tastatur*. Außerdem können Sie dort das regionale Format ändern, was sich auf Datums- und Uhrzeitanzeige auswirkt.

Die Landeseinstellungen ermöglichen es, das iPhone an regionale Veränderungen anzupassen.

Allgemein –> Zurücksetzen

Hier können gezielt Einstellungen zurückgesetzt werden. Dabei ist es nicht immer erforderlich, dass das komplette iPhone „plattgemacht" wird. Oft reicht es schon, wenn beispielsweise die Netzwerkeigenschaften ein Reset bekommen. Wer den Home-Bildschirm wieder so haben möchte wie bei Auslieferung, wird hier fündig und muss nicht alles per Hand verschieben und löschen. Die Optionen im Einzelnen:

Alle Einstellungen: Wählen Sie diesen Punkt aus, werden alle Einstellungen zurückgesetzt. Angst um Ihre Daten und Medien müssen Sie nicht haben, die werden nicht angepackt.

Inhalte & Einstellungen löschen ist da schon resoluter. Zusätzlich zum Zurücksetzen der Einstellungen werden hier die Daten sehr wohl auch gelöscht. Alles, was auf dem iPhone war, ist danach weg. Der Vorgang dauert eine gefühlte Ewigkeit, Apple spricht von etwa zwei Stunden.

Netzwerkeinstellungen: Darunter verbergen sich alle Einstellungen für bisher genutzte Netzwerke und auch die VPN-Einstellungen erfahren einen Reset. Außerdem wird die Wi-Fi-Funktion geresettet. Wenn Sie zum Zeitpunkt des Zurücksetzens mit einem WLAN verbunden sind, wird die Verbindung getrennt. Allerdings bleiben die Wi-Fi-Einstellungen erhalten.

Tastaturwörterbuch: Jedes Mal, wenn Sie einen Korrekturvorschlag des iPhones ablehnen, wird das gerade getippte Wort dem Wörterbuch hinzugefügt. Setzen Sie das Tastaturwörterbuch zurück, werden alle hinzugefügten Einträge wieder entfernt.

Home-Bildschirm: Diese Einstellung setzt den Home-Bildschirm wieder auf den Stand zurück, den er bei Auslieferung des iPhones hatte.

Ortswarnhinweise zurücksetzen: Die Anwendungen *Karten* und *Kamera* verwenden Informationen über den aktuellen Standort des iPhones. Anfangs wird man darauf hingewiesen und es erscheint ein Hinweis, den man ablehnen oder bestätigen kann. Nach vier Mal „Ja" kommt der Hinweis nicht mehr. Setzen Sie die Ortswarnhinweise zurück, damit diese Meldung wieder einige Male erscheint.

Bestätigen Sie diese Abfrage vier Mal mit „Ja", erscheint sie nicht mehr. Manuell kann sie aber wieder aktiviert werden.

Mail, Kontakte, Kalender

Los geht's mit den Einstellungsmöglichkeiten zu *Mail:*

Unter *Accounts* finden Sie die Einstellungen für die auf dem iPhone konfigurierten Mailaccounts. Dort können Sie auch manuell einen neuen *Account hinzufügen*. Tippen Sie einen der Einträge an, um ihn ein- oder auszuschalten und Accountinfos sowie Einstellungen zu den Mailservern einzugeben. Unter *Server für eingehende Mails* und *Server für ausgehende Mails* können Sie die Passwörter eingeben, die bei der Synchronisation der Mailkonten von iTunes aus Sicherheitsgründen nicht mit übertragen werden. Bei *Server für eingehende Mails* ist das *Kennwort*-Feld sofort zu sehen. Bei den Ausgangsservern muss erst noch der entsprechende Eintrag angetippt werden.

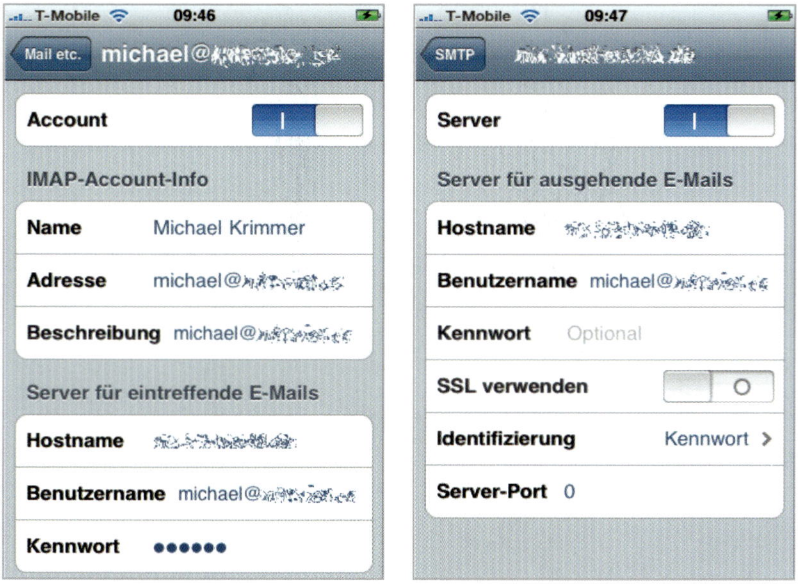

Das Passwortfeld für die eingehenden Mails ist gleich zu finden (links), das für die ausgehenden Nachrichten ist ein paar Klicks entfernt.

Zudem kann eine Liste weiterer Ausgangsserver definiert werden, falls der Versand mit dem eigentlichen Server aus irgendwelchen Gründen fehlgeschlagen sollte.

Neben dem Standard-SMTP (Postausgangsserver) können Ersatzserver hinzugefügt werden, um den Versand einer E-Mail sicherzustellen.

In der Rubrik *Mail* gibt es weitere Einstellungen zu iPhones Mail.

Es gibt einige weitere sehr interessante Einstellungen, um die Mail-Applikation seinen Bedürfnissen anzupassen.

Datenabgleich: Definieren Sie hier das Zeitintervall, in dem E-Mails mit dem Internet abgeglichen werden sollen.

Anzeigen: Legen Sie hier fest, wie viele Mails das iPhone auf einen Schwung herunterladen soll. Gibt es mehr Mails als die festgelegte Anzahl, können Sie das Mailprogramm auffordern, weitere Nachrichten zu laden. Der Vorteil einer niedrigeren Zahl: Sie müssen beispielsweise nicht erst warten, bis alle 200 Mails geladen sind, sondern können das erste Paket lesen, dann nachladen und so weiter.

Gibt es mehr Mails im Eingangsordner als die eingestellte Anzahl, muss manuell nachgeladen werden. Dieser Hinweis erscheint am unteren Ende Ihrer E-Mail-Liste.

Vorschau: Legen Sie in dieser Einstellung fest, aus wie vielen Zeilen die Vorschau Ihrer Mail bestehen soll. Die Einstellungen reichen von *1 Zeile* bis *5 Zeilen*. Bei einer Einstellung mit niedrigem Wert passen mehr Mails auf eine Bildschirmseite. Dafür ist in manchen Fällen vielleicht nicht sofort ersichtlich, um was es im Text geht. Ein hoher Wert gibt auf den ersten Blick Aufschluss über den Inhalt. Dafür passen nur wenige Einträge auf eine Bildschirmseite.

In der Mail links mit zwei Zeilen Vorschau ist nicht auf den ersten Blick zu erkennen, worum es geht. Rechts reichen die fünf Zeilen dazu aus.

Mindestschriftgröße gibt an, wie groß die Schrift sein soll, mit der Mailtexte angezeigt werden. Sie können zwischen *Klein*, *Mittel*, *Groß*, *Sehr groß* und *Supergroß* wählen. Schriften, die größer sind, werden durch diese Einstellung nicht verändert. Es wird nur sichergestellt, dass keine Schrift zu klein ist.

Mindestschriftgröße stellt sicher, dass die Mails nicht in zu schwer lesbarer Schriftgröße dargestellt werden. Von links: „Mittel", „Supergroß".

An/Kopie anzeigen: Sicherlich bekommen Sie auch häufig Mails, bei denen Sie erst im Kopf der Mail nachsehen müssen, ob die Mail an Sie direkt ging oder ob Sie *auf Kopie* gesetzt wurden. Schalten Sie die Option *An/Kopie anzeigen* an, damit Sie bereits in der Liste der empfangenen Mails erkennen können, ob die Mail direkt an Sie ging. Erhalten Sie eine Mail als *unsichtbarer Empfänger* (Bcc), erkennen Sie das daran, dass weder *An* noch *Kopie* dabeisteht.

So ist auf den ersten Blick erkennbar, an wen die Mail ging und wer eine Kopie erhielt.

Löschen bestätigen: Ist diese Option aktiviert, werden Sie beim Löschen einer Mail im Lesemodus gefragt, ob Sie die Mail wirklich löschen möchten. Ist die Option deaktiviert, bleibt die Nachfrage aus und die Mail wird sofort gelöscht. Auf den Löschvorgang aus der Übersicht aller eingegangenen Mails heraus hat diese Option keinen Einfluss. Hier wird nicht nachgefragt.

„Löschen bestätigen“ bewirkt, dass vor dem Löschen noch einmal nachgefragt wird.

Entfernte Bilder laden: Ist diese Option aktiv, werden stets die Bildanhänge in Mail geladen. Deaktivieren Sie diese Funktion, sofern Sie oft unterwegs sind und nur langsamen Internetzugriff via EDGE haben sollten, um die Ladezeiten der Mails zu verkürzen. Sollten Sie das Bild laden wollen, dann können Sie es direkt in der Mail anklicken und es wird auf Ihr iPhone übertragen.

Blindkopie an mich bewirkt, dass von jeder abgeschickten Mail eine Blindkopie an den sendenden Account mitverschickt wird. Ein Garant über das fehlerfreie Versenden der Mail ist das zwar nicht. Die Option eignet sich aber gut, um den Überblick über verschickte Mails zu behalten und im Zweifel kurz nachzulesen, was in der Mail stand.

Mit diesen Einstellungen wird mit jeder Mail eine Bindkopie an mich selbst geschickt und ich habe eine Grußformel als Signatur, die jeder Mail angehängt wird. Der letzte Punkt gibt an, welcher Account Standard ist.

Signatur: Geben Sie hier einen Text ein, wie beispielsweise Ihren Namen und die Kontaktdaten. Dann sparen Sie sich das Eintippen dieser Informationen bei jeder neuen Nachricht. Eine Signatur ist aber nicht nur dann sinnvoll, wenn man die kompletten Kontaktdaten mit mehreren Post- und Mailadressen und verschiedenen Telefon- und Faxnummern einträgt. Auch eine kurze Grußformel im Stile von *Grüße, Michael* als Signatur spart viel Zeit, wenn man sich die Eingabe Hunderte Male erspart.

Standard-Account: Hier legen Sie fest, welcher Mailaccount der Standard-Account ist. Das ist für Mails wichtig, die außerhalb der Mailanwendung erstellt werden – beispielsweise bei verschickten Fotos oder wenn Sie in *Karten* auf die Mailadresse eines Eintrags klicken. Diese Mail wird dann unter dem Account erstellt, der Standard ist. Sie können den *Absender* aber manuell noch ändern, indem Sie während der Mailerstellung auf das Feld *Von:* tippen und dort einen anderen Account auswählen.

Die Einstellungen zu den Kontakten

Sortierfolge: Legen Sie hier fest, ob die Kontakte alphabetisch nach Vor- oder Nachnamen sortiert werden sollen. Die Einstellung *Vor-, Nachname* hat zur Folge, dass beispielsweise alle *Andreas* in den Kontakten unter *A* gelistet werden. Wählen Sie *Nach-, Vorname* aus, werden die Kontakte nach den Anfangsbuchstaben der Nachnamen sortiert – unabhängig vom Vornamen.

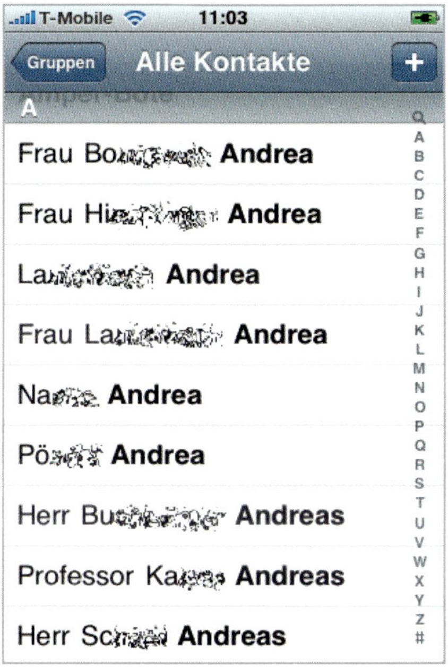

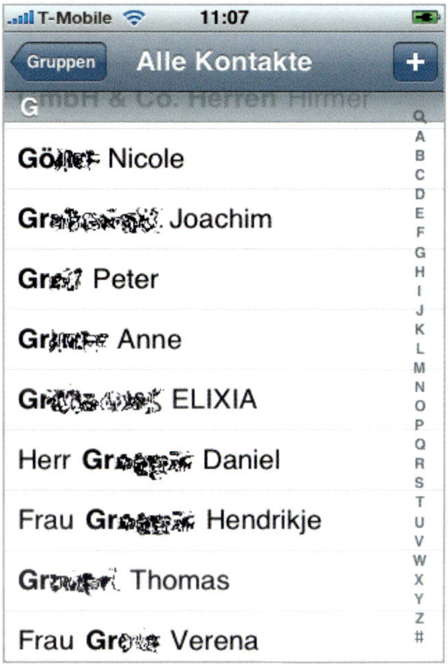

Links wird nach „Vor-, Nachname" sortiert, rechts nach „Nach-, Vorname".

Anzeigefolge ist ähnlich der *Sortierfolge* und bietet auch die beiden Optionen. Der Unterschied ist, dass Sie hier angeben können, wie die Kontakte angezeigt werden. Unabhängig von der Art der Sortierung.

Standard-Account: Haben Sie beispielsweise eine Verbindung zu Exchange oder MobileMe, dann könnten Sie festlegen, dass jeder neue Kontakt sogleich dort aufgenommen werden soll. Ist der Kontakt dann am iPhone fertig erstellt, dann wird dieser mit Exchange oder MobileMe abgeglichen und steht so auf anderen Computern in Outlook, dem Adressbuch oder Entourage zur Verfügung.

SIM-Kontakte importieren: Über diese Option können Sie Kontakte, die auf Ihrer SIM-Karte gespeichert sind, auf das Telefon übertragen. Das spart viel Arbeit, wenn Sie vor dem iPhone ein anderes Telefon benutzt haben, das die Kontakte auf der Karte gespeichert hat.

Kalendereinstellungen

Einladungsmeldungen: Erhalten Sie eine Einladung zu einer Besprechung, gibt das iPhone bei aktivierter Option einen Signalton aus. Schalten Sie diesen Schalter aus, erfolgt keine Benachrichtigung.

Sync: Der unter *Sync* angegebene Zeitrahmen legt fest, welche Ereignisse der Vergangenheit beim Synchronisieren auf das iPhone kopiert werden. Die wählbaren Zeiträume sind 2 Wochen, 1/3/6 Monate oder *Alle Ereignisse*.

Alle Ereignisse, die länger als vier Wochen zurückliegen, werden mit dieser Einstellung nicht auf das iPhone synchronisiert.

Zeitzonen-Support: Aktivieren Sie den Zeitzonen-Support, damit im Kalender Datum und Uhrzeit der eingetragenen Termine in der Zeitzone der eingetragenen Stadt angezeigt werden. Ist der *Zeitzonen-Support* deaktiviert, zeigt *Kalender* die Termine in der Zeitzone des aktuellen Aufenthaltsorts an. Die aktuelle Zeit wird dabei über die Netzwerkzeit ermittelt. Das Problem an der Sache: Nicht jeder Mobilfunkprovider unterstützt das Abrufen der Netzwerkzeit. So kann es im Ausland mit anderer Zeitzone passieren, dass Termine nicht zur richtigen Zeit angezeigt werden. In diesem Fall stellen Sie die Uhrzeit am besten manuell ein.

Das iPhone bietet einen Zeitzonen-Support an. Das kann im Ausland aber zum Problem werden, wenn der Provider keine Netzwerkzeit anbietet. In diesem Fall sollte die Uhrzeit manuell eingestellt werden.

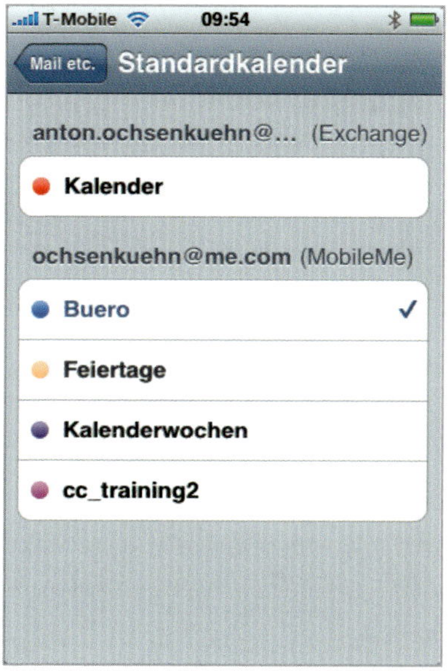

Sobald Sie einen Termin eintragen, kann dieser einem Kalender hinzugefügt werden.

Standardkalender: Geben Sie hier an, in welchen Kalender die Termine normalerweise eingetragen werden. Sie können jedoch bei jeder Terminfestlegung diese Grundeinstellung erneut ändern.

Telefon

In den Telefoneinstellungen wird als Erstes Ihre eigene Telefonnummer angezeigt. Danach geht es los mit den Konfigurationsmöglichkeiten der iPhone-Telefonfunktion.

Rufweiterleitung: Sie haben an Ihrem Aufenthaltsort sehr schlechten Empfang mit dem iPhone? Oder Sie befinden sich im Urlaub und möchten, dass die Anrufe vom Geschäfts-iPhone bei Ihrer Vertretung ankommen? Dann aktivieren Sie die Rufweiterleitung und geben Sie die entsprechende Nummer an. Solange Sie die Rufweiterleitung nicht deaktivieren, werden alle eingehenden Anrufe weitergeleitet. Achten Sie darauf, dass Sie beim Aktivieren der Option einen ausreichenden Empfang haben, weil sonst eventuell die Aktivierung beim Telefonanbieter fehlschlägt. Deaktivieren Sie die Rufweiterleitung wieder, werden die Anrufe an das iPhone weitergeleitet.

Über die Rufweiterleitung werden alle eingehenden Anrufe an eine andere Telefonnummer weitergeleitet.

In den Einstellungen des iPhones kann man nur eine Weiterleitung an- bzw. ausschalten. Dabei kann man aber nicht unterscheiden, ob bei ausgeschaltetem Handy, bei besetzt, bei Nichtentgegennahme oder immer eine Rufweiterleitung aktiv sein soll.

Möchte man das unabhängig voneinander einstellen, gibt es auch hierfür einen Trick. Wieder muss man einen Code im *Telefon* über dessen *Ziffernblock* eingeben. Beachten Sie bitte, dass die Eingabe dieser Codes im Normalfall nur funktioniert, wenn Ihr Telefon bei Ihrem angestammten Provider eingeloggt ist. Befinden Sie sich im Ausland und haben sich per Roaming verbunden, werden diese Codes zumeist nicht übertragen.

Zudem gelten die dargestellten Codes für T-Mobile und können bei anderen Telefonprovidern abweichen, sind aber im Regelfall auch dort verfügbar.

Rufumleitung bei ausgeschaltetem Handy	
Wenn das Handy ausgeschaltet ist, werden alle Anrufe an die Zielrufnummer weitergeleitet.	
Einrichten:	**62*Rufnummer#
Löschen:	##62# (Die Umleitung wird nicht mehr ausgeführt, die Zielrufnummer wird gelöscht)
Statusabfrage:	*#62#
Deaktivieren:	#62# (Die Umleitung wird nicht mehr ausgeführt, die Zielrufnummer bleibt gespeichert)
Reaktivieren:	*62# (Die Zielrufnummer wird aus dem Speicher reaktiviert, die Umleitung wieder ausgeführt)

Nach Absenden des Codes meldet sich das iPhone und gibt über die Rufweiterleitung Auskunft.

Rufumleitung im Besetztfall:

Damit werden alle Anrufe an die Zielrufnummer weitergeleitet, wenn bereits telefoniert wird.

Einrichten:	**67*Rufnummer#
Löschen:	##67# (Die Umleitung wird nicht mehr ausgeführt, die Zielrufnummer wird gelöscht)
Statusabfrage:	*#67#
Deaktivieren:	#67# (Die Umleitung wird nicht mehr ausgeführt, die Zielrufnummer bleibt gespeichert)
Reaktivieren:	*67# (Die Zielrufnummer wird aus dem Speicher reaktiviert, die Umleitung wieder ausgeführt)

Rufumleitung bei Nichtentgegennahme:

Das iPhone klingelt und das Gespräch kann oder soll nicht angenommen werden; der Anruf wird dann nach 15 Sekunden (voreingestellt) an die Zielrufnummer weitergeleitet

Einrichten:	**61*Rufnummer#
Löschen:	##61# (Die Umleitung wird nicht mehr ausgeführt, die Zielrufnummer wird gelöscht)
Statusabfrage:	*#61#
Deaktivieren:	#61# (Die Umleitung wird nicht mehr ausgeführt, die Zielrufnummer bleibt gespeichert)
Reaktivieren:	*61# (Die Zielrufnummer wird aus dem Speicher reaktiviert, die Umleitung wieder ausgeführt)

Sofortige Rufumleitung für alle Anrufe:	
Mit dieser Rufumleitung werden alle Anrufe sofort umgeleitet – auch wenn das Handy eingeschaltet ist.	
Einrichten:	**21*Rufnummer#
Löschen:	##21# (Die Umleitung wird nicht mehr ausgeführt, die Zielrufnummer wird gelöscht)
Statusabfrage:	*#21#
Deaktivieren:	#21# (Die Umleitung wird nicht mehr ausgeführt, die Zielrufnummer bleibt gespeichert)
Reaktivieren:	*21# (Die Zielrufnummer wird aus dem Speicher reaktiviert, die Umleitung wieder ausgeführt)

Alle bedingten Rufumleitungen aktivieren:	
Mit diesem Code werden die drei bedingten Rufumleitungen auf einmal aktiviert.	
Einrichten:	**004*Rufnummer#

Alle Rufumleitungen deaktivieren:	
Mit diesem Code werden alle eingerichteten Rufumleitungen deaktiviert.	
Einrichten:	##002#

Soll auf die eigene Mailbox umgeleitet werden, dann ist jeweils zwischen der Vorwahl und der Nummer noch die 13 für die Mailbox einzufügen. Angenommen, Ihre T-Mobile-Nummer sei 0151 555666777, dann geben Sie als Rufnummer 0151 13555666777 an.

An dieser Stelle darf ein wichtiger Hinweis zu den Kosten der Voicemail nicht fehlen. Der Abruf der Voicemail im Heimatland ist stets sehr kostengünstig bzw. je nach Vertrag kostenfrei, da die Daten via EDGE/UMTS auf das iPhone übermittelt werden.

Jedoch im Ausland kann es ziemlich teuer werden, sobald nämlich das Daten-Roaming eingeschaltet ist (*Allgemein –> Netzwerk*). Wird das Daten-Roaming deaktiviert, so erhält man auch keine Voicemail-Daten mehr. Dafür kann jeder Anwender im Ausland wie „früher" seine Mobilbox anrufen und dort die Nachrichten abhören. Dazu wählen Sie die 0049 für Deutschland, gefolgt von z. B. 151 und dann der 13 für die Mobilbox sowie Ihrer angenommenen Nummer 555666777.

Weiterhin sollten Sie wissen, dass im Ausland möglicherweise selbst dann Kosten anfallen, wenn Ihnen jemand auf die Mobilbox spricht. Das erklärt sich so: Ihr Mobiltelefon ist bei einem ausländischen Mobilfunkbetreiber eingeloggt. Ruft nun jemand an, wird er auf Ihre Kosten ins Ausland verbunden. Sofern Sie den Anruf nicht annehmen, wird dieser erneut mit weiteren Roaming-Gebühren in Ihr Heimatland zur Mobilbox zurückverbunden. Sie zahlen also unter Umständen und je nach Vertrag doppelte Roaming-Gebühren für den Anruf auf Ihrer Mailbox.

Wenn Sie dies umgehen möchten, gibt es dazu zwei sinnvolle Optionen:

- Sie aktivieren die sofortige Rufumleitung aller Anrufe direkt auf die Mailbox.
- Oder Sie deaktivieren alle Rufumleitungen für die Dauer Ihres Auslandsaufenthalt. Sobald Sie wieder zurück sind, können Sie den alten Zustand wiederherstellen.

Anklopfen/Makeln: Aktivieren Sie diese Option, damit Sie während eines Gesprächs über einen neu eingehenden Anruf informiert werden. Sie können dann auch zwischen den beiden Gesprächspartnern wechseln. Ist die Einstellung deaktiviert, werden neue Anrufer sofort an die Mailbox weitergeleitet.

Mit dieser Einstellung werden Sie über eingehende Anrufe während eines aktiven Gesprächs informiert und können diese auch annehmen.

Meine Rufnummer senden: Ist die Option an, erscheint Ihre Nummer im Display des Teilnehmers, den Sie anrufen. Schalten Sie die Option aus, wenn Sie die Nummer nicht übertragen möchten.

Kennwort für Voicemail ändern: Geben Sie hier ein neues Kennwort ein, das Sie benötigen, wenn Sie Ihre Mailbox von einem anderen Telefon aus abrufen möchten. Von Ihrem iPhone aus ist die Eingabe des Kennworts nicht erforderlich.

SIM-PIN: Geben Sie hier an, ob beim Einschalten des iPhones eine PIN-Abfrage erfolgen soll. Hier können Sie auch die aktuelle *PIN ändern*. Um Missbrauch vorzubeugen, ist es in beiden Fällen erforderlich, dass Sie erst die bisherige PIN eintippen.

Um die PIN zu ändern, müssen Sie erst die bisherige Kombination eingeben. Das gilt auch für das Deaktivieren der PIN-Abfrage beim Start des iPhones.

SIM-Anwendungen: Dahinter verbergen sich die Dienste, die Ihr Mobilfunkanbieter zur Verfügung stellt. So lassen sich beispielsweise Nachrichten aus unterschiedlichen Bereichen abonnieren, Klingeltöne & Co. herunterladen, Mail- und Faxdienste aufrufen. Viele der Dienste sind kostenpflichtig oder erfordern ein Abo.

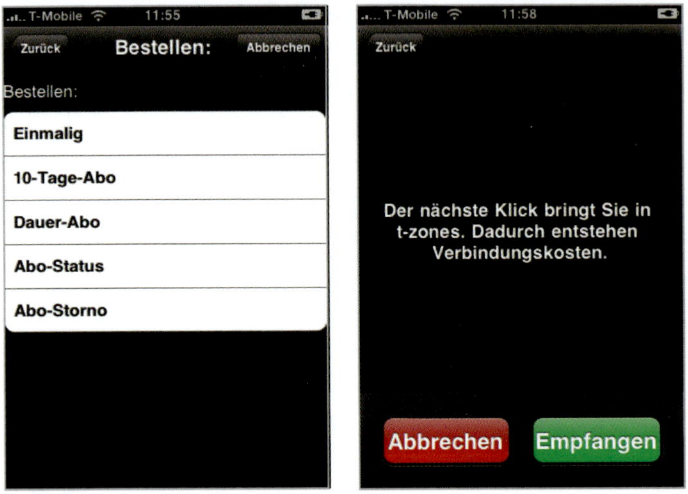

Wenn Zusatzkosten entstehen, wie links bei „SMS & MMS News" oder rechts bei „Downloads", werden Sie darüber informiert.

Im Falle von T-Mobile können Sie sich über *Kundenservice* über Ihr aktuelles Budget informieren. Sie erhalten dabei eine SMS mit den verbrauchten Gesprächsminuten und gegebenenfalls angefallenen Verbindungskosten. Diese SMS ist auch dann kostenpflichtig, wenn Sie noch über Frei-SMS verfügen. Lassen Sie sich diese Status-SMS zuschicken, wird Ihr T-Mobile-Konto mit 19 Cent belastet.

Alles im grünen Bereich. Bisher sind keine Extrakosten angefallen. Die SMS von T-Mobile informiert per SIM-Anwendung darüber.

T-Mobile-Dienste: Hier finden Sie die entsprechenden Nummern und Tastaturcodes für *Konto* und *Auskunft* oder Messaging-Optionen. Tippen Sie auf eines der Felder, um die Nummer anzurufen oder die Option auszuführen. *T-Mobile web'n'walk* bringt Sie zur *Mein T-Mobile*-Webseite.

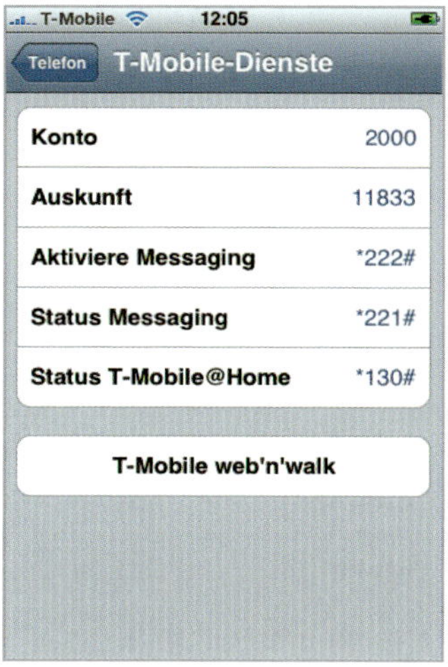

Wichtige Nummern und Funktionen im Blick und nur einen Klick entfernt: die T-Mobile-Dienste im iPhone.

Safari

In dieser Rubrik finden Sie die Einstellungen zum Surfen mit dem iPhone.

Der Browser Safari kann viele Einstellungen erhalten.

Suchmaschine: Legen Sie hier fest, an welche Suchmaschine Ihre Anfrage gesendet wird, wenn Sie die Maske unter dem Safari-Adressfeld nutzen. Sie können zwischen *Google* und *Yahoo!* wählen.

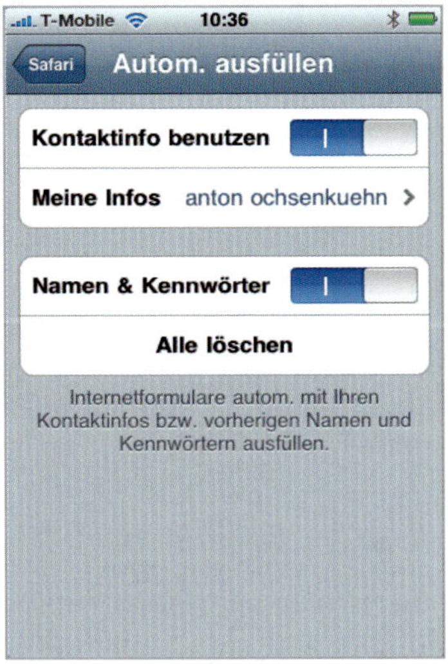

Wie vom Computer gewohnt, kann Safari Formulare selbstständig ausfüllen.

Autom. ausfüllen: Sobald Sie diese Funktion aktiviert haben, sollten Sie Ihre Kontaktdaten noch zuordnen. Für den schnellen Zugriff auf Hotspots oder andere Webseiten, bei denen Sie sich einloggen müssen, ist die Funktion *Namen & Kennwörter* einzuschalten.

Betrugswarnung (ab OS 3.1): Damit können Sie verhindern, dass Sie auf eine sogenannte Phishing-Seite hereinfallen. Phishing werden Versuche genannt, über gefälschte www-Adressen an Daten eines Internetbenutzers zu gelangen. Eine wichtige Funktion, besonders wenn Sie über das Internet einkaufen. Die Betrugswarnung sollte also unbedingt aktiviert werden.

JavaScript: Geben Sie hier an, ob auf Webseiten JavaScript ausgeführt werden soll. JavaScript kann eine Webseite mit weiteren Funktionen wie beispielsweise der Anzeige von Datum und Uhrzeit ausstatten. Es ist aber nicht ausgeschlossen, dass per JavaScript auch schädliche Befehle auf dem iPhone ausgeführt werden.

Plug-Ins: Ist diese Option aktiviert, kann Safari Töne und Videos auf Webseiten darstellen. Auch die Anzeige von Word-Dokumenten ist so möglich. Aber wie schon bei JavaScript kann nicht völlig ausgeschlossen werden, dass die eigentlich nützliche Funktion für die Ausführung von Schadcode missbraucht wird. Aktuell (Software 3.1) werden Flash-Inhalte noch nicht auf dem iPhone abgespielt. Aber die Softwarefirma Adobe arbeitet mit Hochdruck an Flash fürs iPhone.

Pop-Ups unterdrücken: Auch Pop-Ups sind ein zweischneidiges Schwert. Mittlerweile werden Pop-Ups hauptsächlich dafür genutzt, Werbebotschaften darzustellen. Daher werden Pop-Ups von den meisten Browsern unterstützt. Aber es ist durchaus möglich, dass durch die Deaktivierung auch das Öffnen von Seiten unterdrückt wird, deren Inhalt Sie durchaus ansehen wollen.

Cookies akzeptieren: Cookies sind kleine Dateien, die auf dem iPhone angelegt werden. Dort können Informationen über den letzten Besuch auf einer Webseite und die dort gemachten Einstellungen abgelegt und später wieder abgerufen werden. Aber auch Cookies sammeln Daten, die für die Erstellung von Profilen missbraucht werden können. Haben Sie etwa auf einer Shoppingseite nach einem LCD-Fernseher in der Größe 42 Zoll mit Full-HD-Unterstützung gesucht, kann eine andere Webseite diese Daten auswerten und so erkennen, an welchen Produkten Sie vermutlich interessiert sind. Wenn Ihnen dann Angebote über Blu-ray-Player oder andere mehr oder weniger sinnvolle Erweiterungen für Ihr Heimkino ins Haus flattern, kann das der Grund dafür sein. Sie können daher wählen, ob Sie Cookies *Nie*, *Immer* oder nur für bereits *Besuchte* Seiten akzeptieren möchten.

Cookies können durchaus sinnvoll eingesetzt werden.

Datenbanken: Hierin tragen sich möglicherweise Web-Dienstleister ein, die Sie via Safari aufrufen können (z. B. google.com).

Verlauf, Cookies und Cache löschen: Wählen Sie diese Option, um die Spuren zu löschen, die Sie beim Surfen hinterlassen haben. Löschen Sie den Verlauf, erinnert sich Safari nicht mehr an die Seiten, die Sie besucht haben. Sie erhalten dann auch keine Vorschläge mehr, wenn Sie die ersten Zeichen einer Webadresse eintippen. Erst wenn Sie eine Seite besuchen, wird sie dem neuen Verlauf hinzugefügt.

Löschen Sie die Cookies, werden die darin enthaltenen Informationen beim Besuch einer Webseite nicht mehr gefunden. Auch wenn sich die Webseite bisher persönliche Daten und Einstellungen gemerkt hat, werden Sie nach dem Löschen der Cookies wieder anonym behandelt.

Im Cache werden Daten von häufig besuchten Seiten für einen bestimmten Zeitraum abgespeichert. Das Logo einer Webseite etwa bleibt meistens gleich, nur die Inhalte ändern sich. Wird das Logo aus dem Cache geladen, geht es schneller als von der Webseite. Löschen Sie den Cache, um auch diese Spuren zu beseitigen.

Löschen Sie Verlauf, Cookies und Cache, verwischen Sie alle Spuren, die Sie beim Surfen hinterlassen haben – zumindest auf dem iPhone.

Entwickler: Wechseln Sie in diese Option, um die *Debug-Konsole* aufzurufen. Besuchen Sie nun eine Webseite, die einen Fehler enthält, wird automatisch das Konsolenfenster eingeblendet. Nutzen Sie diese Option nur dann, wenn Sie wissen, was Sie damit anfangen können.

Nachrichten

Hierin finden Sie vier verschiedene Einstellungen.

Einstellungen für das Nachrichten-Programm.

Hinweise wiederholen gibt Ihnen zweimal ein Signal, um über das Eintreffen einer Nachricht zu informieren. Soll der Beginn der Textnachricht direkt auf dem Homescreen erscheinen, dann sollten Sie die *Vorschau einblenden*. Andernfalls erscheint lediglich ein Hinweis, dass eine Nachricht eingetroffen ist. Es muss dann das Nachrichten-Programm gestartet werden, um die Nachricht zu lesen. Ist die Vorschau aktiv, dann erkennt man möglicherweise schon den kompletten Inhalt des übersendeten Textes, was zeitsparend, aber nicht immer diskret ist ;-).

So erscheint z. B. eine SMS bei abgeschalteter Vorschau.

Wenn Sie wollen, aktivieren Sie zudem MMS-Messaging für den Empfang und Versand von MMS-Nachrichten. Je nach Vertrag kann es hierbei zu Zusatzkosten kommen.

Wird zudem das *Betreff-Feld* aktiviert *(Betreff-Feld anzeigen)*, dann kann der MMS-Nachricht stets ein Zusatztext hinzugefügt werden.

iPod

Zuerst gibt es die Einstellungen für *Musik*:

Schüttelfunktion: Wird diese aktiviert, können Sie durch Schütteln Ihres iPhones per Zufallsgenerator durch Ihre Musiksammlung sausen und ein beliebiges Lied auswählen. War das Schütteln erfolgreich, spielt das iPhone kurz einen dreiteiligen Bestätigungssound ab und wechselt dann zu einem anderen Song.

Lautstärke anpassen: In iTunes am Rechner lässt sich einstellen, dass alle Lieder mit derselben Lautstärke wiedergegeben werden. Am PC finden Sie die Option *Lautstärke anpassen* unter *Bearbeiten –> Einstellungen* im Reiter *Wiedergabe*. Am Mac kommen Sie so ans Ziel: *iTunes –> Einstellungen –> Wiedergabe*. Damit das iPhone diese Einstellung ebenfalls berücksichtigt, aktivieren Sie den Schalter *Lautstärke anpassen* in den iPhone-iPod-Einstellungen.

Equalizer: Hier lassen sich verschiedene Equalizervoreinstellungen für unterschiedliche Musikstile wie beispielsweise *Dance, Pop, R&B* und *Rock* einstellen. Auch für mehr oder weniger Bässe und Höhen gibt es Einstellungen.

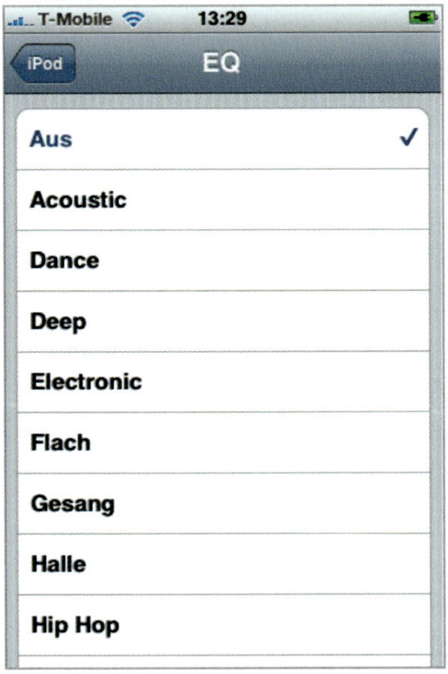

Das iPhone bietet für die Wiedergabe von Musik verschiedene Voreinstellungen des Equalizers an.

Maximale Lautstärke: Sie können die maximal mögliche Lautstärke des iPhones verändern. Diese Änderung wirkt sich nur dann aus, wenn Lautsprecher oder Kopfhörer über den Kopfhöreranschluss an der Oberseite des Geräts eingesteckt sind. Boxen, die am Dock angeschlossen sind, werden davon ebenso wenig beeinflusst wie die integrierten Lautsprecher des iPhones. Um die *Maximale Lautstärke sperren* zu können, ist die Eingabe eines vierstelligen Codes erforderlich, den Sie dort auch festlegen können.

Auch für die Wiedergabe von *Video*- und TV-Material gibt es extra Einstellungen:

Wiedergabe legt fest, ob ein Video beim erneuten Starten auch wieder von Anfang gespielt werden soll oder ob als Startposition die Stelle benutzt wird, an der beim letzten Mal gestoppt wurde. Die Optionen sind demnach *Ab Anfang* und *Ab letztem Stopp*.

Erweiterte Untertitel: Verfügt ein Video über solche Titel, können sie hier ein- und ausgeschaltet werden.

TV-Ausgang: Wie sich das iPhone an einem TV-Gerät verhält, wird hier festgelegt: Stellen Sie ein, ob die Anzeige von *Breitbild* möglich/gewünscht ist und ob es sich um ein PAL- oder NTSC-Gerät handelt. Während NTSC in den USA verbreitet ist, wählen Sie in Europa so gut wie immer PAL.

Fotos

Die letzten werksmäßigen Einstellungsmöglichkeiten widmen sich den Fotos und im Speziellen der Wiedergabe der Diashow. Stellen Sie ein, wie lange jedes einzelne Bild gezeigt werden soll (*Anzeigezeit pro Dia*), welchen Übergangseffekt das iPhone beim Wechsel der Bilder wählen soll (*Übergang*), ob am Ende der Galerie Schluss ist oder wieder von vorne begonnen werden soll (*Wiederholen*) und ob die Bilder in der Reihenfolge der Aufnahme oder in zufälliger Reihenfolge wiedergegeben werden (*Zufällig*).

Auch die Wiedergabe von Fotos lässt sich konfigurieren und so an die eigenen Wünsche anpassen.

Store

Für den Einkauf im iTunes Store ist ja ein Account nötig. Per *Anmelden* können Sie die Daten hier hinterlegen oder sich einen neuen besorgen.

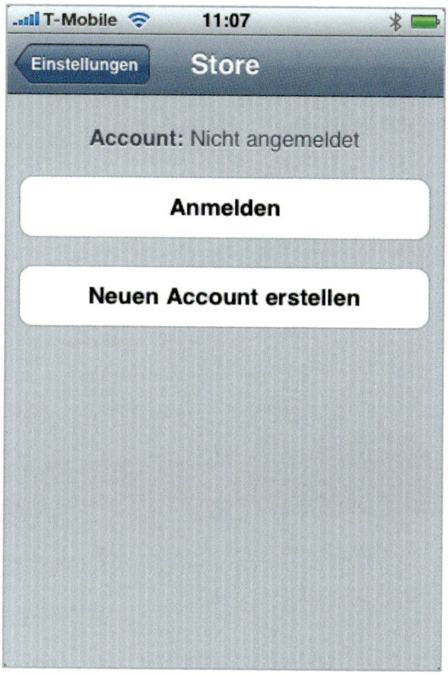

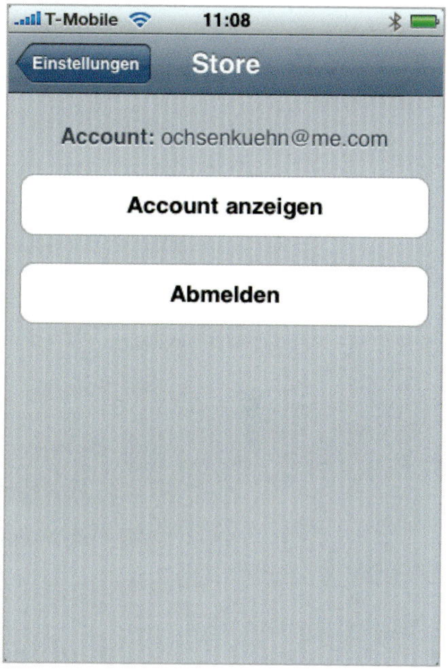

Über die Store-Einstellungen kann man sehr einfach seinen Account hinterlegen oder sich als anderer User einloggen.

Ist ein Account erfolgreich eingetragen worden, kann man dessen Daten sich anzeigen lassen oder per *Abmelden* die Einstellungen entfernen, um einen anderen Zugang einzurichten.

Einstellungen für heruntergeladene Apps

Die Programmierer, die Anwendungen für das iPhone über den App Store vertreiben, haben die Möglichkeit, dass der Anwender bestimmte Einstellungen vornehmen kann. Diese Einstellungen werden entweder im Programm direkt oder in den *Einstellungen* des iPhones vorgenommen. Im zweiten Fall reihen sich die Programme in alphabetischer Reihenfolge am Ende der iPhone-Einstellungen ein und können dort gestartet werden.

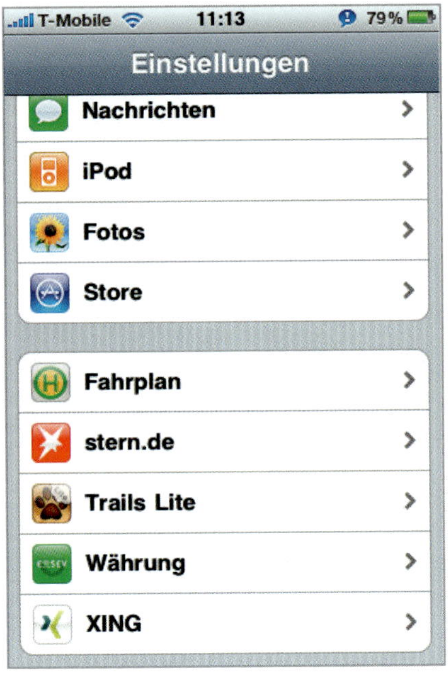

Programmierer von iPhone-Anwendungen dürfen Einträge in den iPhone-Einstellungen vornehmen und ihr Programm dort platzieren.

Akkulaufzeit verlängern

Es gibt einige Maßnahmen, die den Akku deutlich schonen. Ein paar Einstellungen sorgen dafür, dass Sie seltener von einer Steckdose abhängig sind.

- Reduzieren Sie die Displayhelligkeit. Damit ballert das iPhone nicht so viel Energie dadurch raus, dass es das Display zu stark beleuchtet.
- Schalten Sie UMTS (3G) aus, wenn Sie nicht surfen wollen. Zum Telefonieren ist es egal, ob Sie 3G oder EGDE verwenden.
- Schalten Sie Wi-Fi aus. Wenn Sie sich nicht im Bereich eines nutzbaren WLANs befinden, schalten Sie diese Funktion aus. Das iPhone wendet viel Energie dafür auf, ständig die verfügbaren WLANs im Auge zu behalten. Wenn Sie eh keines nutzen wollen, können Sie diese Funktion deaktivieren.
- Das gilt auch für Bluetooth. Sie möchten kein Bluetooth-Gerät mit dem iPhone verbinden? Dann weg mit dieser Möglichkeit. Das kostet nur extra Strom.
- Reduzieren Sie die Intervalle für den Mailcheck: Wenn Ihr iPhone alle 15 Minuten Mails abrufen möchte, kostet das mehr Strom, als wenn Sie das nur jede Stunde machen.
- Deaktivieren Sie den Equalizer im iPod. Auch das kostet nur mehr Strom. Wenn Sie darauf verzichten können, dann schalten Sie ihn aus.
- Deaktivieren Sie sowohl die *Benachrichtigungen (Einstellungen)* als auch die *Ortungsdienste (Einstellungen –> Allgemein)*.

Mobil allzeit aktuell

Sind Sie viel unterwegs? Müssen Sie dabei zahlreiche Termine eintragen oder umdisponieren? Dann ist das folgende Kapitel besonders interessant, denn es bietet Lösungen an, wie Sie Ihre Daten vom Computer über das Internet mit dem Telefon abgleichen und umgekehrt.

Ein Segen für alle, die wie ich überall zur rechten Zeit sein müssen und dabei nichts vergessen dürfen.

Ist das nicht, wovon Sie im Geschäftsleben schon immer geträumt haben? Ein einziger Terminkalender, der stets aktuell und ohne Fehler ist. So etwas funktioniert mit MobileMe. Derartige Träume erfüllen sich mit einem iPhone.

Daten up to date halten mit MobileMe

So gut der Datenabgleich vom iPhone zum Mac oder PC auch funktioniert: Wir haben ein grundlegendes Problem. Nur ein Rechner ist Herr über das iPhone und nur mit diesem Rechner lassen sich Medien, Kontakte und Kalender abgleichen. Möchte man Kalender und Kontakte auf mehreren Rechnern aktuell halten, muss eine andere Lösung her als die des iPhone-USB-Datenkabels.

Noch schwerer wird es, wenn Sie neben dem Rechner zu Hause noch einen im Büro haben. Unterwegs benutzen Sie zusätzlich ein Notebook? Sogar zwei? Okay, und jetzt kommt auch noch das iPhone dazu. In diesem Fall haben Sie fünf Rechner und vermutlich haben alle fünf einen unterschiedlichen Datenbestand, wenn es um Kalender, Adressen, Einstellungen und so weiter geht. Sie tragen beispielsweise unterwegs einen Termin ein. Der steht dann im iPhone und nach der Synchronisation vielleicht auch im Kalender des Hauptrechners. Aber was ist, wenn Sie im Büro sitzen? Oder am Notebook? Sie müssten immer das iPhone zu Rate ziehen, wenn Sie Ihre Termine im Blick behalten wollen. Außerdem müssen Sie immer ein USB-Kabel zur Hand haben und können damit nur einen Rechner abgleichen. MobileMe ist die weit bessere Lösung.

Daten synchronisieren mit der „Online-Wolke"

Apple verspricht mit seinem Service MobileMe eine nahtlose Synchronisation der Daten zwischen Windows-PC, Mac, iPhone und iPod touch. Im Test hat das auch alles ganz wunderbar geklappt. Das Beste: Sie können den Service 60 Tage lang mit vollem Funktionsumfang kostenlos nutzen. Danach fällt eine Jahresgebühr an. Zu den Preisen später mehr.

Gehen Sie auf *www.me.com* und erstellen Sie ein Testabo. Damit können Sie me.com und die Services 60 Tage lang kostenlos testen.

Gehen Sie auf die Seite *www.me.com* und klicken Sie auf *erhalten Sie ein Testabo*. Füllen Sie das Formular aus und Sie erhalten Ihren Benutzernamen und das Passwort. Es kann sofort losgehen mit den Services von MobileMe.

Die Konfiguration von MobileMe

Damit MobileMe die Daten an allen Endgeräten abgleichen kann, muss es an Mac, iPhone und iPod touch aktiviert und konfiguriert sein. Am Windows-PC ist zusätzlich die Installation eines Hilfsprogramms nötig. Sie erhalten nach der Anmeldung bei MobileMe noch eine E-Mail, in der Sie alle dazu nötigen Daten finden, etwa wo Sie das Dienstprogramm für Windows herunterladen können. Wie Sie MobileMe konfigurieren, erfahren Sie in diesem Kapitel.

MobileMe einrichten am Mac

MobileMe ist am Mac in die Systemeinstellungen integriert. Stellen Sie erst einmal sicher, dass Sie die aktuellste Version der Mac-Betriebssysteme Snow Leopard (10.6) oder Leopard (10.5) haben. Starten Sie dazu die *Softwareaktualisierung* im Menü *Apple* (der Apfel ganz oben links) und laden Sie, sofern vorhanden, die aktuellen Updates herunter.

Alles klar. Mac OS X ist auf dem aktuellen Stand, MobileMe kann konfiguriert werden.

Starten Sie die *Systemeinstellungen* und wählen Sie in der Rubrik *Internet & Netzwerk MobileMe* aus. Geben Sie im folgenden Fenster (*Account*) Ihre Benutzerdaten an.

Daten synchronisieren

Sie können mit MobileMe alle Kalender und Adressen abgleichen, die Sie am Mac mit iCal oder dem Adressbuch verwalten. Unter Windows gibt es eine vollständige Unterstützung für Microsoft Outlook. Sie haben auf beiden Systemen keinerlei Einschränkungen im Funktionsumfang.

Unter dem Reiter *Sync* können Sie angeben, welche Daten mit MobileMe abgeglichen werden sollen. Das können neben *Kalender* und *Kontakte* auch *Lesezeichen*, *Dashboard-Widgets*, *Dock-Objekte*, *Schlüsselbunde*, *Mail-Accounts*, *Regeln, Signaturen, intelligente Postfächer*, *Notizen*, *Einstellungen* und bei installiertem Microsoft Office auch *Entourage-Notizen* sein.

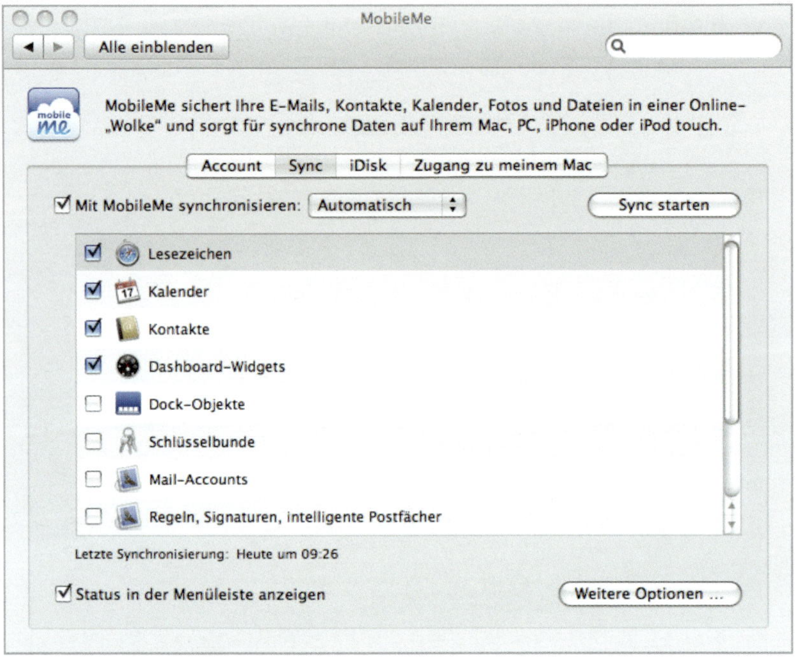

Im Reiter „Sync" geben Sie an, welche Daten in der „Wolke" gespeichert werden sollen und in welchen zeitlichen Abständen.

Aktivieren Sie die Option *Mit MobileMe synchronisieren*, indem Sie das Häkchen davor aktivieren. Wählen Sie außerdem aus, in welchen Intervallen synchronisiert werden soll. Mögliche Optionen sind *Automatisch*, *Stündlich*, *Täglich*, *Wöchentlich* und *Manuell*. Mit einem Klick auf *Sync starten* erzwingen Sie einen sofortigen Abgleich der Daten – unabhängig davon, was der Zeitplan vorsieht.

Wenn Sie die automatische Synchronisation eingestellt haben, mit dem Internet verbunden sind und beispielsweise am Mac einen iCal-Termin ändern, informiert MobileMe Ihr iPhone und alle anderen mit MobileMe verbundenen Rechner automatisch und meistens innerhalb von wenigen Minuten über die Änderung.

Wenn ein Termin an zwei Geräten wie iPhone und MacBook nahezu gleichzeitig geändert wird, meldet MobileMe einen Konflikt und bittet darum, den richtigen Eintrag auszuwählen.

Werden an zwei Geräten gleichzeitig die Einträge editiert, meldet MobileMe den Konflikt.

Auch ein aktualisierter Kontakt wird umgehend an allen anderen Geräten abgeglichen und geändert. Sie können den Kontakt sogar am iPhone geöffnet lassen, die Änderung erfolgt trotzdem und Sie können sie sofort erkennen.

Möchten Sie schnellen Zugriff auf die MobileMe-Einstellungen haben oder mit zwei Klicks manuell synchronisieren, dann aktivieren Sie zusätzlich *Status in der Menüleiste anzeigen.*

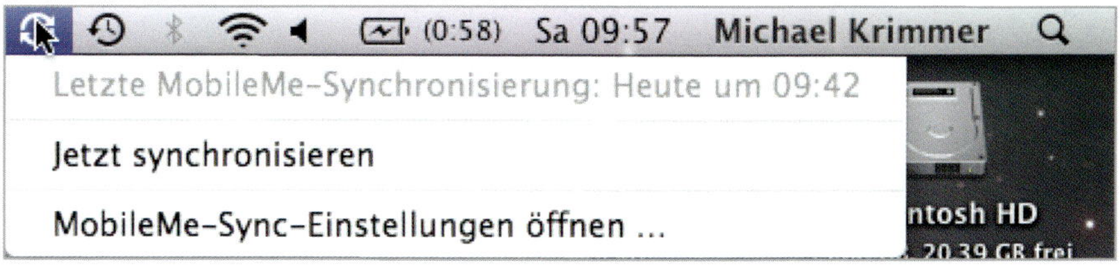

So haben Sie mit wenigen Klicks Zugriff auf Einstellungen und den Abgleich der Daten.

Mit *Weitere Optionen* lässt sich überprüfen, welche Rechner per MobileMe Daten abgleichen. Wenn mal was schiefläuft, gibt es die Option *Sync-Daten zurücksetzen* ... Über diesen Punkt lassen sich Daten überschreiben oder wiederherstellen. Zu dieser Option mehr im Abschnitt „Hilfe! Die Daten sind weg. Was nun?".

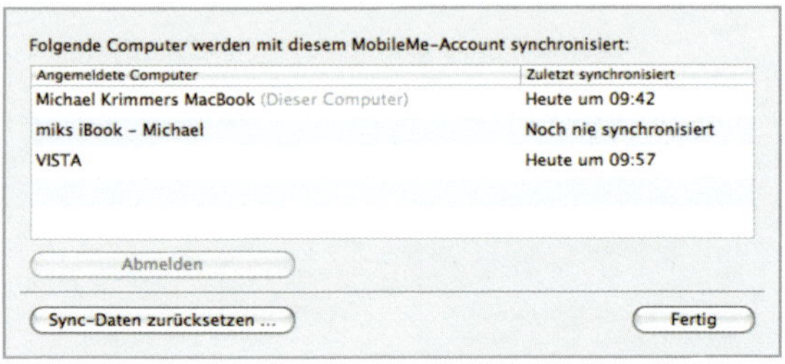

Hier sind die Rechner aufgelistet, die über MobileMe synchronisiert werden.

Wenn Sie das erste Mal Daten abgleichen, müssen Sie noch angeben, ob Daten ersetzt oder zusammengeführt werden sollen. *Daten auf dem Computer ersetzen*, lädt die Infos von MobileMe herunter und löscht die vorhandenen Einträge auf dem Rechner. *Alle Daten auf MobileMe ersetzen* funktioniert in die andere Richtung. *Alle Daten zusammenführen* sorgt dafür, dass am Ende eine Kombination aus vorhandenen und neuen Daten den Bestand am Rechner ergibt.

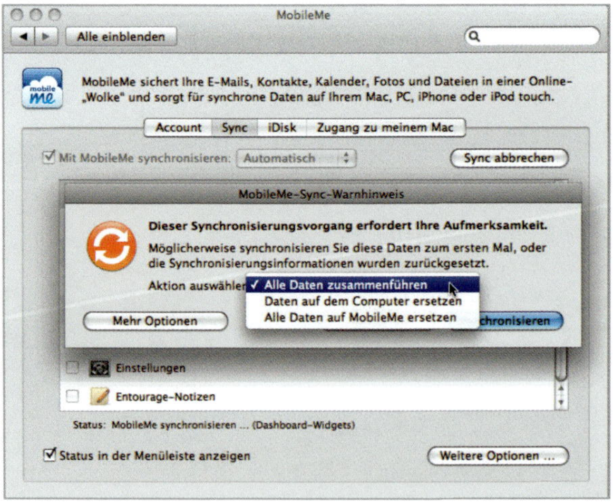

Wenn Sie das erste Mal Daten synchronisieren, legen Sie die Regeln dafür fest.

Der virtuellen Festplatte *iDisk* widmen wir uns in einem eigenen Kapitel.

Remote auf den Mac zugreifen

Zugang zu meinem Mac ermöglicht den Zugriff von einem anderen Mac auf diesen Rechner. Sie können über diese Funktion auf Daten auf dem entfernten Rechner zugreifen (*Freigabe*) und auch die Option *Bildschirmfreigabe* nutzen.

Freigabe ist beispielsweise dann sinnvoll, wenn Sie unterwegs sind und feststellen, dass ein Word-Dokument auf dem Mac zu Hause liegt. Sie können dann mit dem Notebook oder einem anderen Mac-Rechner auf den Heim-Mac zugreifen und per Finder diese Datei laden.

Bildschirmfreigabe lässt Sie den entfernten Mac so steuern, als würden Sie davorsitzen. Sie können Programme starten, Einstellungen ändern oder auf Dateien zugreifen.

Beachten Sie aber, dass *Zugang zu meinem Mac* auf allen Rechnern aktiviert sein muss, auf die Sie zugreifen möchten. Grundvoraussetzung für *Zugang zu meinem Mac* ist Mac OS X 10.5.4 oder höher.

Ein weiteres Problem mit *Zugang zu meinem Mac* ist, dass ein Router vorhanden sein muss, der das NAT Port Mapping Protocol (NAT-PMP) oder Universal Plug and Play (UPnP) unterstützt. Unterstützt der Router diese Funktionen nicht oder sind sie deaktiviert, klappt die Fernwartung nicht.

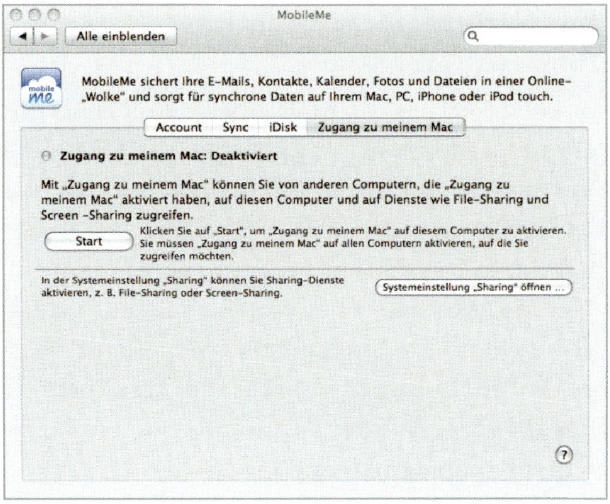

Den Remote-Zugriff auf andere Macs erledigt ebenfalls MobileMe.

MobileMe einrichten am Windows-PC

Da MobileMe ein Service des Mac-Herstellers Apple ist, funktioniert die Integration in Mac OS X ohne vorbereitende Maßnahmen. Am Windows-Rechner ist das anders. Hier ist es erforderlich, dass Sie zuerst ein kleines Dienstprogramm installieren, das die MobileMe-Funktionalität in die Systemeinstellung von Windows bringt.

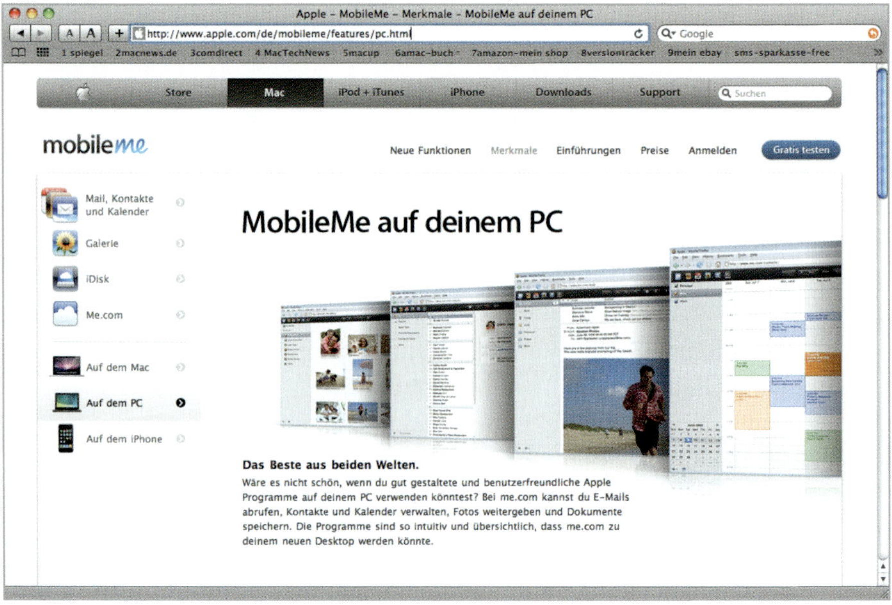

MobileMe gibt es auch für Windows.

Laden Sie die aktuelle Version von *MobileMe Control Panel (for Windows)* herunter. Sie bekommen zwar in der Willkommens-Mail von MobileMe einen Link, der zur Downloadseite führen soll. Im Test hat sich aber gezeigt, dass dieser Link nicht immer erreichbar ist. Sollten Sie Probleme mit dem Link haben, versuchen Sie es auf diesem Weg, um manuell auf die Seite zu gelangen: Rufen Sie die Webseite www.apple.com/ auf und klicken Sie auf *Downloads*. Geben Sie dann im Suchfenster oben rechts „MobileMe Control Panel“ (ohne die Anführungszeichen) ein und bestätigen Sie die Suchanfrage mit der Eingabetaste. Auf der darauffolgenden Seite finden Sie unter *Downloads* den entsprechenden Link.

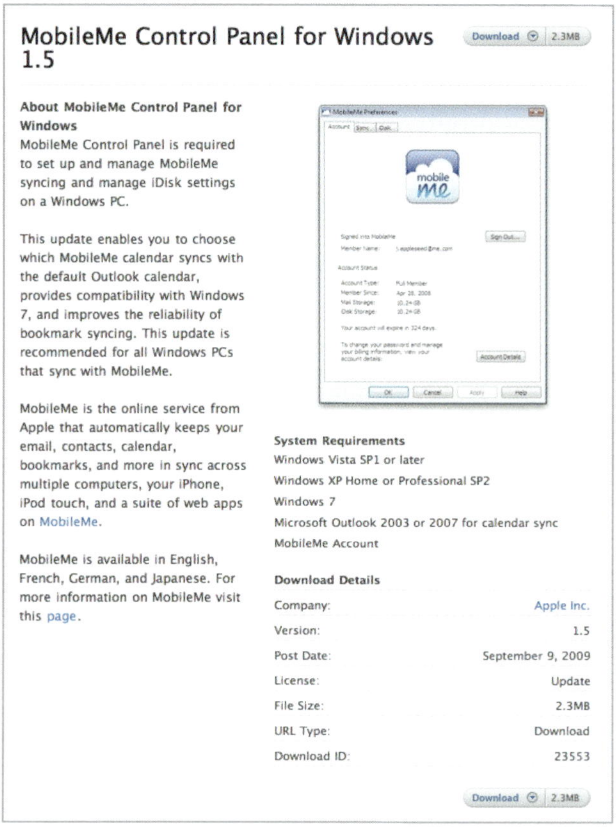

MobileMe Control Panel for Windows 1.5

Download 2.3MB

About MobileMe Control Panel for Windows

MobileMe Control Panel is required to set up and manage MobileMe syncing and manage iDisk settings on a Windows PC.

This update enables you to choose which MobileMe calendar syncs with the default Outlook calendar, provides compatibility with Windows 7, and improves the reliability of bookmark syncing. This update is recommended for all Windows PCs that sync with MobileMe.

MobileMe is the online service from Apple that automatically keeps your email, contacts, calendar, bookmarks, and more in sync across multiple computers, your iPhone, iPod touch, and a suite of web apps on MobileMe.

MobileMe is available in English, French, German, and Japanese. For more information on MobileMe visit this page.

System Requirements

Windows Vista SP1 or later
Windows XP Home or Professional SP2
Windows 7
Microsoft Outlook 2003 or 2007 for calendar sync
MobileMe Account

Download Details

Company:	Apple Inc.
Version:	1.5
Post Date:	September 9, 2009
License:	Update
File Size:	2.3MB
URL Type:	Download
Download ID:	23553

Download 2.3MB

Diese Datei ist erforderlich, damit MobileMe am Windows-PC funktioniert.

Installieren Sie nach dem Download das Programm. Danach finden Sie in Windows Vista und Windows XP unter *Start –> Systemsteuerung* eine neue Option mit dem Namen *MobileMe*. Starten Sie *MobileMe*, um zu den Einstellungen zu gelangen.

Achtung: Nach der Installation des *MobileMe Control Panel* weist die Installationssoftware darauf hin, dass für MobileMe iTunes in der Version 8 erforderlich ist. Ist iTunes 8 zu dieser Zeit noch nicht installiert, gibt es keinen MobileMe-Eintrag. Installieren Sie in diesem Fall erst iTunes 8 und danach (noch einmal) das Control Panel.

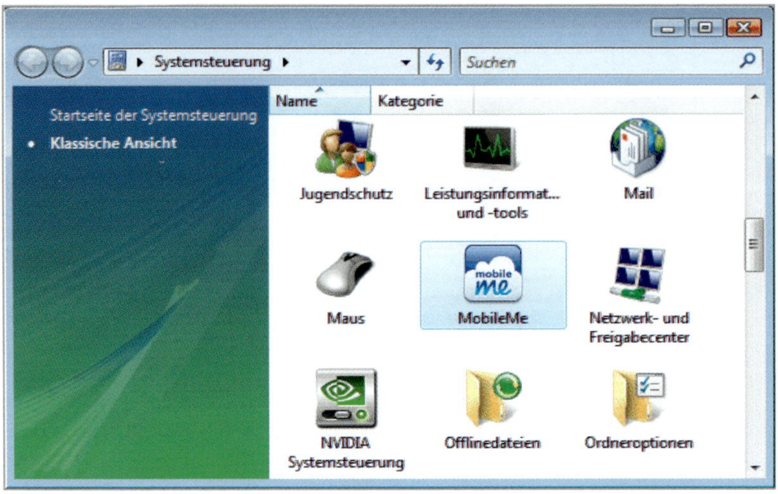

Sobald Sie das Control Panel installiert haben, ist MobileMe auch am Windows-Rechner verfügbar – vorausgesetzt, der Rechner verfügt über iTunes 8.

Starten Sie *MobileMe*, um zu den Einstellungen zu gelangen. Geben Sie im Reiter *Account* Ihren MobileMe-Benutzernamen und das Kennwort an. Wechseln Sie dann zum Reiter *Sync*, um die Optionen für die Synchronisation festzulegen.

Daten synchronisieren

Aktivieren Sie *Sync mit MobileMe:* und geben Sie den gewünschten Zeitraum an, in dem die Daten abgeglichen werden sollen. Sie können zwischen den Optionen *Automatisch*, *Stündlich*, *Täglich*, *Wöchentlich* und *Manuell* wählen. Ein Klick auf *Jetzt synchronisieren* startet den Vorgang sofort, unabhängig von einem gewählten Zeitplan.

Legen Sie dann fest, welche Daten abgeglichen werden sollen. Im Vergleich zu MobileMe am Mac haben Sie unter Windows deutlich weniger Optionen. *Kontakte*, *Kalender* und *Lesezeichen* können abgeglichen werden. Legen Sie bei diesen Optionen fest, woher die Daten kommen und wohin sie kopiert werden sollen. Bei Kontakten und Kalendern kann das beispielsweise *Outlook* sein, bei den Lesezeichen *Internet Explorer* oder *Safari*.

In der Taskleiste anzeigen legt ein Icon rechts unten in der Leiste neben der Uhr ab. Damit haben Sie mit wenigen Mausklicks Zugriff auf *Einstellungen* oder die Option *Jetzt synchronisieren*. Zuletzt lässt sich noch einstellen, ob bei der Änderung von Daten eine Meldung erscheinen soll. Sie müssen diese Meldung dann bestätigen, damit die Synchronisation beginnt.

In den Einstellungen von MobileMe wird festgelegt, welche Daten synchronisiert werden sollen und mit welchen Programmen.

Der virtuellen Festplatte *iDisk* widmen wir uns in einem eigenen Kapitel.

MobileMe einrichten am iPhone

Um den MobileMe-Account mit Ihrem iPhone zu verknüpfen, wählen Sie am iPhone *Einstellungen* und *Mail, Kontakte, Kalender*. Wenn Sie noch keine MobileMe-Accountdaten eingegeben haben, wählen Sie *Account hinzufügen* und danach *MobileMe*. Geben Sie jetzt Ihren Namen, die Mailadresse (entspricht dem MobileMe-Accountnamen), Ihr Kennwort sowie eine kurze Beschreibung ein.

Jetzt können Sie die Optionen festlegen, indem Sie den neu eingerichteten MobileMe-Account unter *Accounts* auswählen.

Hier legen Sie am iPhone die gewünschten Einstellungen fest.

Account-Info zeigt die eingetragenen Informationen an und erlaubt Änderungen. Dort gelangen Sie auch in die Maileinstellungen der me.com-Adresse.

Aktivieren Sie darunter die Optionen, die Sie abgleichen möchten. Wenn gewünscht, lässt sich der Account hier auch gleich löschen.

Um festzulegen, in welchen Intervallen die neuen Daten auf das iPhone geladen werden sollen, wechseln Sie auf *Einstellungen –> Mail, Kontakte, Kalender –> Datenabgleich*. Hier können Sie eingeben, ob die Daten sofort (*Push*) oder in bestimmten zeitlichen Abständen geladen werden sollen. Bei MobileMe ist die Aktivierung von *Push* möglich und zu empfehlen.

Legen Sie fest, wie oft die neuen Daten geladen werden sollen. Bei MobileMe funktioniert „Push".

MobileMe-Mailaccount einrichten

Die Mails, die in Ihrem MobileMe-Konto auflaufen, können Sie über das Webinterface abrufen. Dazu später mehr. Sie können aber auch ihr bisheriges Mailprogramm dazu verwenden.

Legen Sie einfach ein neues Konto an, wie Sie es von Ihrem bisherigen Account gewohnt sind. Alles, was Sie dazu brauchen, sind Ihr MobileMe-Benutzername, das Passwort und die beiden Mailserver für ein- und ausgehende Mails. Benutzername und Passwort kennen Sie bereits, die Servernamen sind *mail.me.com* für den Eingang und *smtp.me.com* für den Ausgang. Tragen Sie diese Daten ein und der Account wird Ihrem Mailprogramm hinzugefügt.

Auf dem folgenden Screenshot sehen Sie, wie das entsprechende Konto unter Microsoft Outlook 2007 aussieht. Diese Daten lassen sich aber auch in Entourage, Mail und so weiter eingeben.

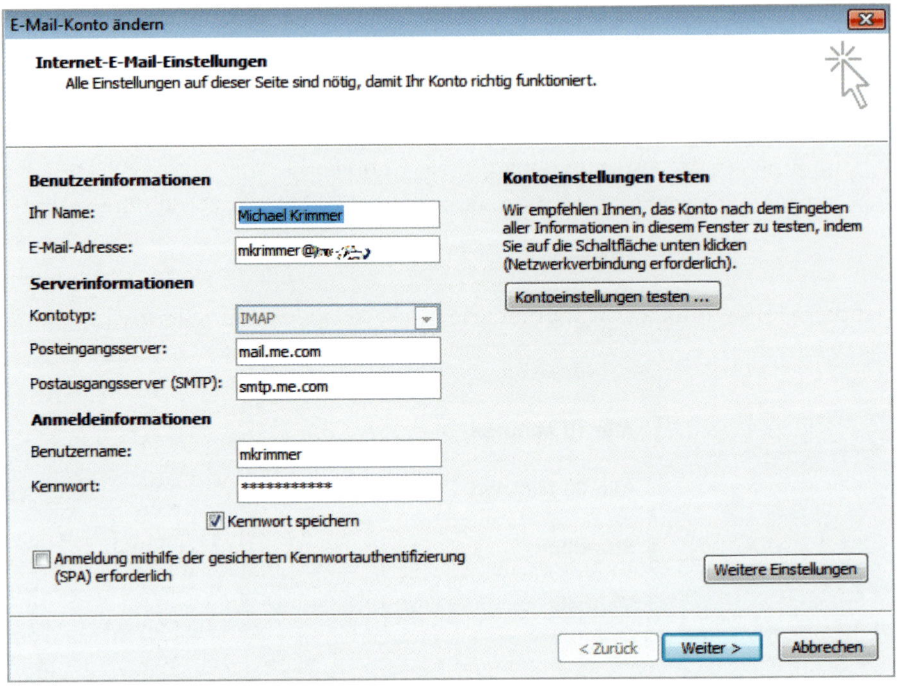

Mit Benutzername, Passwort und den richtigen Mailservern lässt sich jedes Mailprogramm konfigurieren – hier: Outlook 2007.

Das Webinterface von MobileMe unter www.me.com

Sie können Ihre Mails per Outlook oder Mail lesen und schreiben. Die Kontakte synchronisieren Sie auf Wunsch mit dem Adressbuch unter Mac OS X oder ebenfalls Outlook. Kalender verwalten Sie mit Outlook oder mit iCal. Fotos befinden sich auf Ihrem Rechner in iPhoto '09. Trotzdem können Sie alle diese Informationen und Daten auch anwendungsunabhängig per Webinterface erreichen. Sie haben dabei vollen Zugriff auf Mails, Kontakte, Kalender, Bildergalerien und die iDisk.

Öffnen Sie die Webseite *www.me.com* und loggen Sie sich mit Benutzernamen und Passwort ein. Links oben sehen Sie eine Menüleiste, die Sie zu den entsprechenden Anwendungen bringt.

Über das Webinterface lassen sich alle MobileMe-Funktionen aufrufen. Von links nach rechts: Mail, Kontakte, Kalender, Galerie, iDisk, iPhone und Account.

Ist das Mailsymbol aktiv, können Sie Mails lesen, empfangen und auf Ordner zugreifen.

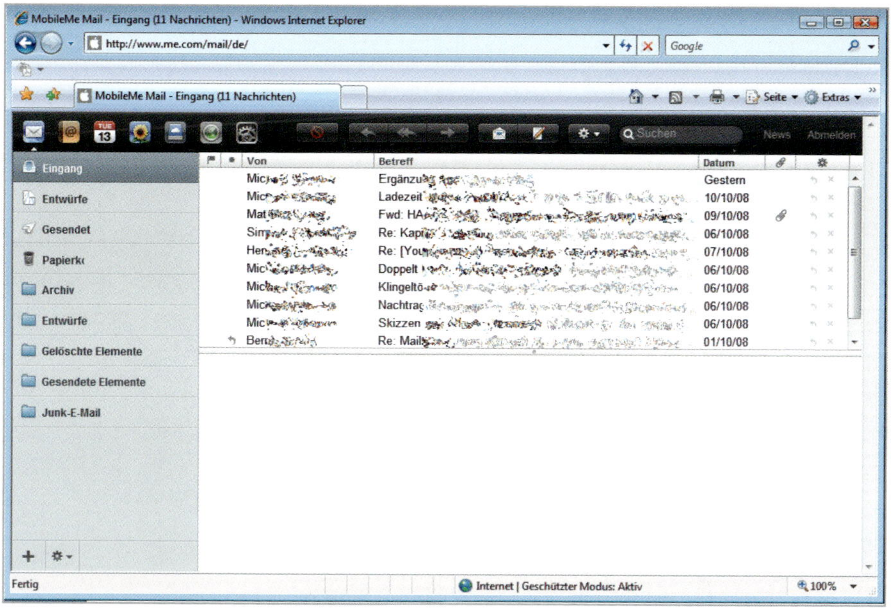

Alles im (Zu-)Griff: das Mailkonto von MobileMe im Webinterface.

Klicken Sie auf das Symbol für Kontakte, werden alle Einträge angezeigt. Sie können nach Kontakten suchen, neue hinzufügen oder bereits bestehende editieren.

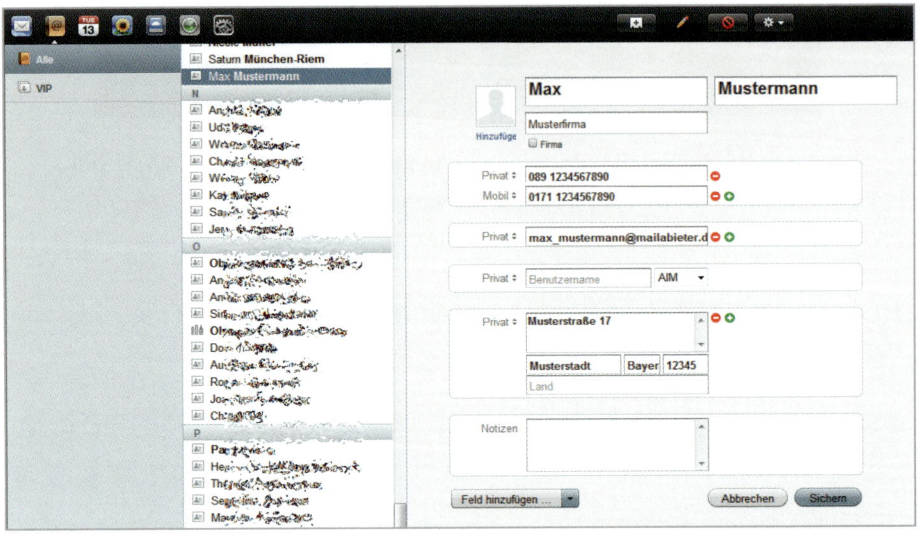

Kontakte lassen sich nicht nur anzeigen, sondern auch komfortabel anlegen oder editieren.

Und das Überragende an MobileMe ist, dass – egal ob die Daten an einem Mac oder PC, am iPhone oder über das Webinterface editiert werden – sie quasi zeitgleich an allen anderen Geräten identisch zur Verfügung stehen. Schluss also mit dem Daten-Wirrwarr. Außerdem erhalten Sie über das iDisk-Symbol Zugriff auf Ihre virtuelle Festplatte.

Mein iPhone suchen

Wer einen MobileMe-Account hat, kann auf eine neue Funktion zugreifen, mit der sich ein verloren gegangenes iPhone zwar im ersten Schritt nicht wieder beschaffen lässt. Aber zumindest kann man sehen, ob man das iPhone am Vorabend beim Lieblings-Italiener oder danach in der Wohnung eines Schulfreundes vergessen hat.

Damit das klappt und damit man dieses System nicht zur unerlaubten Überwachung nutzen kann, ist die Aktivierung am iPhone erforderlich. Rufen Sie dazu die *Einstellungen* auf, tippen Sie auf *Mail, Kontakte, Kalender* und dann auf den *MobileMe*-Account. Dort finden Sie als Option vor *Account löschen* den Punkt *Mein iPhone suchen*. Aktivieren Sie diesen Punkt.

Außerdem muss der Push-Dienst aktiviert sein. Diese Option finden Sie ebenfalls in den *Einstellungen* für *Mail, Kontakte, Kalender.* Tippen Sie dort auf *Datenabgleich* und aktivieren Sie *Push*.

Bevor die Funktion „Mein iPhone suchen" funktioniert, muss sie am iPhone aktiviert werden.

Jetzt kann es auch schon losgehen. Starten Sie am Mac oder PC einen Browser wie Safari oder den Internet Explorer und rufen Sie die Seite *www.me.com* auf. Geben Sie Ihren Mitgliedsnamen und das Passwort ein und klicken Sie auf *Anmelden*.

Klicken Sie in der Leiste oben auf das Symbol für *Mein iPhone suchen*.

„Mein iPhone suchen" verbirgt sich hinter dem Symbol mit dem grünen Punkt.

Da Sie hier unter anderem auch sensible Daten einsehen und ändern können, müssen Sie ein zweites Mal Ihr Passwort eingeben. Mit *Fortfahren* geht's weiter. Das Laden der Infos dauert eine Weile, aber schon bald sehen Sie links in der Leiste den Punkt *Mein iPhone suchen*. Klicken Sie darauf.

Im folgenden Bild werden alle iPhones aufgelistet, die mit Ihrem MobileMe-Account verknüpft sind und bei denen die Funktion *Mein iPhone suchen* aktiv ist.

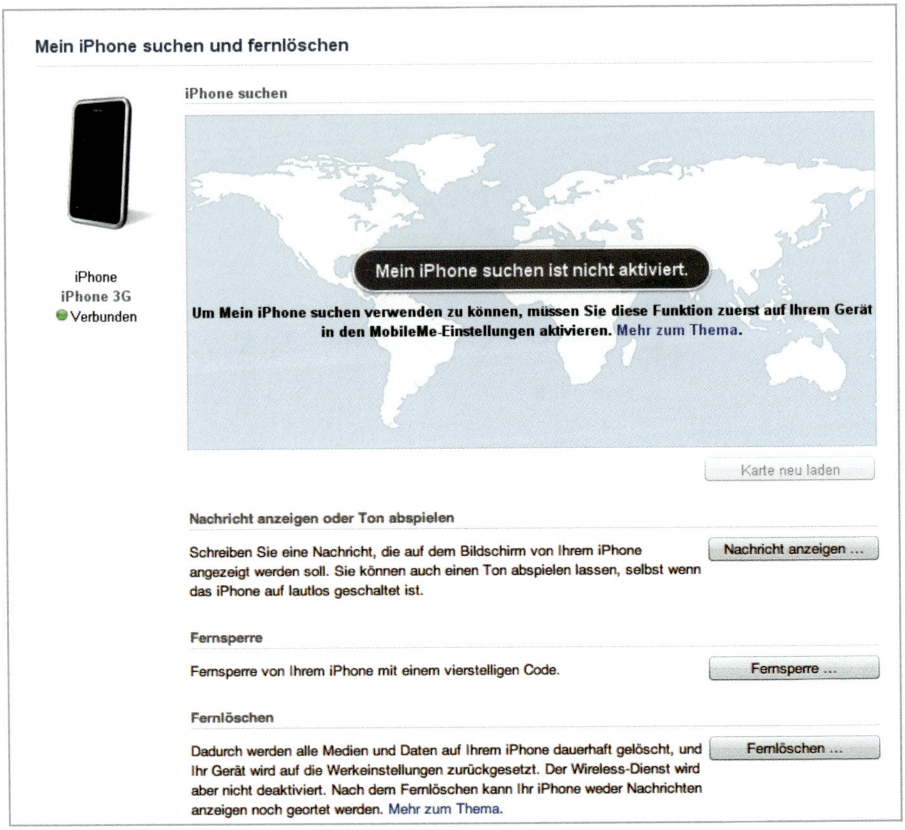

Ist das iPhone zwar bei MobileMe bekannt, die Funktion „Mein iPhone suchen" aber nicht aktiv, erscheint dieses Bild.

Bei allen aktiven Geräten beginnt sofort die Ortung. Die dauert eine Weile.

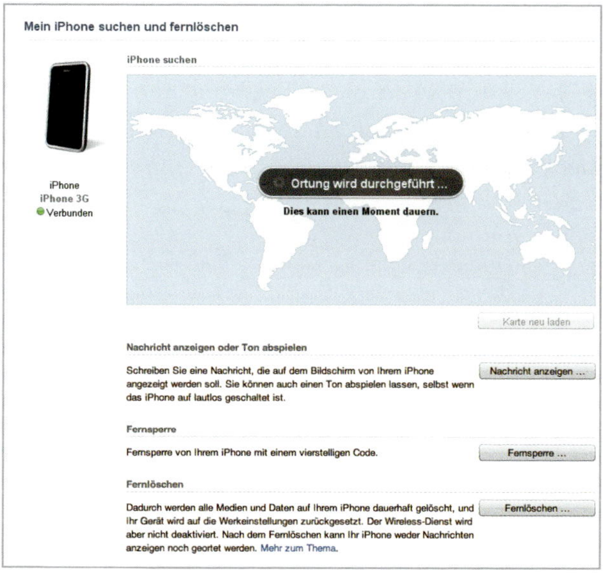

Ist die Funktion aktiv, beginnt sofort die Ortung des Geräts.

Sobald die Ortung beendet ist, erscheint per Google Maps der Standort. Der ist zwar nicht so genau wie eine GPS-Ortung, aber immerhin genau genug, um grob zu erkennen, wo sich das iPhone befindet.

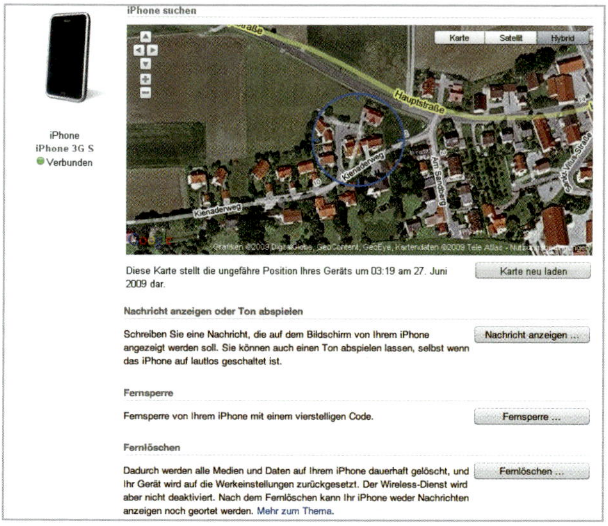

Hier liegt das Telefon. Dank Google Maps lassen sich Karten, Satellitenbilder oder eine Kombination aus beidem anzeigen.

Jetzt muss entschieden werden, wie hoch die Gefahr ist, dass das Telefon für immer verloren geht. Wurde es zum Beispiel beim Abendessen im Restaurant vergessen, kann es durchaus Sinn machen, eine Nachricht an das Telefon zu senden. Die kann der Finder dann lesen und darauf reagieren. Klicken Sie dazu auf *Eine Nachricht anzeigen …* und geben Sie im folgenden Dialog die Nachricht ein. Sie haben dazu Platz für 160 Zeichen.

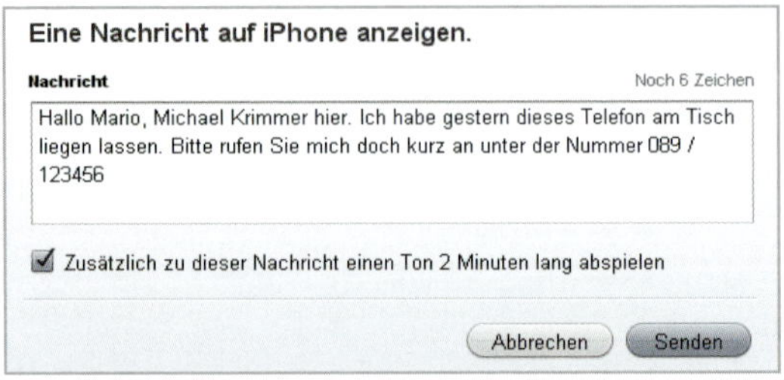

Um das iPhone wieder zurückzubekommen, kann eine Nachricht an den Finder gesendet werden. Eine kurze Erklärung mit Rufnummer (nicht die des iPhones) reicht.

Klicken Sie auf *Senden*, wird die Nachricht an das Telefon geschickt und als Bestätigung folgt eine Mail in das MobileMe-Postfach. Der Ton wird übrigens auch dann abgespielt, wenn das iPhone lautlos gestellt ist.

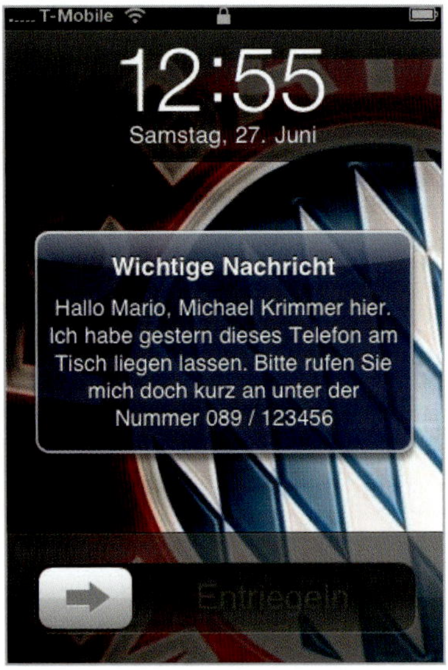

Die Meldung erscheint am iPhone. Ist die entsprechende Option aktiviert, ertönt zusätzlich ein Ton, der zwei Minuten lang dauert.

Erfolgt daraufhin kein Rückruf und lässt sich das iPhone nicht mehr beschaffen, lässt sich über MobileMe das iPhone durch einen vierstelligen Code sperren oder alle Daten auf dem iPhone löschen. Dann ist das Gerät zwar trotzdem verloren, aber zumindest kommt niemand an die Daten ran.

Für die Code-Sperre klicken Sie auf *Fernsperre*. Nach zweimaliger Eingabe eines Sperrcodes wird das iPhone gesperrt. Nach erfolgreicher Sperre erhalten Sie eine E-Mail mit der Bestätigung der Sperre.

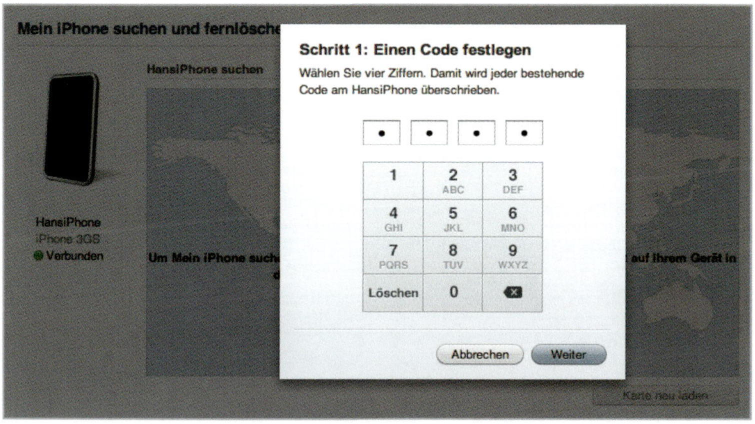

Für die „Fernsperre“ muss ein vierstelliger Code eingegeben werden.

Das iPhone kann nur noch durch den korrekten Code entsperrt werden.

Damit das iPhone nun nicht jedesmal einen Code verlangt, wenn Sie es benutzen wollen, müssen Sie die Code-Sperre wieder aufheben. Unter *Einstellungen –> Allgemein* finden Sie die Funktion *Code-Sperre*. Damit können Sie die Sperre wieder deaktivieren.

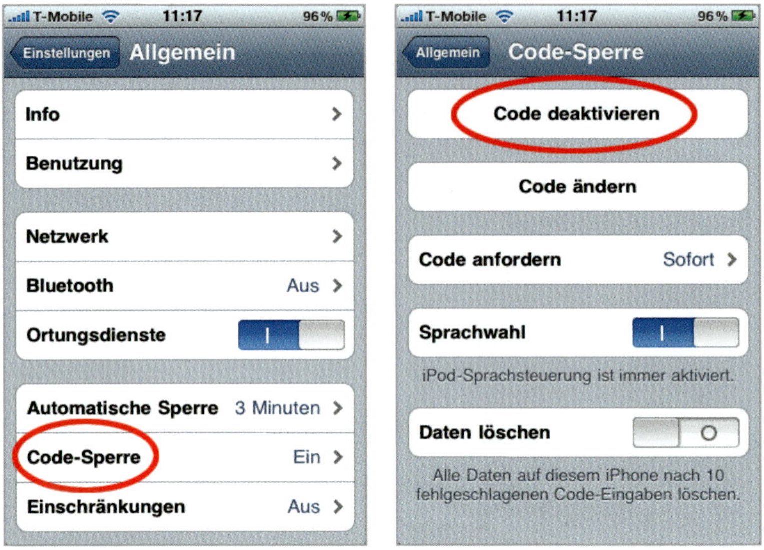

Die Code-Sperre kann auch wieder aufgehoben werden.

Möchten Sie das iPhone löschen, klicken Sie auf *Fernlöschen* ..., setzen das nötige Häkchen und klicken anschließend auf *Alle Daten löschen*.

Zur Not lassen sich alle Daten und Einstellungen auf dem iPhone löschen.

Dabei fährt das iPhone runter, will danach den PIN haben und muss per iTunes erneut aktiviert werden. Alle Programme, Kontakte und auch Mail-Accounts etc. gehen verloren.

Hat jemand anderes das iPhone gefunden, kann er also wegen des fehlenden PIN nicht auf das iPhone zugreifen. Allerdings kann er die SIM-Karte entnehmen und eine eigene einstecken.

Falls Sie Ihr iPhone tatsächlich verloren haben sollten, hier noch die Telefonnummern für eine Kartensperrung:

Vertragskunden: 0 18 03 30 22 02
Xtra-Kunden: 0 18 05 22 94 94

Die iDisk nutzen

Mit der iDisk haben Sie eine Art virtuelle Festplatte, auf der Sie Daten ablegen und wieder herunterladen können.

Auf die iDisk unter Mac OS X zugreifen

Unter Mac OS X ist der Zugriff ganz einfach. Die iDisk wird automatisch im Finder unter *GERÄTE* angezeigt und Sie können sie benutzen wie eine ganz normale Festplatte. Sie können beispielsweise per Rechtsklick neue Ordner erstellen oder Dateien mit Copy und Paste kopieren.

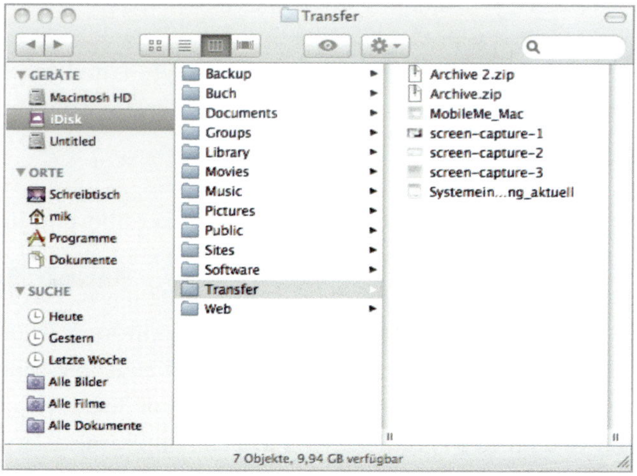

Am einfachsten geht der Zugriff auf die iDisk unter Mac OS X im Finder. Dort verhält sie sich wie eine Festplatte.

Ein alternativer Weg ist in der Finder-Leiste zu finden: Klicken Sie dort auf *Gehe zu –> iDisk –> Meine iDisk.*

iDisk am Mac synchronisieren

Wählen Sie in den MobileMe-Einstellungen unter iDisk die Option der iDisk-Synchronisation, wird die komplette iDisk auf den entsprechenden Rechner heruntergeladen. Alles, was Sie danach in den neuen iDisk-Ordner kopieren, wird hochgeladen. Das hat den Vorteil, dass Sie auch auf die iDisk zugreifen können, wenn Sie vorübergehend keine Verbindung zum Internet haben.

iDisk auf dem iPhone

Inzwischen gibt es für das iPhone auch ein App mit dem Namen *MobileMe iDisk*. Damit können Sie auf die Daten Ihrer iDisk lesend zugreifen. Sie sehen die dort angelegten Ordner, können hineinbrowsen und ganz simpel die darin befindlichen Dateien auf dem iPhone anschauen. Die App erhalten Sie kostenlos im App Store.

iDisk als Laufwerk unter Windows Vista oder XP verbinden

Sie können die iDisk auch unter Windows Vista wie eine Festplatte benutzen. Dazu ist es erforderlich, dass Sie sie als Netzwerkvolume verbinden. So nehmen Sie die nötigen Einstellungen vor:

Klicken Sie auf *Start* und *Computer*. Wählen Sie in der oberen Funktionsleiste *Netzwerklaufwerk zuordnen*. Suchen Sie sich einen Laufwerksbuchstaben aus und tragen Sie als Ordner *http://idisk.me.com/IHRBENUTZERNAME* ein. Möchten Sie, dass das Laufwerk beim Start von Windows immer automatisch zur Verfügung steht, lassen Sie *Verbindung bei der Anmeldung wiederherstellen* aktiv. Klicken Sie auf *Verbindung unter anderem Benutzernamen herstellen* und geben Sie im folgenden Fenster Ihren MobileMe-Benutzernamen und das Passwort an. Ein Klick auf *Fertig stellen* bindet das Laufwerk in den Windows-Explorer ein. Sie finden die iDisk nun unter dem vorher festgelegten Laufwerksbuchstaben.

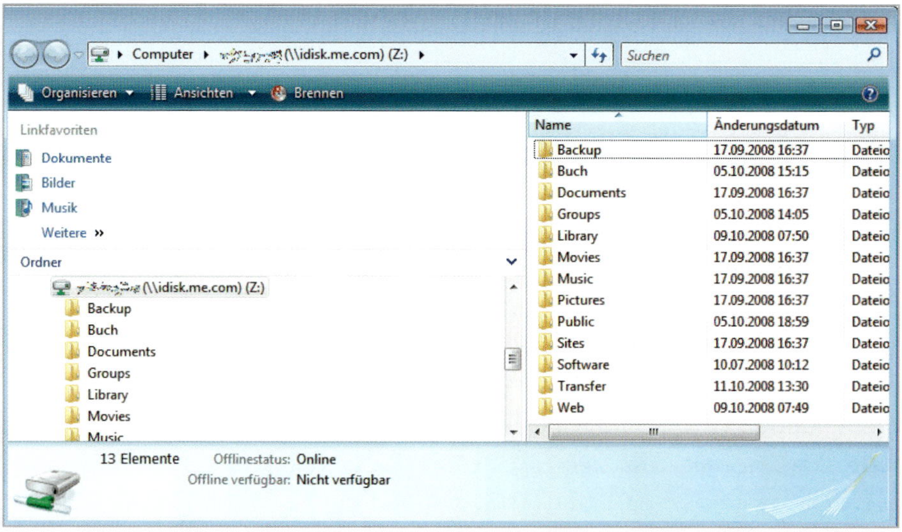

Auch unter Windows Vista lässt sich die iDisk wie eine Festplatte verwenden.

Unter Windows XP funktioniert es ebenfalls: Den Windows Explorer starten, dann auf *Extras* und *Netzwerklaufwerk verbinden* klicken. Dort einen Buchstaben (*Laufwerk*) auswählen und als Ordner *http://idisk.me.com/IHR-BENUTZERNAME* eingeben. Dann *Verbindung unter anderem Benutzernamen herstellen* anklicken und im folgenden Fenster Login und Passwort von MobileMe eintragen und mit *OK* bestätigen. Auf Wunsch noch *Verbindung bei Anmeldung wiederherstellen* aktivieren und mit *Fertig stellen* abschließen.

Die iDisk lässt sich zusätzlich über das Webinterface aufrufen. Dort sind auch alle Funktionen verfügbar, so einfach wie über den Finder oder Explorer geht es aber dort nicht.

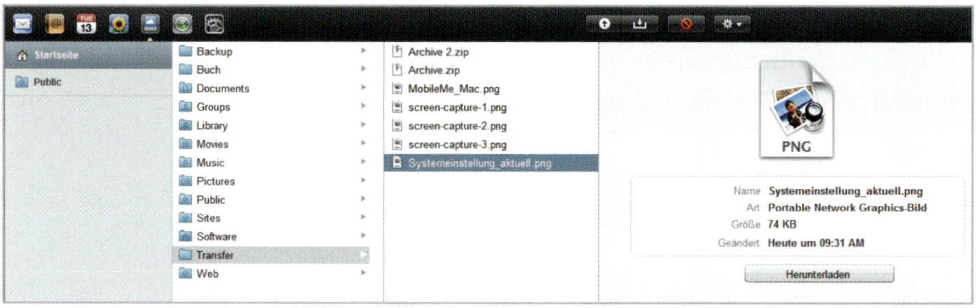

Das Webinterface von MobileMe mit der iDisk.

Öffentlichen iDisk-Ordner freigeben

Der Ordner *Public* der iDisk ist für die Öffentlichkeit freigegeben. Zu erreichen ist er entweder über einen Browser, er lässt sich aber auch als Laufwerk einrichten – wie im vorangegangenen Abschnitt „iDisk als Laufwerk unter Windows Vista oder XP verbinden“ beschrieben. In den iDisk-Einstellungen von MobileMe haben Sie unter Windows und Mac OS X auch die Möglichkeit, den Schreibzugriff zu sperren und den gesamten Ordner mit einem Passwort zu versehen. Aus mangelnder Beschreibung heraus gibt es da aber ein Problem, das sich nicht ohne Weiteres lösen lässt. Möchte man den Public-Ordner schützen, ist die Vergabe eines Passworts nötig. Möchte man auf den Ordner unter *http://public.me.com/IHRBENUTZERNAME* oder *http://idisk.me.com/IHRBENUTZERNAME-Public* zugreifen, verlangen die Betriebssysteme einen Benutzernamen und ein Passwort. Was der Benutzername ist, darüber schweigen sich die Systemeinstellungen aus. Auch beim Schützen des Ordners wird nur ein Passwort abgefragt. Lange Rede, kurzer Sinn: Der Benutzername lautet *public*. Darauf muss man erst einmal kommen.

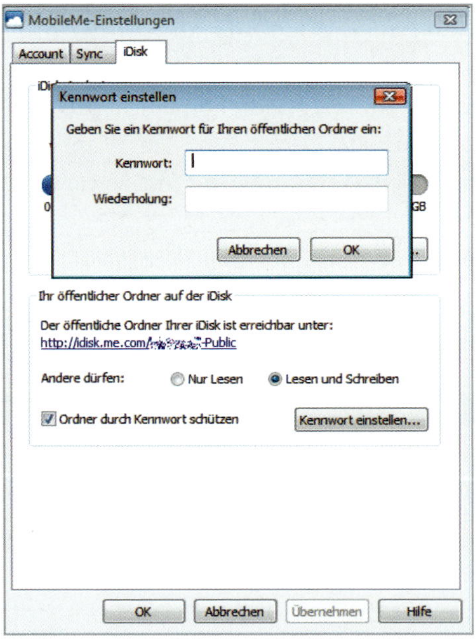

Sie vergeben zwar nur ein Passwort, beim Zugriff werden aber Passwort und Benutzername abgefragt. Das ist nicht gut gelöst, da der Benutzername nicht erwähnt wird. Er lautet übrigens „public“.

Bilder vom iPhone aus senden

Sie können direkt vom iPhone aus Fotos auf Ihre MobileMe-Galerie hochladen. Voraussetzung dafür ist, dass mindestens eine Galerie vorhanden ist. Versuchen Sie ein Bild zu schicken, wenn es keine Galerie gibt, erhalten Sie eine Fehlermeldung.

Allerdings beschreibt diese Meldung nur einen der Wege, über den Sie eine zum iPhone kompatible Galerie erstellen können. Unter iPhoto in Mac OS X können Sie ein Ereignis auswählen, die gewünschten Bilder daraus markieren und per Klick auf das + links unten eine neue Galerie daraus erstellen. Wählen Sie den Punkt *MobileMe* und geben Sie an, dass Sie *Fotos per E-Mail hinzufügen* möchten. *Veröffentlichen* legt eine neue Galerie mit den markierten Inhalten an. Von nun an können Sie per iPhone in dieser Galerie Bilder ablegen.

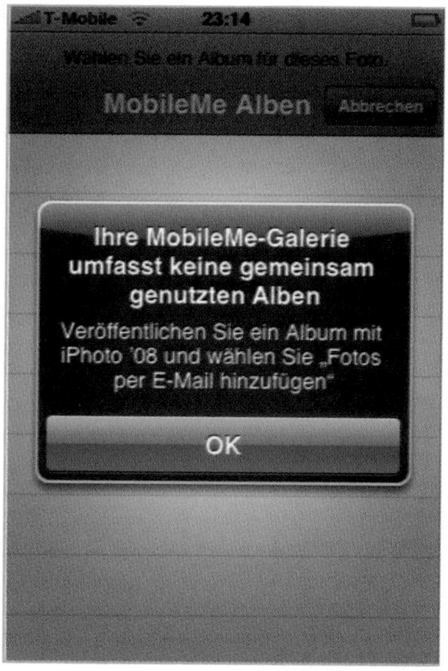

Gibt es noch kein Album, weist Sie das iPhone darauf hin. Allerdings beschreibt die Meldung nur einen der möglichen Wege.

Schicken Sie nun per iPhone neue Bilder in diese Galerie, werden diese automatisch auch von iPhoto '08 oder iPhoto '09 heruntergeladen. Sie haben die gerade erstellte Galerie abonniert und gleichen die Inhalte immer wieder ab. Was nicht auf MobileMe ist, wird dann hochgeladen, was nicht in iPhoto ist, wird runtergeladen.

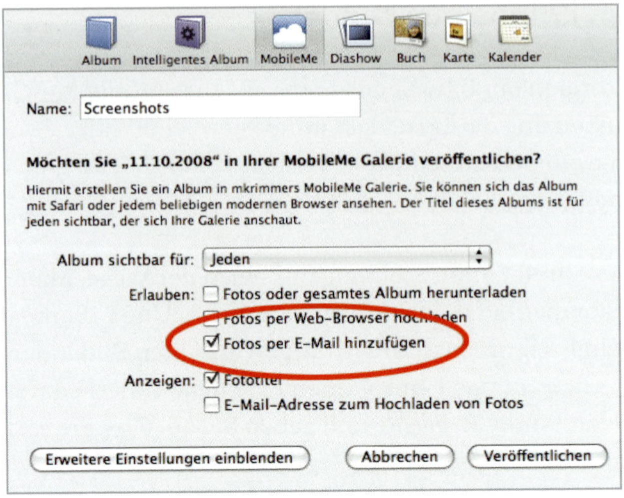

Per iPhoto lässt sich eine Galerie anlegen, die die Inhalte automatisch synchronisiert.

Soweit die Meldung des iPhones. Sie können aber auch direkt im Webinterface von MobileMe eine Galerie anlegen und diese für den Fotoversand aus dem iPhone heraus nutzen. Das ist für diejenigen sinnvoll, die im Gerätepark keinen Mac zur Verfügung haben. Klicken Sie im Webinterface von MobileMe auf das Icon für *Galerie* und wählen Sie dann das Zahnrad weiter rechts in der Leiste aus. Dort finden Sie den Punkt *Neues Album*, den Sie auch gleich auswählen. Tragen Sie nun den Namen des Albums ein und aktivieren Sie die gewünschten Optionen. Wichtig hierbei ist der Punkt *Fotos per E-Mail oder iPhone hinzufügen*.

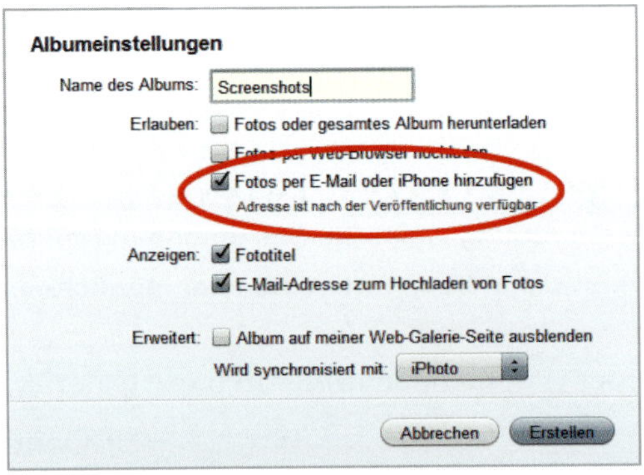

Wichtig bei der Erstellung einer Galerie: „Fotos per E-Mail oder iPhone hinzufügen“.

Wenn Sie das Album veröffentlicht haben, es in der Übersicht auswählen und dann auf das Reglersymbol klicken, sehen Sie die Mailadresse, an die die Bilder versendet werden müssen, damit sie in die Galerie landen.

Nach der Auswahl des Fotos genügt das Anwählen von „An MobileMe senden".

Es folgen die Eingabe eines Titels und einer Beschreibung. Nach der Auswahl des geeigneten Albums ...

... wird daraus eine E-Mail mit dem selektierten Bild als Attachment. Ist dieses erfolgreich übertragen worden, so erhalten Sie diese Rückmeldung.

Via *Anzeigen auf MobileMe* startet Safari sofort und Sie sehen die Bildergallerie. Über *Ankündigen* können Sie ein E-Mail erstellen, das die URL zu der Gallerie enthält.

Hilfe! Die Daten sind weg. Was nun?

Synchronisieren ist eine feine Sache, wenn nichts Dummes passiert. Dumm wäre es zum Beispiel, wenn an einem Rechner versehentlich alle Kalendereinträge oder Kontakte gelöscht werden und danach eine Synchronisation durchgeführt wird. Dann werden die Daten auf MobileMe ebenfalls gelöscht. Denn wenn ein Gerät (Rechner oder iPhone oder Webinterface) Daten ändert, dann werden diese Informationen sogleich an alle anderen Partner weitergeleitet. Wird also ein Termin oder Kalendereintrag entfernt, ist dieser bei aktiven *Push*-Verbindungen sofort überall verschwunden! So sind erst einmal alle Daten weg. Gut also, wenn man auf einem der Rechner die Daten noch vorliegen hat. Dies kann zum Beispiel der Fall sein, wenn ein Computer aktuell nicht mit dem Internet verbunden ist und so die letzten Änderungen noch nicht vollzogen wurden. Dieses Gerät ist also noch nicht auf dem neuesten Stand und die ursprünglichen Informationen können wieder zurückgespielt werden. Wechseln Sie hierzu an diesem Rechner in die MobileMe-Einstellungen und wählen Sie dort im Sync-Fenster *Erweitert* (am

Windows-PC) beziehungsweise *Weitere Optionen* am Mac. In beiden Fällen klicken Sie auf *Sync-Daten zurücksetzen*. Geben Sie unter *Ersetzen:* (Windows) oder *Ersetzen von:* (Mac) an, welche Art von Information Sie wiederherstellen möchten. Sie können entweder alle Daten wählen oder nur Teile davon, etwa alle Kontakte. Ist das geschehen, legen Sie noch fest, ob die Daten vom Rechner auf MobileMe überschrieben werden sollen oder umgekehrt. In unserem Szenario wäre es vom Rechner auf MobileMe. Unter Windows wählen Sie die entsprechende Option, am Mac den Pfeil, der den Vorgang bezeichnet. Wählen Sie *Ersetzen* und wenden Sie damit das Drama ab.

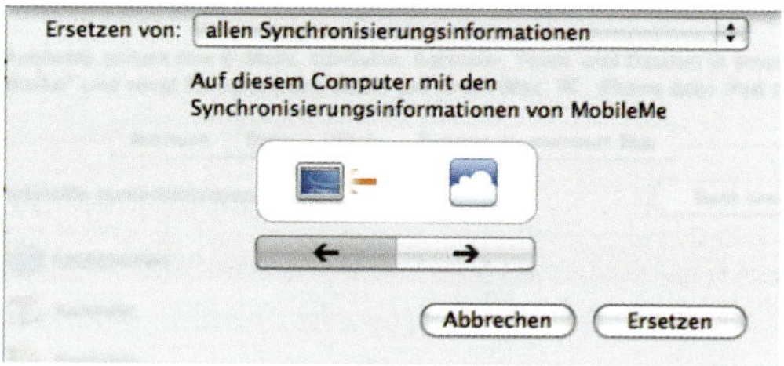

Zur Not lassen sich die Daten manuell überschreiben (links PC, rechts Mac).

Die Preise von MobileMe

MobileMe bietet zwei Mitgliedschaften an: Die Einzelmitgliedschaft umfasst 20 GByte kombinierten Speicherplatz für Mails und Daten, 200 GByte monatliches Datenvolumen und es gibt eine Mailadresse in der Form *mailadresse@me.com* dazu. Die Einzelmitgliedschaft kostet 79 Euro pro Jahr und Sie können damit fünf Geräte (Computer und/oder iPhones) synchronisieren.

Die Familienlizenz bietet zusätzlich zu den Features der Einzelmitgliedschaft noch vier Unter-Accounts mit je 5 GByte Speicherplatz und einer eigenen Mailadresse. Der Preis liegt bei 119 Euro pro Jahr.

Wer mit einer Einzelmitgliedschaft startet und dann feststellt, dass eine Familienlizenz die bessere Wahl wäre, kann jederzeit aufrüsten. Auch lassen sich in beiden Fällen für 40 beziehungsweise 79 Euro pro Jahr 20 oder 40 GByte mehr Speicherplatz dazubuchen.

Stand der Preise: Juni 2009

Roberto und das iPhone

Vor fast drei Jahren verkaufte ich mein Cabrio nach Italien. Ein berühmter Dirigent aus Rom reiste extra mit dem Flugzeug an, um es abzuholen.

Als wir auf dem Landratsamt im Wartesaal saßen, weil wir das Fahrzeug ummelden mussten, unterhielten wir uns über unsere Berufe. Ich fragte ihn, ob er ein berühmter Dirigent sei. Er bejahte das.

Er erwiderte meine Frage und dabei kamen wir auf Apple zu sprechen.

Damals stand es noch in den Sternen, ob Apple jemals ein eigenes Telefon erfinden würde. Auch der Name war noch nicht einmal „geboren". Ich erinnere mich aber noch ganz genau, dass wir schon damals wie selbstverständlich vom „iPhone" sprachen.

Er sagte zu mir: „Wenn das iPhone herauskommt, bin ich weltweit der Erste, der es haben wird!" Ich behauptete das Gleiche.

Kürzlich besuchte ich ihn in Rom. Als Erstes erkundigte ich mich nach dem Auto. Meine zweite Frage galt etwas anderem: „Hast du schon ein iPhone?" Raten Sie mal, wer es als Erster hatte?

Erweiterungen für das iPhone

Eigentlich liegt der Packung des iPhones bereits alles bei, was man braucht: Headset, Netzteil, Datenkabel und sogar ein Poliertuch, mit dem sich das Display immer wieder auf Hochglanz bringen lässt. Aber es gibt trotzdem noch Dinge, die das iPhone sinnvoll ergänzen.

Vorab ein paar Worte zum iPhone-Zubehör: Welchen Kopfhörer Sie ins iPhone stecken, ist dem Gerät egal. Anders ist es bei Erweiterungen, die den Dockanschluss des iPhones nutzen. Ist ein Gerät nicht explizit für das iPhone gebaut, kann es vorkommen, dass das Telefon mault und meldet, dass das Zubehör nicht für das iPhone gemacht ist. Das bedeutet nicht, dass ein Radio mit iPod-Dockanschluss nicht trotzdem funktioniert. Oft klappt alles reibungslos. Das iPhone bietet dann aber gleich an, dass man zur Sicherheit den Flugmodus aktiviert. Das ist häufig sinnvoll und sollte auch genutzt werden, wenn Sie nicht auf die daraufhin abgeschalteten Funktionen angewiesen sind.

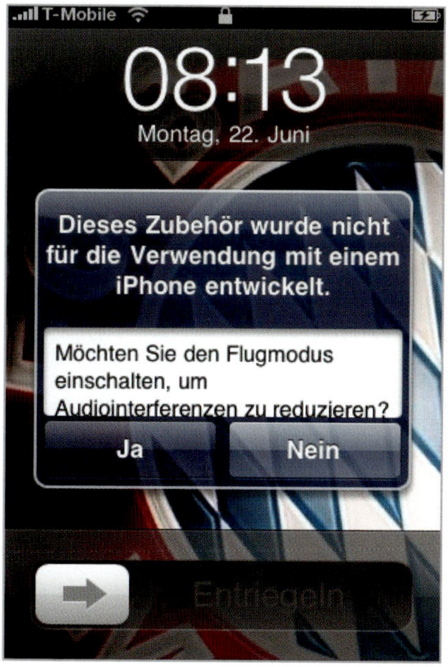

Diese Meldung erscheint, wenn es sich um kein iPhone-Zubehör handelt. Das muss aber nicht bedeuten, dass die Zusammenarbeit nicht klappt.

Das iPhone-Dock

Apple verfolgt schon sein Längerem die Taktik, vollmundig Preise zu senken und gleichzeitig den Lieferumfang zu reduzieren. Das war schon früher so, als den iPods bei einem Modellwechsel plötzlich keine vollwertigen Ladegeräte mehr beilagen. iPods können ja auch per Datenkabel geladen werden. Das ist richtig. Trotzdem ist eine Senkung des Preises nur eine Seite der Medaille, wenn im Gegenzug ein Zubehör aus dem Lieferumfang fliegt. Und genau das ist wieder beim iPhone passiert. Hatte das iPhone 2,5G noch ein Dock mit dabei, fehlt das beim iPhone 3G. Dabei ist so ein Dock eine gute Sache. Das iPhone muss damit nicht auf dem Tisch liegen, während es geladen oder synchronisiert wird, es kann so immer fest mit dem Rechner verbunden bleiben und per Audio-Kabel kann es auch an den Rechner angesteckt werden.

Früher noch im Lieferumfang des iPhones enthalten, muss es jetzt als Zubehör dazugekauft werden: das Dock.

Name:	iPhone 3G Dock
Hersteller:	Apple
Info:	*www.apple.de*
Preis:	25,– Euro (erhältlich im Telekomshop)

Apple In-Ear Headphones

Mit den Apple In-Ear Headphones mit Fernbedienung und Mikrofon entgeht Ihnen bei Ihren Songs nichts und Sie hören selbst kleinste Details. Sie bieten höchste Audioqualität und eine erstklassige Schallisolierung. Die Lautstärke und andere Einstellungen für Musik- und Videowiedergabe lassen sich mithilfe der praktischen Tasten mühelos steuern. Fernbedienung und Mikrofon werden nur beim iPhone 3G S unterstützt.

Jeder Ohrstöpsel enthält zwei separate Hochleistungstreiber – einen Hochtöner und einen Tieftöner – für eine besonders volle, detailgenaue und exakte Klangwiedergabe sowie maximale Basswiedergabe bei allen Arten von Musik.

Bei den weichen Silikon-Ohrstöpseln können Sie aus drei Größen wählen – das garantiert einen angenehmen, stabilen Sitz. Beim Einsetzen ins Ohr bilden sie eine Versiegelung, die störende Nebengeräusche fernhält und für einen ungetrübten Musikgenuss sorgt.

Die Steuerkapsel am Kabel des rechten Ohrstöpsels umfasst ein Mikrofon und drei Tasten. Diese praktische Fernbedienung bietet die folgenden Funktionen:

- ★ Lautstärkeregelung (Tasten + und –)
- ★ Steuerung der Musik- und Videowiedergabe (über Start oder Pause und Vor oder Zurück) durch Drücken der mittleren Taste
- ★ Aufnahme gesprochener Notizen bei entsprechend unterstützten iPhone- und iPod-Modellen.

Schutzkappen aus Edelstahlgewebe schützen die empfindlichen akustischen Komponenten vor Staub und anderen Verunreinigungen. Sie können die Schutzkappen zum Reinigen abnehmen und gegebenenfalls auch austauschen – ein Satz Ersatzkappen wird mitgeliefert.

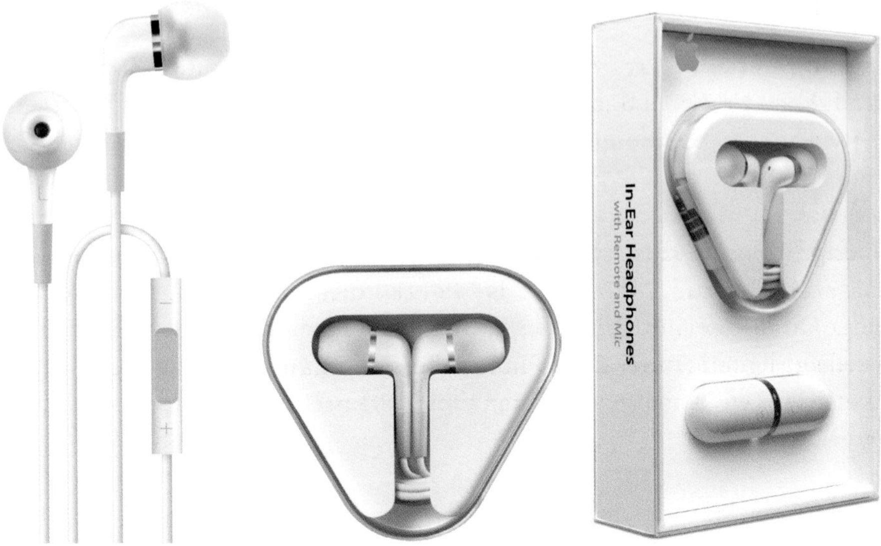

Optimale Klangqualität und Bedienungskomfort mit den In-Ear Headphones von Apple. (Fotos: Apple)

Name:	In-Ear Headphones
Hersteller:	Apple
Info:	*www.apple.de*
Preis:	69,– Euro (erhältlich im Telekomshop)

iPhone-Halterung im Mac-Style

Es kommt nicht allzu oft vor, dass Zubehör eines Drittherstellers für Apple-Produkte so aussieht und so gefertigt ist, als käme es direkt aus Cupertino. Oft sind die Erweiterungen zu grob, zu farbig oder einfach nicht so schön.

Ganz anders beim Xtand von Just Mobile. Ganz schlicht gehalten, ist die „Design-Konsole“ aus robustem Aluminium gefertigt. Die Halterung passt ausgezeichnet zum Mac, weil das Material dieselbe Farbe hat wie der aktuelle iMac, der Mac Pro oder das Cinema Display. Und auch auf Details wurde geachtet: Hinter dem iPhone ist eine Öffnung im Fuß, durch die beispielsweise ein Kabel nach hinten zum Rechner geführt werden kann, genauso wie beim iMac und den Cinema Displays.

Damit dem iPhone selbst nichts passiert, befinden sich an den vier Ecken der Halterung Gummierungen, die dem Xtand für beide iPhone-Generationen beiliegen. Auch der Fuß ist rutschfest, alle Tasten und Anschlüsse sind erreichbar und auch die Lautsprecher bleiben frei. Zu guter Letzt lässt sich das iPhone im Hoch- und Querformat in die Halterung legen. Möglich macht das eine Schraube an der Rückseite, über die sich die X-Halterung drehen lässt.

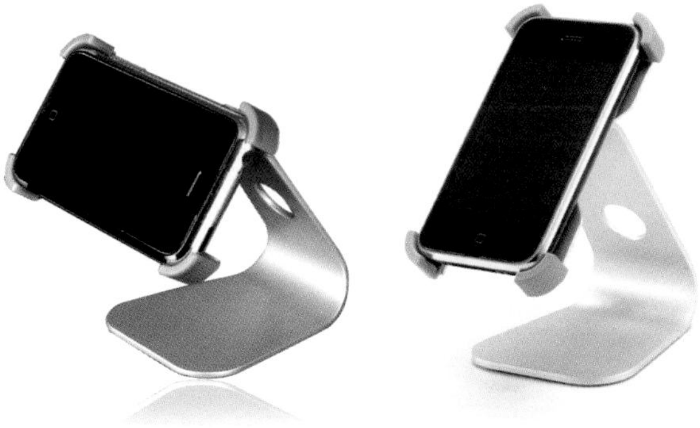

Hochwertige iPhone-Halterung, die sich perfekt in das Gesamtbild der Apple-Produkte eingliedert. (Fotos: Just Mobile)

Name:	Xtand
Hersteller:	Just Mobile
Info:	*www.xtand.de*
Preis:	29,95 Euro (erhältlich im Telekomshop)

Alternatives Headset: Sennheiser MM50/60 iP

Beim iPhone 2,5G war es etwas heikel, alternative Kopfhörer oder Headsets anzustecken. Die Buchse war in das Gehäuse eingelassen und dadurch passte nicht jeder Stecker. Beim iPhone 3G gibt es dieses Problem nicht mehr, jeder gängige Kopfhörer passt und das gilt auch für die Headsets. Zwar legt Apple dem iPhone ein Headset bei, über das sich sogar der iPod steuern lässt. Die Hörer sind aber nicht jedermanns Sache, und gerade wenn man kein nach Apple-Standards genormtes Ohr hat, fallen die Stecker leicht raus. Insbesondere beim Sport ist da eine Alternative gefragt.

Positiv fallen die Headsets MM50 iP und MM60 iP von Sennheiser auf. Beim MM50 IP handelt es sich um einen Ohrkanal-Hörer, der in das Ohr gesteckt wird und so gut hält. Das MM60 iP ist ein Headset mit ohraufliegender Tragweise, was einen besonders guten Tragekomfort ermöglicht. Zusätzlich kann das MM60 noch zusammengefaltet werden und eignet sich somit bestens für Personen, die viel unterwegs sind. Nebenbei werden bei beiden Systemen auch die Umgebungsgeräusche deutlich reduziert.

Damit alles gut passt, gibt es für das MM50 Ohrpolster in drei verschiedenen Größen. Ganz besonders interessant: Wie das Original-Headset unterstützt auch die Taste im Mikrofon des MM50 und MM60 bei der iPod-Wiedergabe Play/Pause sowie Vor und Zurück.

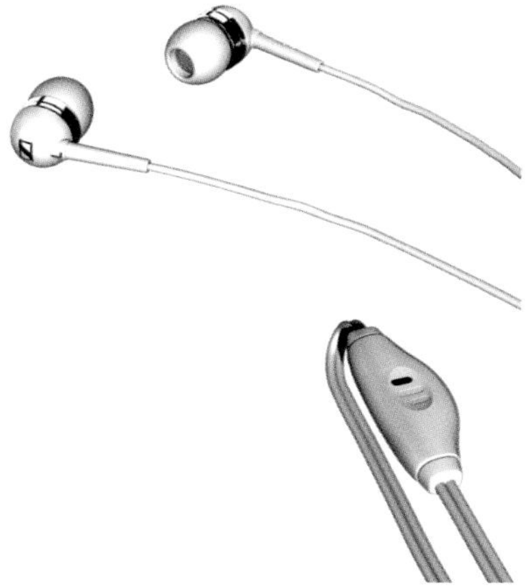

Sennheiser MM50 ist ein Stereo-Headset mit allen Funktionen, die das Original-Headset von Apple anbietet. (Foto: Sennheiser)

Name:	MM50 iP
Hersteller:	Sennheiser
Info:	*www.sennheiser.de*
Preis:	49,95 Euro (erhältlich im Telekomshop oder unter *www.t-mobile.de*)

Sennheiser MM60 ist ein faltbares offenes Stereo-Headset mit allen Funktionen, die das Original-Headset von Apple anbietet. (Fotos: Sennheiser)

Name:	MM60 iP
Hersteller:	Sennheiser
Info:	*www.sennheiser.de*
Preis:	ca. 65,– Euro

Bluetooth-Stereo-Headset „HALO“

Das klappbare Jabra Bluetooth-Stereo-Headset ist ein perfekter Begleiter für das iPhone. Es hat ein puristisches Design und ermöglicht drahtloses Musikhören und Telefonieren. Die Musikwiedergabe und das Telefonieren lassen sich über Sensortasten steuern. Das Headset hat eine Standbyzeit von maximal 300 Stunden und eine Gesprächszeit von maximal acht Stunden. Das Gewicht beträgt lediglich 80 Gramm. Besonders der bequeme Tragestil und der einfache Transport (das Headset lässt sich zusammenklappen) machen es zum Zubehör für iPhone-Besitzer.

Das Headset „HALO“ ist nicht nur zusammenklappbar, sondern auch elegant. (Fotos: Jabra)

Name:	Bluetooth-Stereo-Headset „HALO“
Hersteller:	Jabra
Info:	*www.jabra.com* oder *www.t-mobile.de*
Preis:	99,95 Euro (erhältlich im Telekomshop)

Schutz für das iPhone: Belkin Grip Shift Sleeve

T-Mobile bietet für das iPhone exklusiv eine passgenaue Hülle zum Schutz des iPhone 3G S und des iPhone 3G ohne Veränderung seines Originaldesigns von der Firma Belkin an. Durch eine zusätzliche Lage aus robustem Silikon sind das iPhone 3G S und das iPhone 3G gut geschützt. Die Hülle gibt es in den Farben Schwarz-Blau, Schwarz-Pink und Schwarz-Weiß.

Schützt nicht nur das iPhone, sondern sieht auch noch gut aus. (Fotos: Belkin)

Name:	Belkin Grip Shift Sleeve
Hersteller:	Belkin
Info:	*www.t-mobile.de*
Preis:	24,95 Euro (erhältlich im Telekomshop)

Längere Laufzeit: Kensington Mini Batterie Pack

Das wiederaufladbare Kensington Mini Batterie Pack und Ladegerät fürs iPhone bietet die nötige Power, die Sie brauchen, um ohne Unterbrechung zu telefonieren und Musik zu hören. Sie erhalten damit eine bis zu 30 Stunden längere Abspielzeit für Musik, sechs Stunden für Videos und drei Stunden fürs Telefonieren. Es ist klein genug, um mit dem iPhone verbunden zu bleiben, und bietet eine Batterieanzeige für die restliche Leistung.

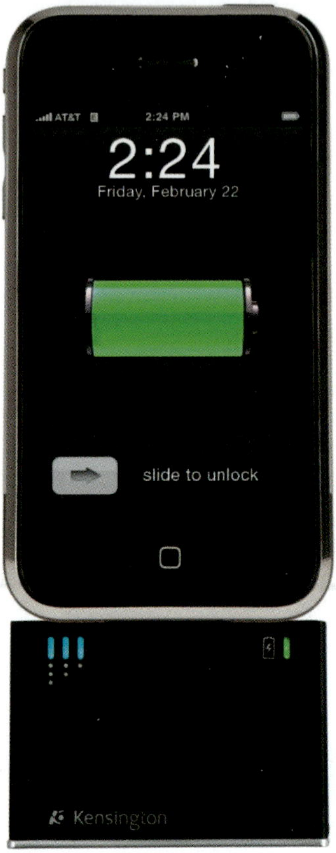

Längere Sprech- und Abspielzeit mit dem Mini Batterie Pack. (Foto: Kensington)

Name:	Mini Batterie Pack & Ladegerät
Hersteller:	Kensington
Info:	*eu.kensington.com*
Preis:	49,95 Euro *(www.t-mobile.de)*

Privacy Displayfolie

Jeder hat sich schon mal über ein verschmutztes oder zerkratztes Display geärgert. Damit Ihnen das mit Ihrem iPhone nicht passiert, gibt es Schutzfolien, die aufgeklebt werden können. Eine davon ist die „Privacy Displayfolie". Einmal angebracht, bietet sie Schutz vor Schmutz und Kratzern. Die Folie beeinträchtigt die Funktionen des iPhones in keinster Weise. Sie können wie gewohnt mit den Fingern das Touchdisplay nutzen.

Eine Besonderheit der „Privacy Displayfolie" ist die Privatsphäre bei einem Betrachtungswinkel von mehr als 30 Grad. Das iPhone kann also von der Seite nicht eingesehen werden und Sie sind somit vor fremden Blicken geschützt.

Schutz vor Staub, Kratzern und fremden Blicken: die „Privacy Displayfolie". (Foto: Strax)

Name:	Privacy Displayfolie
Info:	*www.t-mobile.de*
Preis:	14,95 Euro (erhältlich im Telekomshop)

Kensington Nightstand Charging Dock

Woran denken Sie am Morgen? Wie spät ist es? Wie wird das Wetter? Wo ist mein Handy? Kensington hat für diese Fragen das Nightstand Charging Dock für iPhone und iPod entwickelt. Dieses Ladegerät lädt nicht nur das iPhone auf, sondern erleichtert Ihnen auch den Start in den Tag mit einer aktuellen Wetteranzeige. Das Design der Ladestation ist unauffällig und passt sich bei Nichtbenutzung dezent in die Umgebung ein. Zum Laden wird das iPhone im Querformat in die Ladestation eingesetzt und fungiert als Zeitanzeige und Wetterstation auf dem Nachttisch. Ergänzt man die Ladestation durch eine dedizierte App für die Zeit- und Wetteranzeige, erhält man die ultimative Kombination. Die Kensington-App „Rise & Shine“ ist kostenlos im App Store erhältlich. Die App ergänzt die Nachttisch-Ladestation perfekt, indem sie den automatischen Bildschirmschoner des iPhones umgeht, so dass die Uhrzeit ununterbrochen angezeigt wird. Damit haben Sie einen perfekten Start in den Tag.

Zu einem guten Start in den Morgen verhilft das Nightstand Charging Dock von Kensington. (Fotos: Kensington)

Name:	Nightstand Charging Dock
Hersteller:	Kensington
Info:	*eu.kensington.com*
Preis:	29,99 Euro

Kfz-Set von T-Mobile

Mit diesem Kfz-Pack für das iPhone 3G S und das iPhone 3G haben Sie alle wichtigen Utensilien für eine Autofahrt beisammen. Im Lieferumfang sind folgende Geräte enthalten:

- Herbert Richter Kfz-Saugnapfhalterung
- Displayschutzfolie
- Belkin 3,5 mm auf 3,5 mm Klinkenkabel
- Belkin Kfz-Ladekabel für iPhone 3G und iPhone 3G S

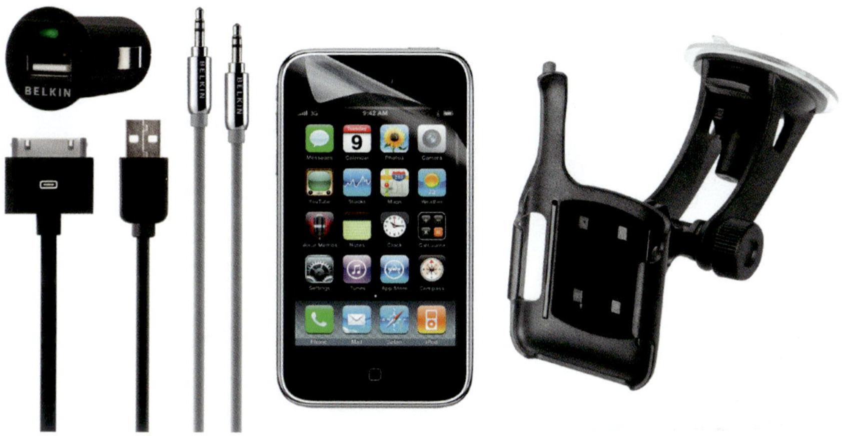

Das Kfz-Set von T-Mobile enthält alles, was man zum Anschluss des iPhones im Auto benötigt. (Fotos: Strax)

Name:	Kfz-Set von T-Mobile
Info:	*www.t-mobile.de*
Preis:	49,95 Euro (erhältlich im Telekomshop)

AirCurve von Griffin

Mit dem Griffin AirCurve vernehmen Sie das iPhone laut und deutlich, ohne dass Lautsprecher oder eine Stromzufuhr erforderlich wären. Das Griffin AirCurve ist ein durchdachter akustischer Verstärker mit Spule, der den Klang des integrierten iPhone-Lautsprechers aufnimmt, diesen verstärkt und im Raum verteilt. Das Griffin AirCurve bietet eine grandiose Verstärkung und verwandelt das iPhone somit in ein Mini-Soundsystem oder Lautsprechertelefon, ohne dass dazu irgendeine Stromzufuhr nötig wäre. Bringen Sie das Dockkabel, das im Lieferumfang des iPhone enthalten ist, am Anschluss an und Sie können das AirCurve als USB-Dock zum Laden und Synchronisieren nutzen, während Sie Musik hören.

Ein Blickfang auf dem Schreibtisch: das AirCurve. (Foto: Griffin)

Name:	AirCurve
Hersteller:	Griffin
Info:	*www.griffintechnology.com*
Preis:	19,95 Euro

Gamepads von Hama

iPhone-Besitzer, die das iPhone nicht nur zum Telefonieren benutzen, sondern damit auch spielen, werden in den Gamepads der Firma Hama die perfekten Begleiter finden. Das Gamepad „Andromeda“ vermittelt dem Spieler ein realistisches Spielgefühl und verbessert den Spielkomfort. Das iPhone wird einfach in die Halterung gesteckt und schon kann es losgehen. Das Gamepad hat auch Aussparungen für die Schnittstellen bzw. die Bedienelemente des iPhones.

Für Freunde von Rennsportspielen hat Hama das Game-Lenkrad „Speed-X“ entwickelt. Wie beim Gamepad wird das iPhone einfach in die Halterung gesteckt und dem Rennvergnügen steht nichts mehr im Wege.

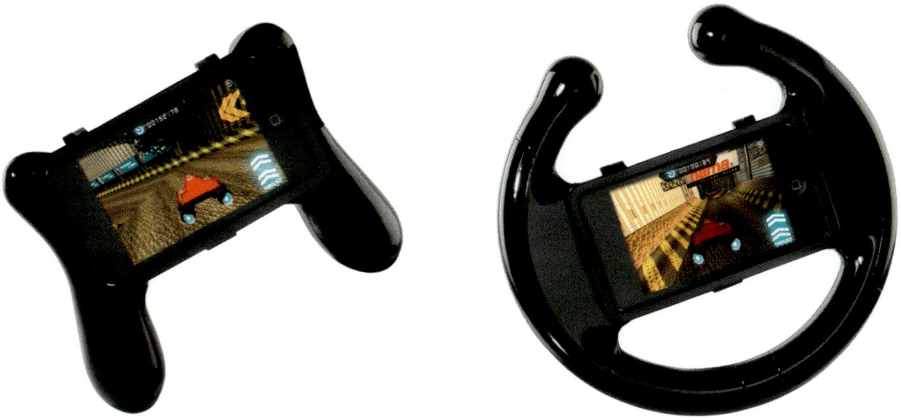

Mit den Gamepads von Hama wird das iPhone zur Spielekonsole. (Fotos: Hama)

Name:	Gamepad „Andromeda“ Game-Lenkrad „Speed-X“
Hersteller:	Hama
Info:	*www.hama.de*
Preis:	je 14,95 Euro (erhältlich im Telekomshop)

JBL On Stage IIIP

Der tragbare Lautsprecher JBL On Stage IIIP (schwarz) ist der ideale Reisebegleiter. Mit Ihrem iPhone verbunden, produziert der JBL On Stage einen klaren, kraftvollen Sound und lädt gleichzeitig das iPhone.

Über die berührungsempfindlichen Lautstärkeregler lässt sich die Lautstärke durch eine einfache Berührung erhöhen oder verringern. Außerdem kann man mit den Steuerelementen durch die Titel und Wiedergabelisten blättern, zu anderen Titeln wechseln, Einstellungen ändern und vieles mehr.

Bei Batteriebetrieb erhalten Sie bis zu zwölf Stunden durchgehende Wiedergabezeit bei normaler Lautstärke. Bei niedriger Batterieladung beginnt eine gelbe LED-Lampe zu blinken. Der Lautsprecher kann außerdem wahlweise mit dem mitgelieferten Netzstecker und -kabel an jede herkömmliche Steckdose angeschlossen werden. Außerdem ist im Lieferumfang eine Fernbedienung enthalten.

Der perfekte Sound für unterwegs: das JBL On Stage IIIP. (Foto: Harman/Kardon (JBL))

Name:	JBL On Stage IIIP
Hersteller:	JBL
Info:	*www.jbl.com*
Preis:	179,95 Euro (erhältlich im Telekomshop)

Logitech® Pure-Fi Express Plus

Das Logitech® Pure-Fi Express Plus ist ein Lautsprechersystem mit Dockanschluss für iPod und iPhone und bietet eine omnidirektionale Akustik (Rundumklang) für großartigen Klang überall im Raum. Das transportable System kann wahlweise über das Netzteil oder Batterie betrieben werden und ganz leicht am Tragegriff von einem in einen anderen Raum mitgenommen werden. Die Uhr mit Weckfunktion hilft Ihnen, rechtzeitig aufzuwachen. Die kabellose Fernbedienung ermöglicht die Steuerung aus einer Entfernung von bis zu zehn Metern und lässt sich bequem in der integrierten Halterung verstauen. Alles in allem der perfekte Lautsprecher mit Dockanschluss für iPod und iPhone – zum Andocken, Aufladen und für die Musikwiedergabe.

Transportabler Rundumklang mit Weckfunktion und Fernbedienung: das Logitech® Pure-Fi Express Plus. (Foto: Logitech)

Name:	Logitech® Pure-Fi Express Plus
Hersteller:	Logitech
Info:	*www.logitech.de*
Preis:	89,95 Euro (erhältlich im Telekomshop)

Sound in Studioqualität: iP1 von iHome

Das iP1 von iHome ist das erste Home-Audio-System mit Bongiovi Acoustics DPS Audio Processor (Digital Power Station). Diese Technologie, von Ingenieuren der Musikindustrie entwickelt, scannt fortwährend das Audiomaterial, um Harmonien und Klarheit, die durch die Kompression auf das jeweilige Musikformat verloren gegangen sind, wiederherzustellen.

Die äußerliche Eleganz wird im Inneren unterstützt mit einer Leistung von 100 Watt für kristallklaren Sound aus jeweils einem Paar speziell designter Hochton- sowie Bassröhren. Das iP1 lädt alle iPhone- und dockbaren iPod-Modelle.

Musik in Studioqualität: das iP1. (Foto: SDI Technologies)

Name:	iP1
Hersteller:	iHome
Info:	*www.ihomeintl.com*
Preis:	299,90 Euro

Sitzen Sie auch oft im Auto?

Dann ist das iPhone 3G S genau das Richtige für Sie. Denn es wird Ihnen quasi die Befehle von den Lippen ablesen. Ja, Sie haben richtig gehört: Das iPhone gehorcht Ihren gesprochenen Kommandos.

So sitzen Sie also im Auto und wollen nun Ihren Geschäftskollegen anrufen. Kein Problem! Sprechen Sie den Befehl „Ruf", gefolgt vom Namen der Person. Sogleich wird Ihr iPhone nachfragen, ob Sie ihn mobil, im Festnetz oder vielleicht unter der Privatnummer erreichen wollen. Sie geben Ihrem treuen Begleiter die Info und schon wird der Kontakt aus dem Adressbuch angerufen und Ihr Kollege ist in der Leitung.

Dauert der Stau dann doch länger – sagen Sie es einfach Ihrem iPhone: „Spiel Beatles". ;-)

iPhone 3G S

Das neue iPhone 3G S ist von außen nicht vom Vorgängermodell zu unterscheiden. Und dennoch sind deutliche Unterschiede wahrzunehmen.

Das Kürzel S steht für Speed und soll damit klarmachen, dass das Gerät deutlich schneller zu Werke geht. In unseren Tests konnten wir das auch in allen Belangen nachvollziehen. Egal, ob es sich um das Starten von Programmen, das Surfen mit Safari oder das Spielen handelt – im Schnitt fühlt sich das 3G S etwa doppelt so schnell als seine Vorgänger an.

Aber damit nicht genug. Die neue fettabweisende Displaybeschichtung zeigt zudem weniger Abdrücke als die Vorgängermodelle und muss demzufolge deutlich seltener gereinigt werden.

Weiterhin hat Apple dem neuen iPhone 3G S einige Funktionen spendiert, die an den bisherigen Modellen nicht ausgeführt werden können.

Sprachsteuerung

Bildschirmdarstellung der Sprachsteuerung

Sobald Sie die Home-Taste für länger als zwei bis drei Sekunden gedrückt halten, startet die Sprachsteuerung, ein Ton erklingt, der Bildschirm wechselt und wartet auf Ihre Befehlseingabe. Sie erkennen vorbeilaufende Wellenlinien, die das Signal des Mikrofons optisch darstellen sollen. Und Befehlsvorschläge werden zudem eingeblendet.

Sie können nun zum Beispiel eine Telefonnummer sprechen oder einen Kontakt aus Ihrem Adressbuch verwenden. Weiterhin gibt es eine ganze Reihe von Befehlen, um den iPod zu steuern.

Damit das iPhone erkennt, dass Sie nun eine Telefonnummer ansteuern werden, müssen Sie ihm das Signalwort „ruf" oder „wähl" geben, gefolgt von der Nummer oder dem Personennamen.

Wird der Befehl nicht erkannt, erhalten Sie die akustische Rückmeldung „Keine Treffer". War die Zuordnung nicht eindeutig, so macht sich das iPhone bemerkbar. Entweder es kommen mehrere Personen infrage oder aber Ihre Person verfügt über mehrere Nummern (Mobil, Festnetz etc.).

Mehrere Treffer wurden erkannt.

Auch auf dem Display erscheinen nun die verschiedenen Treffer und Sie können durch Ihre Sprache erneut eine Auswahl treffen.

Hatten Sie hingegen eine Telefonnummer gesprochen, schaltet das iPhone sofort in die Telefonfunktion um, zeigt die Nummer an und wiederholt diese nochmals für Sie.

Telefonnummer wurde erkannt und wird gewählt.

Wurde die Nummer nicht korrekt erkannt, sollten Sie den Anruf stoppen und es erneut mit der Spracheingabe versuchen.

Dabei wird es Ihnen wohl wie uns ergehen – nach wenigen Übungssequenzen funktioniert die Erkennung wirklich zu 100 Prozent.

Doch noch mal zurück zur Steuerung der iPod-Funktionalität. Der überwiegende Teil der Befehle kümmert sich darum.

Hier eine aktuelle Liste (Stand Juni 2009):

- Genius
- welcher Titel wird gespielt
- wie heißt das Stück
- halt
- Pause
- anhalten
- wiedergeben
- Shuffle
- voriger Song
- voriges Lied
- voriges Stück
- voriger Track
- spiel xyxy
- spiel Gruppe xyxyx
- spiel Stück
- voriger Track
- spiel xyxy
- spiel Gruppe xyxyx
- spiel Musik xyxyx
- spiel Album xyxyx
- spiel Songs von xyxyx
- spiel ähnliche Lieder
- spiel Playlist xyxyx
- nächstes Lied
- nächstes Stück
- nächster Song
- zufällige Wiedergabe

Sie sehen also an der Liste, dass Ihr iPhone bereits eine Vielzahl von Funktionen eingebaut hat. Und sicher wird die Entwicklung hier nicht stehen bleiben. Mit kommenden Updates kann man sich weitere Befehle und Funktionen durchaus vorstellen.

Etwas eigenartig hört es sich an, sobald das iPhone Ihren Befehl im Bereich iPod wiederholt. Die Ursache ist klar: Sie haben die deutsche Sprache eingestellt. Viele Musikstücke oder auch Künstler haben jedoch englische Bezeichnungen. So werden aus geläufigen Begriffen wie Beatles beim iPhone „Beat-les". Etwas seltsam – bisweilen arg komisch –, aber man gewöhnt sich daran.

Kompass

Der Kompass erschließt sich auf den ersten Blick. Und dennoch gibt es zwei interessante Zusatzinformationen.

Der Kompass.

Sobald Sie auf das *i* klicken, gelangen Sie zu den Einstellungen des Kompasses, in denen Sie sich zwischen der magnetischen und „normalen" Orientierung entscheiden können.

Deutlich interessanter ist die Kompassfunktion im Bereich Navigation. Wechseln Sie dazu in das Kartenprogramm. Nach wenigen Augenblicken zeigt Ihnen der blaue blinkende Punkt an, wo Sie sich aktuell befinden.

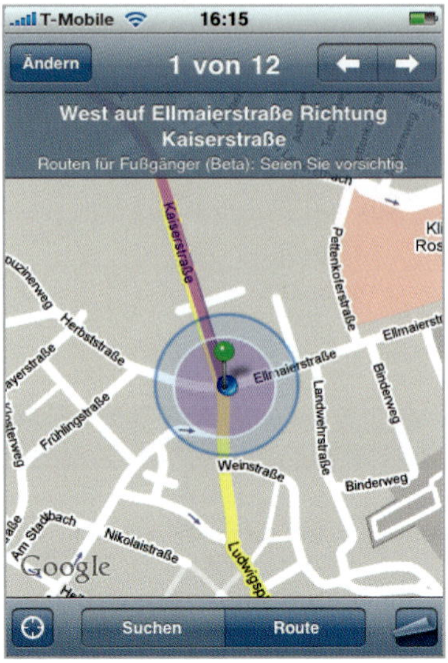

Aktuelle Position auf einer Route.

Wenn Sie der Route folgen möchten, wäre es sehr wichtig zu wissen, in welche Himmelsrichtung losgefahren werden muss. Mithilfe des Kompasses ist das kein Problem mehr.

Klicken Sie noch mal auf das Fadenkreuzsymbol in der linken unteren Ecke. Sogleich ändert sich das Icon, und auf der Karte wird dargestellt, in welche Richtung Sie das iPhone halten und vermutlich auch schauen.

Richtungsanzeige im Kartenprogramm.

Zudem zeigt das Kartenprogramm auch Hausnummern an, was als zusätzliche Orientierungshilfe dienlich ist.

Damit ist es nun deutlich leichter, sich in fremdem Gelände zurechtzufinden und den richtigen Weg einzuschlagen.

Zu schwaches Signal.

Sollte das Signal zu schwach oder nicht eindeutig sein, fordert Ihr iPhone Sie dazu auf, es auf einer liegenden 8 zu bewegen. Dann sollte alles wunschgemäß funktionieren.

Kamera und Videoaufzeichnung

Mit der deutlich verbesserten internen Kamera des iPhone 3G Ⓢ können nicht nur Bilder mit Autofokussierung, sondern ebenso Videos aufgezeichnet werden.

Autofokus der iPhone-Kamera.

Durch ein Rechteck auf dem Display zeigt die iPhone-Kamera, auf welchen Bereich es scharf stellen wird. Klicken Sie einfach auf einen anderen Teil des Bildes, um diesen scharf zu stellen. Die Kamera erlaubt zudem Nahaufnahmen mit bis zu zehn Zentimeter Entfernung. Dabei werden die Bilder automatisch scharf gestellt und optimal belichtet.

Wenn Sie den Schieberegler rechts unten bewegen, dann gelangen Sie in den Videobereich. Klicken Sie auf die rote Aufnahmetaste und schon wird ein Videomitschnitt inklusive Audio gestartet. Mit 30 Frames pro Sekunde und einer Auflösung von 480 mal 640 Pixeln können Sie so Filme bis zu einer Datenmenge von 2 GByte aufzeichnen. Sobald Sie die Aufzeichnung stoppen, wird am oberen Rand eine Filmrolle eingeblendet.

Fertiger Film.

Sie können nun den Film ansehen und nicht notwendige Bestandteile wegschneiden.

Trimmen eines Filmes.

Fassen Sie dazu die Anfasser links und rechts der Filmrolle an und ziehen Sie diese in den Filmbereich hinein. Der gelbe Bereich ist das, was übrig bleiben wird. Sie können also derzeit nur einen zusammenhängenden Bereich erstellen. Ist der Bereich selektiert, genügt ein Klick auf *Trimmen* und sofort wird alles Überflüssige entfernt. Wenn Sie mit OS 3.1 arbeiten, haben Sie zusätzlich die Möglichkeit, einen neuen Clip von der Trimmung zu speichern oder den Originalfilm mit Trimminformationen zu behalten.

Unter OS 3.1 können Sie entscheiden wie ein getrimmter Film gesichert wird.

Was soll nun aber mit dem Video geschehen? Zunächst einmal wird der Film in der oben beschriebenen Qualität beim Synchronisieren mit iTunes auf Ihren Rechner übertragen. Noch eleganter ist die Funktion, den Film ins Internet zu übertragen.

Zuvor aber noch mal kurz zurück zum Trimmen. Das Schneiden des Films funktioniert so, dass einzelne Bilder entnommen werden. Mit einem Bild, das Bestandteil eines Films ist, können Sie auch allerhand anstellen.

Bild kopieren.

So können Sie jedes beliebige Bild in die Zwischenablage befördern und woanders einsetzen. Oder aber Sie klicken nach Auswahl des Bilds links unten in der Ecke das Rechteck mit dem Pfeilsymbol an und erhalten folgende Funktionen:

Bild weiterreichen.

Diese sind identisch mit den Funktionen, die Sie für ein ganz normales Foto auch verwenden können.

Haben Sie den gesamten Film statt eines Bildes ausgewählt, dann haben Sie diese Optionen:

- *Per E-Mail senden*
- *Per MMS senden*
- *An MobileMe senden*
- *An YouTube senden*

Besonders interessant sind die letzten beiden Möglichkeiten: Sofort und unmittelbar kann Ihr Videomitschnitt ins Internet geladen werden. Bei beiden Anbietern müssen Sie natürlich über einen Account verfügen, um den Film uploaden zu dürfen.

Im Falle von *MobileMe* müssen Sie noch angeben, in welchen Ordner unter MobileMe der Film eingestellt werden und welchen Titel er erhalten soll – schon wird er komprimiert und anschließend ins Internet übertragen.

Ist die Übertragung abgeschlossen – währenddessen können Sie am iPhone ruhig und entspannt andere Programme starten und verwenden –, erscheint erneut eine Meldung mit drei Auswahloptionen:

- *Anzeigen:* Wechselt zu Safari und zeigt den just aufgespielten Film.
- *Ankündigen:* Erstellt eine neue E-Mail mit der URL, unter der der Film zu finden ist.
- *Schließen:* Schließt den Dialog.

Fertig – das war's! So unkompliziert und einfach können Sie nun Filme mit dem iPhone aufnehmen und via Internet anderen zur Verfügung stellen.

Und hier sei noch die Vorgehensweise beschrieben, wenn Sie den Film zu YouTube hochladen wollen. Geben Sie zunächst Ihre Daten für den Account bei YouTube ein.

Account-Daten eingeben.

Nun folgt noch der Eintrag eines Titels und Beschreibungstextes, bevor auch dieser Film komprimiert und übertragen wird.

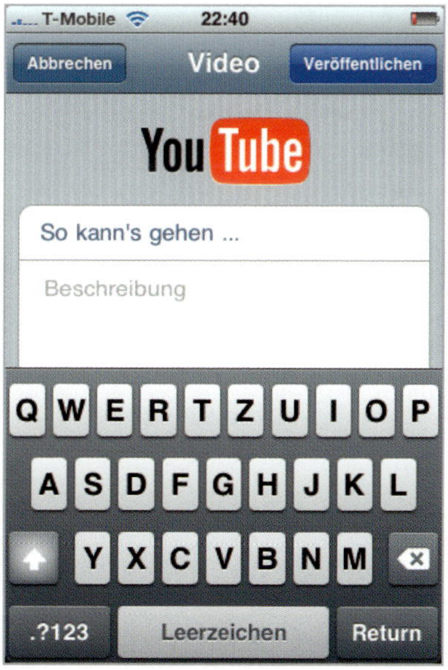

Beschreibung des Films eintragen – hernach kann veröffentlicht werden.

Die Filme werden bei der Übertragung zu iTunes nicht komprimiert und stehen damit in hoher Qualität zur Verfügung. Weiterhin reihen sich die Filme in Ihr Fotoalbum ein.

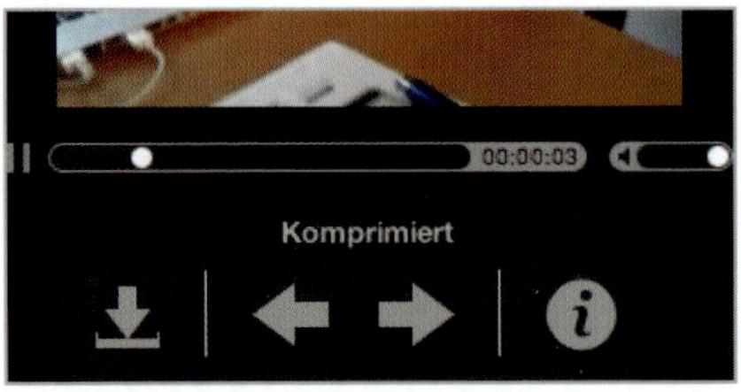

Videosteuerungsfunktionen an einem Computer und dessen Browser beim Betrachten des Films.

Fotoalbum.

Bedienungshilfen

Auch nur auf dem iPhone 3G S verfügbar sind die sogenannten *Bedienungshilfen*.

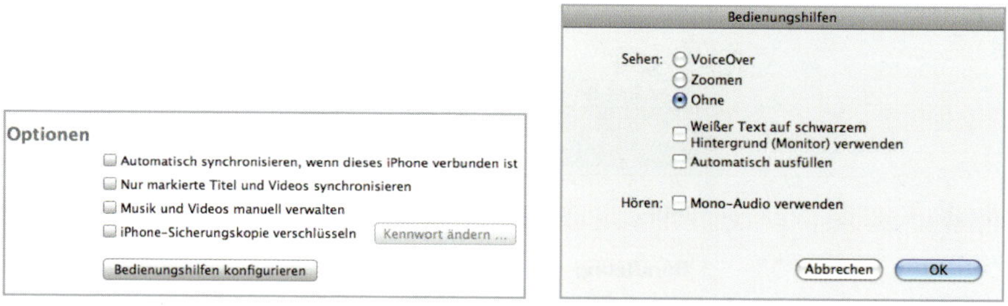

Bedienungshilfen und deren Einstellungen in iTunes.

Sobald Sie ein 3G S mit iTunes verbunden haben, erscheint der dazugehörige Button mit seinen Einstellungen.

iPhone: Allgemein –> Bedienungshilfen.

Natürlich können Sie Funktionen auch im iPhone selbst ein- bzw. ausschalten.

VoiceOver

Klare Sache – das iPhone liest Ihnen vor. Dabei kann es sich um eine E-Mail, einen Text auf einer Webseite oder auch um einen Eintrag im Menü oder Homescreen handeln. Zudem werden die Einträge umrandet. Mit einem Singleklick wird ein anderer Eintrag markiert und vorgelesen.

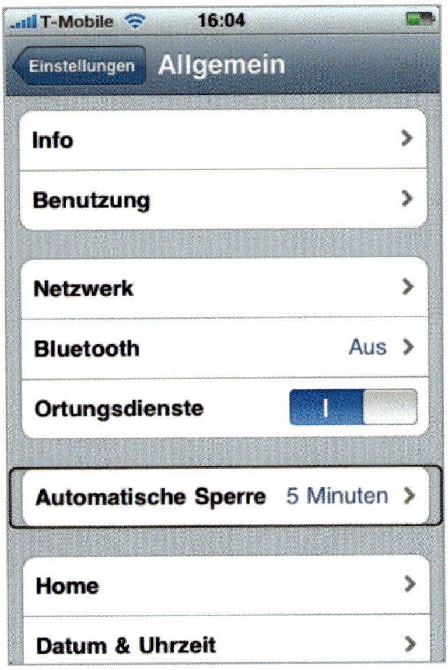

VoiceOver ist eingeschaltet.

Wollen Sie nun einen Eintrag auswählen, müssen Sie doppelt klicken. Zum Scrollen sind nunmehr drei Finger notwendig.

VoiceOver-Erläuterungen.

In *Allgemein –> Bedienungshilfen –> VoiceOver* können Sie bei *Eingabe vorlesen* zudem exakt spezifizieren, was alles gelesen werden soll.

VoiceOver-Einstellungen im Detail.

Zoomen

Wollen Sie hingegen die Bildschirmdarstellung temporär vergrößern, so sollten Sie die Zoomenfunktion aktivieren und die dazugehörigen Befehle kennen.

Bedienungshilfe -> Zoomen.

Weiß auf Schwarz

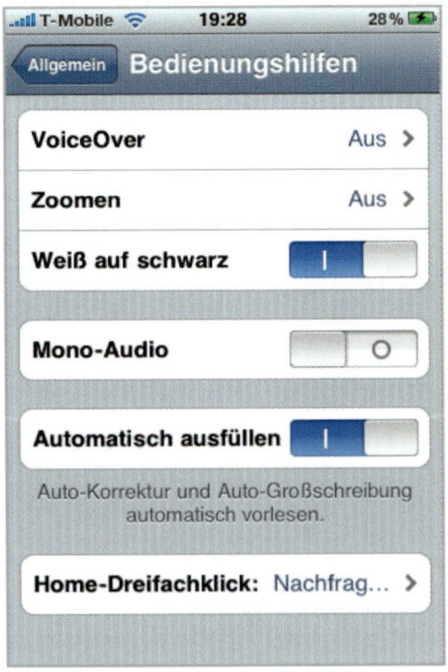

Änderung der Bildschirmeinstellungen im Kontrastbereich.

Hierbei werden die Kontraste verändert, um Menschen mit Sehschwächen das Erkennen der Icons auf dem iPhone zu vereinfachen.

Geänderte Darstellung mit weißer Schrift auf dunklem Hintergrund.

Mono-Audio und Automatisch ausfüllen

Die beiden nächsten Einstellungen runden die Bedienungshilfen vom Funktionsumfang weiter ab. Mono-Audio verlässt also die Stereoausgabe über die Lautsprecher. Das gilt auch bei angeschlossenem Kopfhörer oder Bluetooth-Headset.

Und via *Automatisch ausfüllen* werden weitere Dinge akustisch ausgegeben, sobald man sich in Safari in einem Formular oder einer anderen Eingabe befindet.

Home-Dreifachklick

Für Anwender von iPhone OS 3.1 gibt es noch eine letzte Einstellung: den Dreifachklick der Hometaste. In dieser Einstellung legen Sie fest, welche Bedienungshilfe aktiviert werden soll, wenn man dreimal kurz hintereinander die Hometaste drückt. Mit dem Dreifachklick kann entweder *VoiceO-*

ver ein- und ausgeschaltet, die Darstellung von *Weiß auf Schwarz* gewechselt oder ein Dialogfeld mit einer Auswahl der Bedienungshilfen *(Nachfragen)* geöffnet werden.

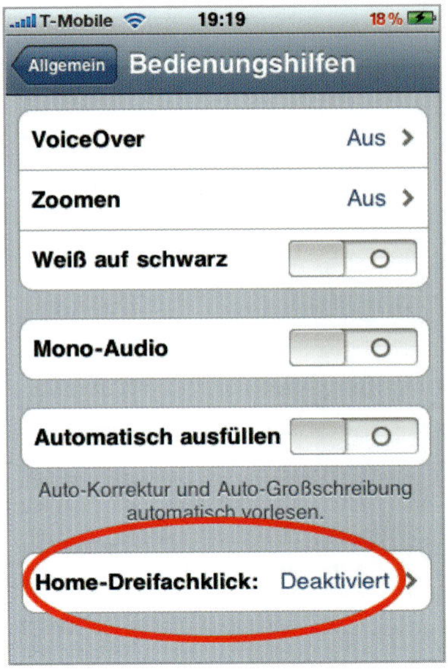

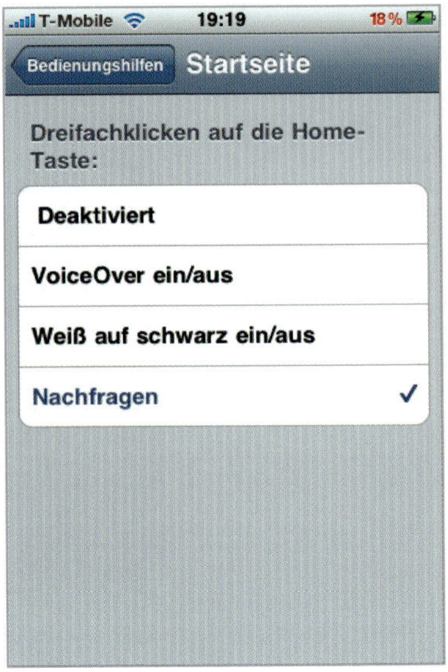

In OS 3.1 des iPhones kann das Dreifachklicken der Hometaste mit einer Bedienungshilfe belegt werden.

Dieses Dialogfenster erhalten Sie, wenn der Dreifachklick auf „Nachfragen“ gestellt wurde.

Zwei nette Kleinigkeiten

Zum Schluss noch zweite Dinge, die das iPhone 3G S beherrscht. Zum einen ist es wie der iPod touch mit Nike+ ausgestattet und kann so Ihre Jogging-runden protokollieren. Weitere Infos finden Sie weiter vorne im 2. Kapitel.

Und nur das iPhone 3G S verfügt über den Luxus, den Akkuladezustand auch prozentual darzustellen. Unter *Einstellungen –> Allgemein –> Benutzung* können Sie das ganz bequem konfigurieren.

Ladezustandsanzeige in Prozent.

Index

Symbole

A

B

L

M

N

O

P

www.amac-buch.de